La Premier League

JIMMY BURNS

La Premier League

Historia, presente y futuro de la mejor liga del mundo

Ⴔ

ALMUZARA

© Jimmy Burns, 2023
© Editorial Almuzara, s.l., 2023

Primera edición: junio de 2023

Editorial Almuzara • Colección Deporte y Aventura
Director editorial: Antonio Cuesta
Edición de María Borrás

www.editorialalmuzara.com
pedidos@almuzaralibros.com - info@almuzaralibros.com

Editorial Almuzara
Parque Logístico de Córdoba. Ctra. Palma del Río, km 4
C/8, Nave L2, n° 3. 14005, Córdoba

Imprime: Romanyà Valls
ISBN: 978-84-11316-56-9
Depósito Legal: CO-1011-2023
Hecho e impreso en España - *Made and printed in Spain*

A Mila y James,
mensajeros de amor y esperanza

Índice

Breve historia

Un gélido invierno inglés a principios de 1993, en la primera temporada de la Premier League que había comenzado el verano anterior, contaba con fieles seguidores que se remontaban generaciones atrás, que abarrotaban los estadios de todo el país y con una incipiente pero creciente audiencia en la televisión por satélite. En el norte de Londres, miles de personas convergieron en el estadio de Highbury, uno de los más veteranos de Europa, al que el Arsenal dio el cariñoso apodo de «Hogar del fútbol». Un joven periodista inglés, mi amigo y colega Simon Kuper, se encontraba entre los congregados para ver un partido entre el equipo local y el visitante del norte de Inglaterra, el Leeds United.

El Arsenal fue uno de los clubes de fútbol más longevos del mundo. Se le conocía popularmente como «los artilleros» (*gunners*), ya que el club se fundó en los días de gloria del Imperio británico, en 1886, en beneficio de los trabajadores de municiones de la fábrica Royal Arsenal.

Su rival, el Leeds United, fundado treinta años después, tenía como himno el no menos imperialista *Marching On Together*, un grito desafiante impregnado de nostalgia.

El Leeds había seguido al imperio inglés en un declive gradual desde los tiempos del internacional inglés convertido en entrenador Don Revie en los años 60 y 70, que se ganó la reputación de practicar un fútbol muy físico, más fuerza bruta que arte.

El mundo del fútbol cambió tras los días de Revie. En 1969 se vislumbró un futuro juego moderno en el fútbol de clubes inglés. Tres años después de que Inglaterra ganara la primera Copa Mundial de la FIFA celebrada en el mundo de habla inglesa, fue un año en el que el legendario sir Matt Busby, entrenador del Manchester United durante los últimos veinticuatro años, anunció su retirada y la exportación cultural británica de mayor éxito de la posguerra, The Beatles, actuaron juntos por última vez, en la azotea de Apple Records en Londres. Los Rolling Stones actuaron en un festival gratuito en Hyde Park ante al menos un cuarto de millón de fans, dos días después de la muerte del fundador del grupo, Brian Jones, el Manchester City ganó la Copa de la FA al imponerse por 1-0 al Leicester City, y el Leeds United se proclamó campeón de la pre-Premier Football League de Primera División, al vencer por 1-0 en Wembley al Leicester City.

Fue un año en el que Maurice Edwards, un veterano de la Segunda Guerra Mundial que se convirtió en jugador y luego en un influyente agente durante las décadas de posguerra, escribió que existía una «superliga dentro de la División 1» que empezaba a despegarse del resto. Según el escritor de fútbol Jonathan Wilson: «No había fondos especulativos, patrimonios soberanos ni inversores públicos ni oligarcas, pero se era consciente de que a medida que crecía la popularidad del fútbol inglés y, gracias a *Match of the Day* de la BBC y a la victoria de Inglaterra en el Mundial, se convertía en un entretenimiento de masas, existía el riesgo de que surgiera una élite que se autoperpetuara».

El fútbol inglés tardaría casi otro cuarto de siglo en iniciar la gran empresa de recuperar su estatus mundial preeminente, como hicieron los fundadores del juego en el siglo XIX. Los nuevos pioneros de finales del siglo XX adoptaron un modelo para la liga nacional que con el tiempo repercutiría en el carácter y el negocio del fútbol internacional tal y como lo conocemos hoy, con la fundación de la Premier

League inglesa. Cuando alcanzó su trigésimo aniversario en 2022 presumía de haberse convertido en «La Mejor Liga del Mundo».

En enero de 1993, el vetusto estadio de Highbury del Arsenal estaba lleno solo en dos terceras partes, con algo más de 26.000 espectadores, un recinto empequeñecido en comparación con el tamaño y la reputación de dos grandes catedrales rivales del deporte, sede de dos gigantes campeones de la Liga y del fútbol europeo, el Camp Nou del FC Barcelona y el Santiago Bernabéu del Real Madrid. La histórica rivalidad cultural y política entre los dos grandes clubes de La Liga siempre me había fascinado. A diferencia de Kuper, yo no estuve en Highbury aquel día, pero no me arrepiento. Kuper se había comprado una entrada barata de 5 libras, lo que significaba que su visión del partido estaba parcialmente bloqueada por varias filas de espectadores de pie frente a él. No consiguió ver ninguno de los cuatro goles que se marcaron en su extremo del estadio. Pero al ver los resúmenes del partido unos años más tarde en YouTube, lo que le llamó la atención a Kuper fue que casi todos los jugadores eran blancos y británicos, y que el juego carecía de cualquier movimiento refinado con o sin balón. Era «espantoso», dijo.

El partido fue un encuentro contundente y físico, carente de refinamiento, muy diferente de las habilidades exhibidas en la Liga española, en aquellos tiempos de mayor interés para mí: el *dream team* de Johan Cruyff en el Barça, y el legado igualmente legendario del Real Madrid de la Quinta del Buitre, con sus jugadores talentosos, intuitivos e inteligentes que ayudaron a desarrollar el fútbol de clubes español como un espectáculo creativo.

La brecha que se había abierto entre los clubes ingleses de primera división y los españoles quedó subrayada en noviembre de 1994 con la derrota del Manchester United por 0-4 en la fase de grupos de la Liga de Campeones a manos del Barça ante 112.000 espectadores en el Camp Nou. «Nos masacraron», comentó el entrenador del United, Alex Ferguson, tras una de las derrotas más humillantes sufridas por los campeones ingleses desde que el escocés había asumido el cargo de entrenador. Durante semanas después, los aficionados del Manchester United de otros clubes ingleses se burlarían de ellos cantando *Barcelona*, el tema de los Juegos Olímpicos de verano de 1992 creado por Freddie Mercury de Queen y la cantante de ópera Montserrat Caballé.

Recuerdo haber cenado con Jorge Valdano en un bar de tapas español cerca de Paddington, Londres, durante la Eurocopa de 1996. Me dijo que cuando pensaba en el fútbol inglés aún se imaginaba volando hacia el viejo Wembley y viendo un balón elevarse en el aire en un extremo del estadio y aterrizar en el otro: el balón largo del fútbol inglés, lleno de intenciones apasionadas, pero carente de creatividad y técnica.

La Premier League inglesa vendría a cambiar todo eso a medida que la liga nacional desarrollaba su calidad de juego, con la llegada de cientos de extranjeros, entre ellos jugadores y directivos e inversores que transformarían el fútbol inglés. La Liga continuó presentando un gran desafío en términos de supremacía, con el Real Madrid y el Barça ampliamente respetados internacionalmente como gigantes del juego, cada uno destinado a ser responsable de la rivalidad de superestrellas más duradera de la historia moderna del fútbol: la de Ronaldo y Messi.

Pero cuando Europa salió de la pandemia en la temporada 2021/22, tras la marcha de Messi y Ronaldo de la Liga y Europa, era la Premier League inglesa la que parecía mejor situada para reforzar su pretensión de ser la liga nacional más rica, competitiva y apasionante del mundo.

Durante la temporada 2021/22, dos clubes ingleses (Manchester City y Liverpool) y dos españoles (Villarreal y Real Madrid) alcanzaron las semifinales de la Liga de Campeones, y el Liverpool fue derrotado por el Real Madrid en la final.

Pero fue la carrera por el título de la Premier League inglesa, tan disputada por los contendientes de calidad, el Manchester City de Guardiola y el Liverpool de Klopp, con partidos retransmitidos en todo el mundo, la que atrajo a una entusiasta audiencia global. Incluso cuando la pandemia amordazó la asistencia de aficionados tribales a estadios acostumbrados a estar siempre llenos, la Premier League inglesa se había convertido en la competición más popular de la historia del deporte, seguida por más telespectadores que ninguna otra Liga del mundo, y por un público universal que ignoraba las fronteras nacionales y los límites culturales.

Escrito para conmemorar el treinta aniversario de la Premier League en 2022, este libro es una breve pero colorida historia del fútbol inglés, las curiosidades y los momentos más destacados de sus clubes más significativos, y las historias más fascinantes de sus principales propietarios, directivos, jugadores, aficionados y cronistas. No pretende ser una historia completa ni mucho menos definitiva, pero espero que los lectores la encuentren suficientemente ilustrativa y, más allá de lo puramente anecdótico, una narración incisiva, esclarecedora y entretenida.

Aunque reconozco la deuda que tengo con las observaciones de algunos de los protagonistas, asumo toda la responsabilidad de seleccionar y dar forma a su contenido, basándome en mis propias raíces y experiencias como puntos de referencia.

Escribo desde la perspectiva de un angloespañol que ha pasado su vida a caballo entre las culturas de dos grandes naciones futbolísticas con una historia de respeto mutuo, así como de hostilidad y rivalidad ocasionales.

Nací en Madrid y crecí y me eduqué en Inglaterra impregnándome de las culturas de dos países gracias a mi madre española y a mi padre inglés. Mi primer recuerdo de un partido de fútbol fue cuando un amigo de mi abuelo español, el doctor Gregorio Marañón, me llevó de niño a ver al Real Madrid en el estadio Bernabéu y oí mencionar el nombre de un jugador más que ningún otro, Alfredo Di Stéfano.

Mis sueños de convertirme en futbolista profesional terminaron cuando estaba en la escuela primaria en Londres. Una entrada de mi compañero de clase vasco, hijo de un diplomático bilbaíno, me cortó en pleno vuelo y me dejó con una rodilla cortada y un dedo roto. A partir de entonces, me dediqué a ser aficionado de más de un club en dos países, y a una carrera como periodista y autor ocasional de libros y artículos sobre fútbol.

Estos días, cuando estoy en Londres, entre visita y visita a España, paso la mayoría de las mañanas haciendo ejercicio en un gran oasis de espacio verde urbano conocido popularmente como Battersea Park, junto al lugar donde el río Támesis marca la frontera natural entre el sur y el norte de una metrópolis habitada por los seguidores de tres grandes clubes de fútbol ingleses, el Chelsea, el Arsenal y el Tottenham.

En Battersea Park, a menudo me detengo a observar cómo los niños pequeños dan patadas a un balón, imitando los gestos de los iconos que ven en la televisión o en sus juegos de ordenador. Juegan cerca de una placa que conmemora el lugar donde se jugó el primer partido oficial de fútbol, según las reglas de la Asociación Inglesa de Fútbol, el 9 de enero de 1864, siete años después de la fundación en 1857 del Sheffield FC, el club de fútbol más antiguo del mundo.

Doy las gracias a los ingleses por habernos introducido en un deporte que a lo largo de más de un siglo ha llegado a ser muy querido por una comunidad mundial porque no hay que nacer rico para triunfar en él o disfrutarlo aunque el negocio del fútbol esté en manos de hombres ricos y los jugadores ganen en un mes más de lo que el común de los mortales solo sueña.

Los ingleses estaban destinados a ser los pioneros de un deporte que sus modestos ingenieros de ferrocarriles y minas enseñaron a los primeros alumnos del mundo hispanohablante, desde Río Tinto hasta Buenos Aires. Con el tiempo fueron los alumnos (*principantes*) los que superaron a sus maestros y llevaron el juego a otro nivel, uno caracterizado por el estilo, la habilidad y el éxito del que luego aprenderían sus maestros.

Cuando era un colegial en Londres, a principios de los

años 60, era seguidor del Tottenham Hotspur, el primer equipo británico que triunfó en Europa. Coleccionaba *cromos* de su jugador estrella, uno de los grandes delanteros de todos los tiempos, Jimmy Greaves.

A la edad de trece años, en 1966, era la sangre inglesa (que debo a mi padre) la que corría por mis venas, mi emoción aumentó cuando Inglaterra venció a Argentina, luego a Portugal y finalmente a Alemania Occidental para ganar la Copa del Mundo en Wembley en 1966 capitaneada por el máximo caballero anglosajón del juego Bobby Moore.

Recuerdo haber visto a Moore y a sus compañeros celebrando su victoria, saludando a la multitud desde el balcón del hotel Royal Garden de Kensington, donde se alojaban cerca de un palacio real que muchos años más tarde habitarían Diana de Gales.

A finales de los 70 y principios de los 80, los clubes ingleses entrenados por directivos británicos dominaban las competiciones europeas. La raza isleña, que Churchill había promocionado como destinada a resistir y conquistar, y que había salido victoriosa de la II Guerra Mundial, parecía encontrarse a sí misma en el campo de fútbol, solo para desintegrarse en una tragedia.

En 1985, treinta y nueve aficionados, en su mayoría italianos, murieron aplastados y cientos resultaron heridos durante una final de la Copa de Europa tras un enfrentamiento entre seguidores del Liverpool y de la Juventus, provocado principalmente por hinchas ingleses borrachos.

Cuatro años más tarde, el 15 de abril de 1989, se produjo uno de los peores desastres de la historia del deporte en el estadio de Hillsborough, en la ciudad de Sheffield, al norte de Inglaterra, cuando noventa y siete aficionados del Liverpool murieron aplastados por la multitud durante el partido de semifinales de la Copa de la Asociación de Fútbol contra el Nottingham.

Más tarde se culparía de la tragedia de Hillsborough a la deficiente vigilancia policial y a un estadio anticuado que no trataba a los aficionados mejor que al ganado en manada.

Sin embargo, el fútbol inglés se vio manchado por el gamberrismo borracho y a menudo violento dentro y fuera del terreno de juego y se ganó la reputación del chico malo de Europa: un comportamiento espantoso, poco espíritu deportivo y una Liga nacional aparentemente en decadencia terminal con demasiados jugadores mediocres que fumaban y bebían demasiado.

La investigación oficial de un juez de alto rango sobre el desastre de Hillsborough —el informe Taylor— condujo a importantes reformas en la vigilancia policial del fútbol de clubes inglés, a la conversión de todos los grandes estadios a un modelo de todos en asientos en lugar de estar de pie y a restricciones en el consumo de alcohol dentro de los estadios.

Tras el desastre de Hillsborough en Sheffield el 15 de abril de 1989, se ordenó a los clubes ingleses que renovaran y ampliaran sus estadios o construyeran otros nuevos para que la mayoría de los aficionados pudieran sentarse cómodamente en lugar de permanecer hacinados. Placa conmemorativa de la tragedia.

Mis primeros libros de fútbol reflejaban el cambiante panorama del deporte rey en España. Mi infancia en el Tottenham de los años 60 perduró, pero con ella llegó el interés por el fanatismo que varios de mis amigos ingleses sentían por otros clubes ingleses, algunos de los cuales disfruté viendo jugar contra los mejores de España en su país y en el extranjero.

Escribí una biografía de Diego Maradona, una historia del fútbol español desde Río Tinto hasta La Roja, historias del Real Madrid y del FC Barcelona y un libro sobre los dos jugadores que durante una década dominaron el juego con las rivalidades más duraderas y brillantes entre superestrellas de cualquier liga de Europa, Lionel Messi y Cristiano Ronaldo.

Sin embargo, pasaba tanto tiempo en el Reino Unido como en España y, mientras veía los partidos ingleses en los estadios, en los pubs y en la comodidad de mi salón, era consciente de que algo transformador estaba en marcha.

Tras el desastre de Hillsbough, se ordenó a los clubes ingleses que renovaran y ampliaran sus estadios o construyeran otros nuevos para que la mayoría de los aficionados pudieran sentarse cómodamente en lugar de permanecer hacinados como cerillas en una caja. El elemento *hooligan* se vio superado en número por un público más diverso y global.

Fue en octubre de 1990 cuando se habló seriamente por primera vez de la Premier League en una cena organizada por el ejecutivo de medios Greg Dyke, entonces jefe de Deportes de la cadena comercial ITV, con representantes de los cinco clubes más importantes de la liga inglesa de fútbol. En torno a la mesa de reuniones se encontraban el director del Liverpool FC, Noel White, el copropietario y vicepresidente del Arsenal, David Dein, el presidente vitalicio del Everton FC, Philip Carter, el presidente del Manchester United, Martin Edwards, y el presidente del Tottenham Hotspur, Irving Scholar.

La idea era que los cinco dejaran de compartir los ingresos por derechos de televisión con los 87 clubes profesionales de las distintas divisiones y vendieran sus derechos directamente al canal terrestre comercial ITV.

Dyke creía que sería lucrativo para la ITV que los clubes más grandes del país aparecieran regularmente en la televisión nacional. Quería discutir si los clubes estarían interesados en un acuerdo que les diera una mayor participación en el dinero de los derechos televisivos.

En aquella época, los ingresos televisivos habían aumentado considerablemente a finales de los años ochenta. En 1986, un acuerdo televisivo de dos años valía 6,3 millones de libras. En 1988, un acuerdo de cuatro años valía 44 millones de libras. El dinero se repartía entre todos los clubes de las cuatro divisiones de la Liga de Fútbol.

Los cinco clubes decidieron seguir adelante con la formación de una Premier League de élite. Se elaboraron los planes para la nueva Premier League, lo que permitió su puesta en marcha para la temporada 1992/93.

La nueva liga supuso enormes cantidades de dinero para los clubes participantes, que pasaron de ganar a veinte y, finalmente, a veintidós. ITV ofreció 205 millones de libras por los derechos de televisión, pero se encontraron en competencia con el servicio por satélite, Sky Television.ITV aumentó su oferta a 262 millones de libras, pero aun así fue superada por el propietario de Sky, Rupert Murdoch, que consideraba que atraería a nuevos clientes.

La Premier League se fundó el 20 de febrero de 1992, cuando se confirmó que la primera temporada comenzaría en agosto de ese año. Estaba formada inicialmente por los veintidós equipos procedentes de la Primera División de la temporada 1991/92, que posteriormente se redujeron a veinte. Se mantuvo el sistema de ascensos y descensos, con tres equipos que subían y tres que bajaban.

Pero ni siquiera los presentes en su cena fundacional imaginaron en qué fenómeno global se convertiría la Premier. Como recordaba décadas después el inspirador de la Premier League inglesa, Greg Dyke: «¿Quién habría previsto que acabaríamos con un fútbol inglés en gran parte propiedad de propietarios extranjeros, gestionado por directivos extranjeros y jugado desproporcionadamente por jugadores extranjeros?».

Dos años después del histórico encuentro de Dyke, el Manchester United demostró hasta qué punto había superado un pasado ensombrecido por la tragedia: el accidente aéreo de Múnich del 6 de febrero de 1958, que se cobró la vida de 23 personas, entre ellas ocho miembros de una generación dorada de jugadores, llenos de promesas y potencial: los «Busby Babes», entrenados por el pionero entrenador Matt Busby, que sabía que la juventud tenía la clave, no solo del éxito del United, sino del futuro del fútbol.

La tragedia perduraría en la memoria colectiva del club incentivándolo a levantarse de nuevo, en homenaje a aquellos cuyas vidas habían sido truncadas tan repentinamente, recurriendo a dos activos ingleses ostensiblemente contradictorios: la tradición y la cultura juvenil.

Diez años después, en el I de Mayo de 1968, un veterano superviviente del accidente de Múnich, Bobby Charlton, levantó la Copa de Europa ganada por el Manchester United, la primera vez que un equipo inglés se alzaba con el trofeo.

En septiembre de 1992, David Beckham, un jugador de 17 años que se convertiría en sinónimo de la moderna cultura de la celebridad, debutó con el Manchester United, uno de los clubes ingleses más antiguos y famosos del mundo, fundado años antes de que los gigantes de la Liga Real Madrid y FC Barcelona formaran sus primeros equipos.

Luego, en la primera temporada de la Premier League inglesa, en 1993, un extranjero, el jugador francés Eric Cantona, condujo al Manchester United al título inaugural de la Premier League inglesa, abriendo un camino para que otros jugadores no ingleses, elegantes y hábiles, seguidos por entrenadores principalmente europeos, vinieran a Inglaterra y protagonizaran una historia de éxito en evolución.

El número de extranjeros que entraban en la Premier League inglesa se aceleraría tras la sentencia Bosman de 1995, que levantaba las restricciones a los jugadores de la UE en las ligas nacionales. Con los jugadores extranjeros llegaron directivos innovadores, y clubes financiados por propietarios extranjeros, con mucho dinero para gastar, aunque las credenciales políticas y empresariales de algunos de estos grandes inversores resultaran controvertidas.

Entre los entrenadores, la llegada de Arsène Wenger al Arsenal en 1996 fue un momento clave en la historia de la Premier League. Transformó la dieta de los jugadores ingleses y demostró tener buen ojo para traer jugadores extranjeros con talento que pudieran ayudar a transformar la forma de jugar de un equipo.

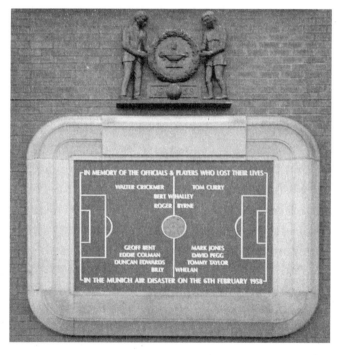

La tragedia aérea de Múnich, en 1958, que se cobró la vida de 23 personas, entre ellas ocho miembros de una generación dorada de jugadores del Manchester United, los «Busby Babes», perduraría en la memoria colectiva del club incentivándolo a levantarse de nuevo recurriendo a dos activos ingleses ostensiblemente contradictorios: la tradición y la cultura juvenil. Placa conmemorativa en Old Trafoord. © Guinnog.

En 2003, el oligarca ruso Roman Abramovich compró el Chelsea, su inversión en el club considerada por muchos de sus seguidores como la principal razón de su posterior éxito a nivel nacional e internacional.

En palabras del escritor de fútbol Jim White (seguidor del Manchester United): «Podemos estremecernos ante la compañía que mantuvo Abramovich. Podemos horrorizarnos por la forma en que saqueó la economía rusa. Podemos preguntarnos cómo se le permitió hacerse con el control de un activo cultural tan importante como el Chelsea FC. Pero de esto no puede caber ninguna duda. Roman Abromovic revolucionó el fútbol inglés... Su gestión fue tan exitosa —el club acumuló 19 grandes trofeos durante su mandato— que la conclusión ineludible es que sabía lo que hacía».

Durante los diecinueve años siguientes a la llegada del ruso, la Premier League se benefició de la moderna costumbre inglesa de recibir dinero de casi cualquier parte del mundo; con árabes ricos, junto con multimillonarios asiáticos, americanos y rusos que compraban clubes, se aseguraban una importante presencia en los medios de comunicación y ponían la marca de sus mercancías.

Algunos vieron cómo el fútbol inglés de primera división se convertía en una plutocracia globalizada. Pero si era, como afirmaban sus críticos, un bazar sobrevalorado y de propiedad extranjera, ello se debía a que estaba facilitado por un mercado libre y una economía británica liberal, y a que gozaba de popularidad nacional e internacional, aunque hubiera tradicionalistas que temieran que el fútbol corriera el riesgo de perder su alma.

El capitán nacional, Steve Gerrard, culpó de la no clasificación de Inglaterra para la Eurocopa 2008 a la afluencia de jugadores extranjeros a los clubes. Un grupo de aficionados del Manchester United protestaría más tarde contra los propietarios estadounidenses del club, la familia Glazer, alegando que no sabían nada del fútbol inglés mientras sacaban del club más dinero del que ponían. Los aficionados ingleses fueron los primeros, en la primavera de 2021, en rebelarse contra la idea de una Superliga europea disidente apoyada por seis clubes de la Premier League entre sus miembros fundadores propuestos.

Y en marzo de 2022, a Roman Abramovich se le confiscaron sus bienes y fue efectivamente exiliado del Reino Unido durante la guerra de Ucrania, porque su dinero había beneficiado y ayudado a financiar al régimen de Putin, algo que los aficionados del Chelsea y los sucesivos gobiernos británicos habían estado encantados de ignorar durante años.

La inversión extranjera en la Premier League inglesa se ha traducido en varios equipos múltiples y diferentes que proporcionan un fútbol entretenido y de gran calidad, sin olvidar al Chelsea financiado por Abramovic, que compitió con otros grandes clubes por el título de campeón tanto inglés como europeo.

Los clubes que luchan cada temporada por el título de campeón de la Premier League inglesa, y por una plaza en Europa, y otros que compiten a brazo partido o luchan por evitar el descenso en partidos llenos de dramatismo, lo convirtieron en el espectáculo deportivo más competitivo del mundo.

Contrastaba con las ligas alemana, italiana y francesa, donde uno de los dos clubes había tendido a monopolizar su campeonato, y con la Liga, donde el espectáculo principal durante muchos años ha sido la batalla del Clásico entre dos antiguos rivales —el FC Barcelona y el Real Madrid—, sobre todo en los años de Messi/Ronaldo.

* * *

La aparición de una nueva generación de jugadores ingleses estrella en la Premier League inglesa, algunos de ellos negros y dispuestos a plantar cara al racismo, y la competitividad y calidad de los clubes más grandes, junto con el éxito de la selección femenina inglesa al ganar la Eurocopa en el verano de 2022 demostraron que la capacidad de renovación y emprendimiento de los ingleses ayudó a reclamar la propiedad del juego que originalmente habían entregado al mundo.

Y sin embargo, a pesar de todo su talento y diversidad autóctonos, sus habilidades, tácticas y gestión debían mucho a la omnipresente influencia extranjera que llegó a caracterizar el fútbol inglés a nivel de clubes en la Premier League inglesa. Merece la pena señalar aquí quizás por una cuestión de etimología que la palabra *Premier* lejos de ser anglosajona es de origen francés o normando, denotando calidad de orden superior, o como decían los romanos *primarius,* de primer rango; jefe, principal; excelente.

Si hoy en día muchos extranjeros, así como ingleses, siguen más la Premier League inglesa que La Liga, es porque el fútbol inglés se ha convertido en una historia alternativa de la Inglaterra moderna: una nación de tamaño medio que se ha reinventado a sí misma con éxito, con su identidad moldeada por la historia pero capaz de evolucionar, con sus puntos fuertes e idiosincrasias y una peculiar relación con el dinero y la forma de aprovecharlo al máximo, produciendo un fútbol entretenido y de verdadera calidad, con clubes apoyados por aficionados apasionados.

Cuando Arsène Wenger llegó como nuevo entrenador del Arsenal en 1996, estaba destinado a demostrar que los escépticos se equivocaban. Llegó a ser muy conocido y a tener mucho éxito, el primero de una serie de extranjeros que redefinieron la cultura del fútbol inglés. 1 de noviembre de 2016: Wenger durante el partido de la Champions entre el Ludogorets Razgrad y el Arsenal en el estadio nacional de Bulgaria. © Shutterstock.

Sr. Nadie

Cuando Arsène Wenger llegó como nuevo entrenador del Arsenal en 1996, *Mr Nobody* era el titular del popular tabloide *Daily Mirror.* También se podía leer en los medios británicos la predicción de que un entrenador extranjero nunca podría ganar la Premier League inglesa.

Sin embargo, el francés estaba destinado a demostrar que los escépticos se equivocaban. Llegó a ser muy conocido y a tener mucho éxito, el primero de una serie de extranjeros que redefinieron la cultura del fútbol inglés.

Las primeras reacciones sugirieron que se trataba de un hombre que había caído en la Tierra, una especie alienígena. A un veterano aficionado del Arsenal que había seguido a los Gunners desde el final de la guerra le preguntaron en la televisión inglesa qué pensaba, y respondió: «Sé que es francés. Y sé que come ancas de rana».

Ian Wright, que se había consolidado como internacional inglés tras fichar por el Arsenal en septiembre de 1991 por 2,5 millones de libras, en aquel momento una cifra récord para el club, al principio no podía creer lo que estaba viendo. Wenger parecía un profesor de universidad. Que es lo que era. Aunque ya planeaba una vida en el fútbol, Wenger estudió economía en la universidad cuando el dogma del fútbol inglés parecía ser que dejabas la escuela a los dieciséis años antes de poder tomarte el juego en serio. De hecho, Wenger hablaba como un profesor universitario: «La vida es cuestión de milímetros, es cuestión de sincronización», decía Wenger. Una reflexión tan refinada era prácticamente inaudita entre los acérrimos aficionados y jugadores ingleses.

La estratagema de Wenger consistía en sacar la mentalidad inglesa de un equipo inglés y dejar su impronta en un país que había resistido todos los intentos de invasión de los franceses desde que el ejército normando cruzó el canal en 1066. Como con Ian Wright, uno de los jugadores estrella negros ingleses que heredó en el Arsenal, a quien le costó al principio encontrarle sentido. Llevaba unas gafas enormes y unas chaquetas enormes; le llamaba «Clouseau». La referencia era al inspector Jacques Clouseau, un personaje de ficción célebremente interpretado por el popular cómico inglés Peter Sellers en la farsesca serie de películas *La Pantera Rosa* de Blake Edwards como un inepto e incompetente detective de la policía francesa cuyas investigaciones descienden hacia el caos.

Sin embargo, Wright desempeñó un papel fundamental en el éxito del Arsenal durante la década de 1990, que le debió mucho a Wenger. El francés dijo más tarde: «Sentí que estaba abriendo la puerta al resto del mundo».

Esta revolución francesa de la Premier League no empezó con el balón, sino con la dieta.

El equipo del Arsenal que heredó era exclusivamente inglés en sus hábitos alimenticios y estaba dominado por jugadores ingleses, algunos de los cuales bebían tanto como sus seguidores. El día empezaba con un desayuno masivo y cocinado a base de beicon, huevos y salchichas y una serie de rellenos adicionales chorreantes de grasa en el plato, desde alubias cocidas hasta picadillo de patatas fritas y morcilla y Coca Cola antes del partido. «Algunos de los jugadores salieron al campo eructando», recordaba el internacional holandés Dennis Bergkamp, que jugó en el Arsenal entre 1995 y 2006. Al partido le seguían varias cervezas.

Antes del partido también se servían pesados platos tradicionales ingleses, como pescado frito con patatas fritas y filetes. No era desconocido que los jugadores celebraran competiciones sobre quién podía comer más antes y después del partido, con el récord de nueve comidas en poder del central Steve Bould. También se bebía mucha cerveza inglesa, todos los días de la semana: se consumía pinta tras pinta después de los partidos y los entrenamientos. Tras haber luchado contra la adicción durante una década, la leyenda del Arsenal Tony Adams admitió finalmente ser alcohólico en 1996.

Para entonces, Wenger había introducido un estricto régimen alimenticio y sin alcohol, haciendo que los jugadores comieran pescado y verduras y fomentando el uso de suplementos como la creatina.

El documental *Invencible* (2021) se centró en la paternidad inspiradora de confianza de Wenger y su apreciación de un equipo equilibrado, y en cómo consiguió apodos como «Wengerball» y «Wruum Wruum», situándolo entre el panteón de los dioses de la historia de la Liga.

Empezó con un equipo inglés que contaba con una estrella extranjera, Denis Berkamp, y pronto no solo utilizó las estadísticas para analizar el rendimiento de un jugador, sino que también demostró cómo funcionan los mercados de traspasos extranjeros, con buen ojo para obtener un buen valor de los jugadores extranjeros estrella que trajo. Hubo fichajes que en gran medida eran tan desconocidos para los aficionados ingleses como él, como sus compatriotas franceses Patrick Viera y Thierry Henry, cuya brillantez conocía aunque muchos aficionados ingleses siguieran estancados en su insularidad. Antes de que estos jugadores llegaran de la Serie A italiana y triunfaran en la Premier League inglesa con el Arsenal de Wenger, Viera jugaba como reserva en el AC Milan, y Henry como reserva en la Juventus.

Desde el «Arsène, ¿quién es?» hasta un equipo del Arsenal que él desarrolló llamado, inexactamente, «Los Invencibles» (podían ser derrotados, aunque no siempre, por el Manchester United de Ferguson), Wenger aportó todo un nuevo léxico a la Premier League inglesa. Wenger ganó siete Copas de Inglaterra y tres títulos de la Premier League durante su mandato en el Arsenal antes de dejar el cargo en 2018, sus veintidós años como entrenador, le convierten en el que más tiempo ha estado en el cargo y el que más éxitos ha cosechado en la historia del club.

Cuando llegó al Arsenal, el club londinense mantenía una rivalidad cada vez más intensa con el United desde la creación de la Premier League inglesa. En 2003, todos los títulos de liga menos uno habían sido ganados por uno u otro equipo (la excepción fue la exitosa candidatura al título del Blackburn Rivers en 1994-5.) El encuentro más hostil entre ambos rivales tuvo lugar el 21 de septiembre de 2003 en lo que pasó a ser recordado por los aficionados como la «Batalla de Old Trafford».

El capitán del Arsenal, Patrick Viera, fue expulsado por doble amonestación, la segunda por una entrada sobre Ruud van Nistelrooy, del United, en la que el holandés se hizo un lío. Cuando van Nistelrooy no transformó un discutido penalti justo antes del pitido final, se desató el infierno. Varios jugadores del Arsenal empujaron y se burlaron de Van Nistelrooy, y pronto estalló una pelea.

Cuando todo terminó, fueron los jugadores del Arsenal los que sufrieron los castigos más severos: una sanción de tres partidos, una multa de 20.000 libras impuesta a Martin Keown y otras multas por un total de 275.00 libras, y prohibiciones por un total de nueve partidos impuestas a Lauren, Ray Parlour, Patrick Viera y Ashley Cole, Identificados como los principales culpables del United. Cristiano Ronaldo y Ryan Giggs también fueron declarados culpables de mala conducta por la Asociación Inglesa de Fútbol, pero recibieron multas más leves, de 4000 y 7500 libras respectivamente, y se libraron de las prohibiciones.

Aunque Wenger protestó diciendo que sus jugadores eran víctimas de un «juicio por Sky (TV)». La prensa lo vio de otra manera. Como dijo el periodista Henry Winter: «Puede que el Arsenal vistiera de amarillo, pero estaba manchado de rojo. La cara del deporte rey estaba llena de cicatrices y lágrimas». Era como si un noble profesor hubiera sido defraudado por un grupo de estudiantes revoltosos.

Pero Wenger no era un matón. En su época, contribuyó a cambiar la forma de ver el fútbol en Inglaterra, ampliando el horizonte de una cultura futbolística cerrada para ayudar a turboalimentar su transformación en el hogar de la liga nacional más diversa, globalmente popular y rica del planeta. A lo largo de dos décadas, el Arsenal de Wenger batió récords y cambió para siempre la imagen del club.

La primera década de la Premier League inglesa iba a estar marcada por el desafío de Wenger a la creciente reputación del United como los amos del fútbol inglés. En el corazón y el alma de la rivalidad estaban las personalidades contrapuestas de Wenger y el entrenador del United, Alex Ferguson.

Los rasgos rubicundos y cincelados de Ferguson y su corpulenta complexión, su fuerte acento de Glasgow y su reputación de bebedor empedernido, contrastaban notablemente con la esbelta y filosófica escuela de entrenadores extranjeros que Wenger personificaba en el Arsenal cuando ambos entrenadores competían entre sí.

Los modales tranquilos del francés en las entrevistas aportaron un nuevo y sofisticado estilo de gestión al fútbol inglés, mientras que Ferguson, el patriarca, imprimió su autoridad a un club que abrazó el potencial comercial global del juego al tiempo que se apoyaba en las profundas raíces de una historia de tragedia y gloria.

El «jefe» de origen escocés Ferguson, criado en el ambiente de clase trabajadora de los astilleros de Glasgow, era un duro exjugador del Rangers que se había trasladado al United a finales de 1986 tras un exitoso periodo como entrenador del Aberdeen. Inmediatamente se había puesto manos a la obra para reforzar un club que no había ganado un título de liga ni la Copa de Europa desde los días de gloria de Bobby Charlton, George Best y Denis Law en la década de 1960. El United presumía de tener más público que su mayor rival del norte, el Liverpool FC, y más aficionados en todo el mundo.

No se trataba solo de un voto de simpatía por el recuerdo de la catástrofe aérea de Múnich de 1958, cuando ocho de los prometedores jugadores juveniles murieron en un accidente aéreo cuando regresaban a casa, a Manchester, de un partido de la Copa de Europa contra el Estrella Roja de Belgrado. La popularidad del United entre las viejas y las nuevas generaciones también estaba ligada a su reputación de fútbol entretenido y de capa y espada, una reputación que él estaba decidido a mejorar.

Sindicalista cuya educación se había moldeado en la ética laboral calvinista de los astilleros de Glasgow, Ferguson tenía por costumbre llegar a su oficina a las 7.30 cada mañana y se ponía manos a la obra para moldear a su equipo.

Los rasgos rubicundos y cincelados de Alex Ferguson, entrenador del United, su corpulenta complexión, su fuerte acento de Glasgow y su reputación de bebedor empedernido, contrastaban notablemente con la esbelta y filosófica escuela de entrenadores extranjeros que Wenger personificaba en el Arsenal. © Shuttestock.

Tuvieron que pasar otros cuatro años para que la suerte del United empezara a cambiar. En 1991 el club salió a bolsa en la Bolsa de Londres, con el fin de obtener nuevo capital del público y de los inversores institucionales. Aunque muchos aficionados se opusieron a la salida a bolsa, y el propio Ferguson no estaba muy contento con ella, sentó las bases para la transformación económica del club en una empresa multinacional, bien preparada para aprovechar el potencial comercial de la Premier League inglesa y más que capaz de explotar la gloria que ahora empezaba a revivirse sobre el terreno de juego. Entre los que verían la evolución del United hacia una marca global y una máquina de *marketing* estaba el Real Madrid bajo la presidencia de Florentino Pérez, un magnate de la construcción que se había convertido en aficionado al fútbol de toda la vida viendo a Di Stéfano de niño.

Alrededor del comienzo del nuevo milenio, las encuestas recopiladas por el jefe de *marketing* del Real Madrid, José Ángel Sánchez, confirmaron hasta qué punto su club estaba por detrás del United en cuanto a su alcance comercial entre los norteamericanos no latinos, y en Japón, China y el sudeste asiático. Una nueva promiscuidad había entrado también en el negocio del fútbol, con los aficionados —gracias al acceso instantáneo proporcionado por la televisión por satélite— siguiendo a los jugadores de élite cuando pasaban de un club a otro.

En la primera época de la Premier League, Ferguson alentó a una nueva generación de jóvenes jugadores de la cantera. Más tarde reflexionaría: «Les digo a los jugadores que el autobús está en marcha. Este club tiene que progresar. Y el autobús no les esperará. Les digo que suban a bordo. O se lo perderán. En este club no nos detenemos, no tomamos descansos; el procedimiento sigue y sigue».

El ascenso tenía que ganarse en un entorno competitivo. Los jugadores tenían que abrirse paso hasta el primer equipo y ganarse su derecho a permanecer en él. Durante el largo régimen de Ferguson en el United, el club estableció altos estándares en la Premier League inglesa, ganando el campeonato trece veces entre 1992 y 2013. Se creó el mito de que tras abandonar Old Trafford solo había una dirección a la que podía ir cualquier exjugador del Manchester United y era hacia abajo.

Renovación y estilo

5 de agosto, 2022: Crystal Palace vs Arsenal,
Estadio Selhurst Park, Resultado: 0-2

El comienzo de una nueva temporada de la Premier League inglesa en el primer fin de semana de agosto de 2022 se juega bajo un calor sofocante, efervescente de un enorme entusiasmo popular.

Una semana antes del comienzo de la Liga, miles de aficionados ingleses que se han quedado en su isla, eligen la lealtad al club por encima de una escapada a la playa, para apoyar a sus equipos. Se reúnen después de los amistosos previos impulsados por los patrocinadores que disputan los principales contendientes en tierras extranjeras y que requieren costosos billetes de viaje en medio de cancelaciones de vuelos y caos aeroportuario.

Está siendo un verano caluroso en más de un sentido. Con grandes franjas de la Tierra resecas por el calentamiento global, la guerra en Ucrania, China flexionando su músculo militar sobre Taiwán, y los precios de la energía y el coste de la vida en general en espiral ascendente, el fútbol ofrece un salvavidas de escape y constancia, aunque sea delirante.

La sensación de reencuentro entre los aficionados y los clubes se produce en medio de la expectativa de que la temporada promete ser tan impredecible como cualquier otra desde la inauguración de la Premier League inglesa treinta años antes.

Aparte del impacto que la inminente crisis económica pueda tener en la renta disponible de los aficionados, está la cuestión de cómo afectará la Copa Mundial a los jugadores y a su rendimiento.

La Copa Mundial interrumpirá la temporada desde la segunda semana de noviembre hasta el día después de Navidad de 2022, ya que los mejores jugadores de la Premier League representarán a las naciones que se han clasificado para competir en Qatar. La perspectiva es que los entrenadores de los clubes se esforzarán por desarrollar el espíritu de equipo y la táctica mientras sus jugadores clave son desviados a sus obligaciones nacionales con una recuperación incierta una vez finalizado el Mundial.

Pero tales temores se evaporan al comenzar el primer partido de la temporada, con los aficionados de ambos equipos llenando Selhurst Park para el encuentro entre dos clubes londinenses de larga historia y orgulloso legado del sur y el norte de la metrópoli: el Crystal Palace contra el Arsenal.

Cerca del emplazamiento del Crystal Palace, el enorme tributo arquitectónico a la creatividad y la ambición imperiales trasladado desde su ubicación original en Hyde Park tras la Gran Exposición de 1851 y reconstruido tres años más tarde antes de ser destruido en un incendio en 1936, Selhurst Park es la sede histórica de un club que aspira a la renovación y la modernidad.

Tras una accidentada historia como miembro fundador de la Premier League inglesa, el Crystal Palace descendió en 1998 y entró en administración por sus problemas financieros dos veces en 1999 y 2010. Pero se recuperaron y regresaron a la Premier League inglesa en 2013, donde sobrevivieron con el apoyo de inversores estadounidenses.

En el estadio se respira un ambiente festivo casi carnavalesco. Las Crystals o Crystal Girls son el equipo oficial de animadoras del Crystal Palace F.C., el único club del fútbol inglés que cuenta con animadoras al estilo de la NFL.

También desfilan heroicos payasos disfrazados de águilas gigantes, el ave emblemática del club.

> «El Águila no apareció hasta 1973, cuando Malcom Allison llegó como entrenador. Rebautizó el club, cambiando la equipación a Rojo/Azul y apodando al club Las Águilas. El Águila simboliza al club resurgiendo de las cenizas del Crystal Palace, como un ave fénix». John, aficionado del Crystal Palace.

> «Los aficionados del Crystal Palace dicen que son los más ruidosos de la Premier League. Cuentan con una sección de canto organizada, dirigida por un batería. En la mayoría de los campos el ambiente decae durante un tiempo, y es en esos momentos cuando los Holmesdale Faithful (nombre del grupo organizado, que recibe su nombre de la sección del estadio en la que están situados) entran en acción, manteniendo un muro de ruido. Muchos equipos tienen un núcleo duro de aficionados ruidosos para los partidos fuera de casa, y de nuevo el Crystal Palace está entre los más ruidosos y apasionados». Gareth, aficionado del Crystal Palace.

Patrick Viera, excapitán del Arsenal, fue nombrado entrenador del Crystal Palace en julio de 2021. A pesar de un registro menos que impresionante en su anterior trabajo como entrenador del equipo de la Ligue 1 Niza, la presencia del Arsenal sirve como un recordatorio de los días de gloria del francés nacido en Senegal como uno de los jugadores estrella de Wenger.

El Arsenal tiene como entrenador a Mikel Arteta. Estaba destinado a convertirse algún día en entrenador de los Gunners. Fue fichado por el Arsenal por Wenger como jugador en 2011, y el francés le consideraba su *delfín ungido,* se le conocía como «el hijo de Wenger».

Cuando Arteta se retiró en 2016 como jugador, Wenger le ofreció dirigir la Academia Juvenil del Arsenal, pero en su lugar se marchó al Manchester City como ayudante de Pep Guardiola, un amigo además de una inspiración. El vasco y el catalán se conocieron por primera vez en 1997, cuando

Arteta, de quince años, estaba en *La Masia,* la academia juvenil del FC Barcelona, y Guardiola, entonces de 26, era el capitán del primer equipo.

Cuando en abril de 2021 John Cross, reportero jefe de fútbol del *Daily Mirror,* le preguntó cuáles eran los intereses comunes de él y Guardiola, Arteta dijo: «Tenemos esa obsesión por el juego, por entenderlo y por intentar encontrar otras formas y la pasión de hacerlo sobre el terreno de juego. Es lo que nos enseñaron cuando estábamos en Barcelona...así es como vivimos y respiramos el fútbol. Por eso amamos lo que hacemos».

El sueño de Arteta de revivir los días de gloria del Arsenal de Wenger tuvo un buen comienzo en su primera temporada en el club del norte de Londres tras asumir el cargo de entrenador en diciembre de 2019, solo para tropezar en la temporada siguiente.

El 18 de julio de 2020, el Arsenal derrotó al Manchester City, antiguo empleador de Arteta, por 2-0 en la semifinal de la FA CUP, llevando al Arsenal a su cuarta final de la Copa de la Asociación Inglesa de Fútbol (FA) en siete años, y la primera de Arteta al frente del equipo. Se convirtió en el primer entrenador que ganaba un trofeo importante en su primera temporada al frente del club desde George Graham en 1986-87. Pero el 23 de enero de 2021 el Arsenal fue eliminado por el Southampton en la cuarta ronda de la Copa de Inglaterra y perdió por 2-1 en el global ante el Villareal de Unai Emery en la final de la Europa League. El Arsenal terminó 8 en la Premier League, poniendo fin a una racha de 25 años sin participar en competiciones europeas.

Con la nueva temporada en marcha en el verano de 2022, el Arsenal apareció en la serie de Amazon *All or Nothing.* El documental detallaba la misión de Arteta para revivir la reputación de excelencia del Arsenal, un acto de clase sobre el terreno de juego que atrae a una afición cultural y sexualmente diversa, el mejor espejo posible del Londres más multicultural y creativo.

Jóvenes educadas afrocaribeñas se mezclaban con jóvenes de éxito cuyos padres habían emigrado del subcontinente indio, junto con exitosos chicos blancos del City y de los medios de comunicación y aficionados de más edad que habían pasado la mayor parte de su vida apoyando a los Gunners en el viejo estadio de Highbury, en los días previos a que el dinero árabe dejara su huella en la Premier League inglesa y el Arsenal se trasladara a un nuevo estadio, el Emirates, con su tazón de cuatro niveles y su cubierta de policarbonato translúcido sobre las gradas.

Todo o nada: Arsenal comienza con los aficionados acudiendo al espectacular estadio Emirates, en agosto de 2021, con una pregunta en la mente de todos: si Arteta, que había reunido a la plantilla más joven de la Premier League, es el hombre que llevará al club de nuevo a lo más alto.

Entre sus jugadores se encuentra Bukayo Saka, de 19 años, que se enfrentó a una montaña psicológica que escalar tras fallar un penalti decisivo en la final de Inglaterra contra Italia en la Eurocopa, el momento más importante de la historia de la selección inglesa en cincuenta años. Tras la derrota, Saka sufrió una oleada de insultos racistas en las redes sociales.

Si Saka salió adelante fue gracias al creciente apoyo a la campaña *Black Lives Matter (Las vidas de los negros importan)* y también a que Arteta, antiguo capitán del Arsenal, depositó su fe en el joven que, con un entorno familiar estable, se había forjado y formado en la Academia del Arsenal en la humildad y la resistencia.

Cuando se les escucha fuera del terreno de juego —en el vestuario del club, el aparcamiento y el comedor del equipo, los jugadores comparten conversaciones a menudo banales, hablando de salidas familiares a parques de atracciones o de compras en Ikea—, la imagen predominante que se desprende es que no son solo iconos o símbolos de las esperanzas de una comunidad. Son chicos normales a los que los aficionados al fútbol exigen mucho.

«Mi principal objetivo es que los aficionados crean en el equipo y eso se ha perdido un poco en los últimos años», comenta Arteta antes de la temporada 2021/22. «El fútbol consiste en transmitir emociones positivas a la gente y si yo puedo hacerlo, ojalá puedan ocurrir cosas bonitas».

El jugador del Arsenal Bukayo Saka, de 19 años, se enfrentó a una montaña psicológica que escalar tras fallar un penalti decisivo en la final de Inglaterra contra Italia en la Eurocopa, en el verano de 2021, el momento más importante de la historia de la selección inglesa en cincuenta años. Saka sufrió una oleada de insultos racistas en las redes sociales y salió adelante fue gracias al creciente apoyo a la campaña Black Lives Matter. © Shutterstock.

Y sin embargo, la capacidad de Arteta como entrenador fue cuestionada por una crítica prensa inglesa, cuando el Arsenal comenzó aquella temporada de la Premier League siendo derrotado a domicilio por el recién ascendido Brentford en el Community Stadium. Siguieron otras derrotas consecutivas contra el Chelsea en casa, en el Emirates (0-2), y a domicilio contra el Manchester City en el Ethiad (0-5), donde el Arsenal se vio superado por la máquina superior y repleta de estrellas de Guardiola. Los aficionados del Arsenal describieron entonces a su equipo como el peor que habían visto en su vida.

Pero lo peor estaba por llegar, cuando el Arsenal perdió en casa ante su rival del norte de Londres, el Tottenham. Solo una victoria posterior contra el Norwich FC, un club recién ascendido, dio un respiro a Arteta, para sobrevivir y albergar esperanzas. Una derrota habría significado el peor comienzo del Arsenal en la historia de la Premier League inglesa. Como comenta el jugador del Arsenal icono de los años de Wenger, Thierry Henry: «Esto es el Arsenal. Los aficionados esperan que esté entre los cuatro primeros».

La victoria llega después de que Arteta reúna a sus tropas en el vestuario en un emotivo discurso previo al partido centrado en la construcción de equipo y el liderazgo. Cuenta a sus jugadores su temprana historia personal, en la que nació con una enfermedad cardiaca pero sobrevivió gracias a la oportuna intervención de una operación a corazón abierto. A continuación, la historia avanza rápidamente hasta la aplastante derrota ante el Manchester City, cuando Arteta cae en un bajón psicológico del que se recupera gracias a los «aspectos positivos» que le dan un sentido de propósito: «la familia, el club, los jugadores».

«Entonces, cree en ti misma como yo. Eres muy buena. Lo último que quiero hacer es culparte en los momentos difíciles. Mi responsabilidad es cargar con la mierda».

Para Dan Einav, crítico de televisión del *Financial Times*, los ejercicios de visualización de Arteta —en un momento dado la pizarra táctica presenta la ilustración de un corazón— y los discursos sobre la pasión y el orgullo, combinan la «intensidad de un visionario de Silicon Valley y la seriedad emocional de Ted Lasso (la serie de televisión estadounidense de comedia y drama deportivo estrenada en Apple TV en agosto de 2020 para una audiencia de millones de personas)».

Tras el partido contra el Norwich, el Arsenal de Arteta inicia una prolongada remontada desde el desastre en una temporada que sigue siendo decepcionante por mucho que el técnico intente dar una clase magistral de construcción de equipos digna de sus viejos maestros Wenger y Guardiola y de otros gurús filosóficos del fútbol moderno desde Cruyff a Valdano y Bielsa. Los aficionados del Arsenal esperan algo mejor que acabar octavos en la Premier.

Tras fallar un penalti decisivo y ante los insultos que recibió Bukayo Saka, fue de gran ayuda que Arteta, antiguo capitán del Arsenal, y entonces entrenador del club, depositó su fe en el joven que, con un entorno familiar estable, se había forjado y formado en la Academia del Arsenal en la humildad y la resistencia. © Prime Video.

Y así, el Arsenal da el pistoletazo de salida a la nueva temporada de la Premier contra uno de los clubes más modestamente financiados en agosto de 2022, el Crystal Palace, y gana 2-0 con una exhibición de fútbol creativo y agudo, los gritos de júbilo de «Arsenal, Arsenal, Arsenal» desde la sección visitante anunciando las perspectivas de más y mejor por venir. Arteta se siente alentado por la resistencia de su equipo frente a un rival que derrotó al Arsenal en el mismo estadio en abril de 2022, mermando seriamente las opciones del Arsenal de clasificarse para la Liga de Campeones.

Entre los que declaran su absoluta alegría se encuentra Ian Wright, el internacional inglés y negro del Arsenal convertido en popular comentarista de televisión. Ve muchos signos positivos en el equipo de Arteta, entre ellos el de Oleksandr Zinchenko, un córner bien trabajado que dio lugar al primer gol del Arsenal, obra de Gabriel Martinelli, una gran exhibición del delantero brasileño de 21 años en su primer partido desde su fichaje por 32 millones de libras procedente del Manchester City.

Wright elige a otros dos debutantes para elogiarlos: Willam Saliba y Gabriel Jesús.

Jesús se mostró lleno de energía y movimiento en la delantera tras su fichaje por 45 millones de libras procedente del Manchester City, mientras que Saliba, de 21 años, se mostró confiado en su primer partido en la Premier League, tres años después de que fuera comprado por 27 millones de libras al Saint-Etienne. El defensa de 21 años ha pasado las tres últimas temporadas cedido, pero ahora parece sentirse a gusto en la zaga del Arsenal.

Otro jugador estrella convertido en el comentarista más franco y controvertido de la televisión, el exjugador del Manchester United e internacional inglés Gary Neville, también se deshace en elogios hacia Saliba: «Me impresionó enormemente Saliba», declara a Sky Sports, «De hecho, me recordó a un joven Rio Ferdinand. Es un defensa tan joven a sus 21 años. Superar esa segunda parte, en la que el Arsenal no estaba en su mejor momento, habría sido lo más satisfactorio para Mikel Arteta. El Crystal Palace, fuera de casa, es un reto difícil y esa es una gran actuación de Saliba».

En cuanto al Crystal Palace, hay poco que rescatar del partido, aparte del recuerdo de días mejores. Algunos de los seguidores del club aún lloran la marcha en pretemporada del belga Christian Benteke para fichar por el club estadounidense DC United, entrenado por el exjugador del Manchester United e internacional inglés Wayne Rooney.

El recuerdo de lo que los aficionados del Crystal Palace celebraron como un gol que no podrían olvidar aún perdura: el gol picado de Benteke aquel día de 2017, una ocasión tan memorable en sí misma como el tanto.

El 1 de abril de 2017 —Día de los Inocentes— recibió una dosis de realidad. El Chelsea perdió 1-2 ante el Crystal Palace en Stamford Bridge dando a la carrera por el título de la Premier League uno de sus giros imprevistos. El Chelsea, intocable durante tanto tiempo en la cima y un equipo que había ganado 13 partidos seguidos en casa, sucumbió ante un equipo que había pasado casi toda la campaña ahogado en las garras de la lucha por el descenso.

Benteke, un delantero que había dado muestras de estar perdiendo forma en las últimas semanas, regatea desde la línea de medio campo. David Luiz, del Chelsea, intenta frenar su avance solo para que el balón se desvíe hacia Wilfried Zaha, que esprinta en su apoyo. El pase de vuelta del marfileño encuentra a Benteke solo delante de Courtois, y el delantero espera tranquilamente a que su compatriota se vaya al suelo antes de elevar un delicioso remate al fondo de las mallas. Fue su primer gol en liga desde finales de enero.

Como «Joe», un aficionado del Cystal Palace, tuiteó en diciembre de 2019: era su momento favorito de Benteke —apodado «Big Ben»—. A «Joe» simplemente le encantó la audacia del gol, en el que el número 17 de las Águilas sentó a Thibaut Courtois de espaldas antes de elevar el balón por encima de él.

Es una verdadera lástima que las cosas se hayan estancado tanto como en los últimos años para Benteke, pero una cosa es cierta: los aficionados del Crystal Palace no han olvidado su excelente gol contra los eventuales campeones de aquella campaña 2016/17.

Diablos rojos

Durante la mayor parte de la historia del fútbol de posguerra, pocos clubes ingleses han podido presumir de tener una afición internacional tan grande como el Manchester United. En 2021, un estudio reveló que, con más de 1100 millones de seguidores, era el club de fútbol más popular del mundo.

El apodo de Los Diablos Rojos se tomó prestado de un equipo de rugby local que tenía el mismo apodo desde 1934, cuando el club dominó un torneo en Francia, lo que llevó a los periodistas locales a apodarlos «Les Diables Rouges».

Con el tiempo, el apodo se hizo popular, en parte porque también representaba un homenaje al apodo inicial del club a finales del siglo XIX, cuando se les conocía originalmente como «Los Heathen».

Fue el gran Matt Busby quien sacó al club de la Segunda Guerra Mundial después de que Old Trafford sobreviviera al bombardeo de la aviación alemana y los aliados derrotaran a Hitler. Busby moldeó a un grupo de jóvenes jugadores que soñaban con un futuro brillante, por lo que fue una trágica ironía que tal potencial se viera brutalmente interrumpido en suelo alemán.

El desastre de Múnich de 1958, en el que murieron 23 personas, entre ellas ocho jugadores —entre las víctimas se encontraban el capitán Roger Byrne, la joven superestrella

Duncan Edwards y el internacional inglés Tommy Taylor—, despertó una enorme simpatía por el club y dejó una profunda huella en la historia de la entidad, cuyas víctimas se conmemoran desde siempre en una placa que ocupa un lugar destacado en Old Trafford.

Busby tuvo que reconstruir la plantilla y, con ella, buscar una nueva identidad. Los «Busby Babes», como se conocía al equipo anterior a Munich, se habían convertido en un doloroso recuerdo, una reminiscencia de la inocencia y el potencial perdidos en el desastre del accidente aéreo.

En 1968, un Manchester United reconstruido se convirtió en el primer club inglés en ganar la Copa de Europa, y Busby se consolidó como leyenda. A Busby le gustaba la imagen más intimidatoria de los «Diablos Rojos» frente a la anterior, que sonaba más inocente, de las «Busby Babes», y empezó a aplicarla al United.

En 1973 el club cambió su escudo para incluir oficialmente la imagen de un Diablo Rojo sosteniendo un tridente. El Diablo Rojo se ha convertido en una parte integral de la marca United en todo el mundo, y hoy en día la mascota del club es «Fred el Rojo», un sonriente diablo rojo, con cuernos y todo.

Más de treinta años después, el Manchester United se encontró iniciando otra reinvención al obtener fama y fortuna en la nueva Premier League inglesa bajo la dirección del también legendario heredero de Busby, Alex Ferguson.

Ferguson, que se enorgullecía de proclamar sus raíces socialistas y era simpatizante del Partido Laborista británico, se mostró inicialmente crítico con la Premier League, a la que describió como «un sinsentido».

Los comentarios llegaron a considerarse un tanto irónicos dado que el Manchester United, bajo su dirección, llegó a convertirse en el club de mayor éxito comercial de Europa, dominando la primera década de la Premier, y ganando trece títulos de la Premier League entre 1992/93 y 2012/2013, y haciéndose extremadamente rico en el proceso.

Fue un periodo en el que los Diablos Rojos tuvieron aficionados que disfrutaban de la celebridad además del éxito, con la reencarnación en celebridad del joven David Beckham y del extravagante francés Eric Cantona. Ambos contribuyeron de diferentes maneras a romper la sensación de insularidad del equipo y del fútbol inglés dentro de los parámetros comerciales enormemente expandidos de la Premier.

Cantona, el más veterano de los dos, jugó su primera temporada en el United en 1993/4 —la segunda temporada de la Premier League inglesa— después de desavenencias con la directiva del Leeds y, anteriormente, de entrar y salir de varios clubes franceses. Alfredo Di Stéfano lo había recomendado al Real Madrid en 1989, pero fue ignorado por el entonces presidente del club, Ramón Mendoza, que pensaba que Cantona representaba un riesgo demasiado grande para su reputación.

Cantona resultó ciertamente controvertido en la Premier League, pero la dureza del fútbol inglés le sentaba bien, y a los aficionados les encantaba la forma en que siempre les sorprendía. Tenía un ego enorme y no aceptaba las críticas fácilmente.

Cantona marcó 82 goles con el Manchester United de Ferguson. Ganó cuatro títulos de liga y dos dobles (con la Copa de la FA) y fue el catalizador del periodo más exitoso de la historia del club.

Más tarde afirmaría que uno de los muchos buenos momentos que vivió durante sus años en la Premier League inglesa fue cuando pateó a un aficionado del Crystal Palace, Matthew Simmonds. Cantona se refirió a él como el «hooligan» durante un partido fuera de casa en Selhurst Park el 5 de enero de 1995.

La foto de Cantona lanzándose con los pies por delante de Simmons sigue siendo una de las imágenes más icónicas de la era de la Premier League.

Lo que se hizo notoriamente conocido como la patada «kung-fu» de Cantona se produjo después de que el jugador recibiera una tarjeta roja, la primera en seis meses, pero la quinta desde que fichó por el United. Mientras se dirigía al túnel de vestuarios, el *hooligan* Simmonds se colocó a la altura del terreno de juego, en la primera fila de la grada, y le gritó. En la versión de los hechos del propio Simmons, este se había limitado a gritarle: «¡Fuera, fuera, fuera! ¡Váyase, señor Cantona! ¡Es un baño temprano para ti!». Otros testigos afirmaron que en realidad le había gritado: «Sucio bastardo francés. Vete a la mierda de vuelta a Francia».

El United suspendió a Cantona hasta el final de la temporada y le impuso una multa de 20.000 libras. Posteriormente, la Asociación Inglesa de Fútbol amplió su sanción hasta octubre y le impuso otra multa de 10.000 libras.

También fue condenado a 14 días de prisión por un magistrado tras declararse culpable de agresión común, pero eso fue anulado por un juez que dictaminó que el jugador no debía ser encarcelado simplemente por ser una figura pública.

La época Ferguson fue un periodo en el que los Diablos Rojos tuvieron aficionados que disfrutaban de la celebridad además del éxito, con la reencarnación en celebridad del joven David Beckham y del extravagante francés Eric Cantona. Ambos contribuyeron a romper la sensación de insularidad del equipo y del fútbol inglés dentro de los parámetros comerciales. © Cantona en el Festival de Cine de Cannes en 2009, foto de George Biard.

En su lugar, Cantona recibió 120 horas de servicios a la comunidad, y el Manchester United organizó entonces la famosa rueda de prensa en la que el francés se limitó a leer una nota que rezaba: «Cuando las gaviotas siguen a la trainera es porque piensan que se van a tirar sardinas al mar».

Mientras se preparaba para hacer su salida, Cantona se dirigió entonces a los periodistas a los que aparentemente había pretendido insultar, diciendo únicamente: «Muchas gracias».

Simmons, el *hooligan*, recibió una multa de 500 libras por comportamiento abusivo y también se le impuso una prohibición de acceso al estadio de un año de duración. Tras el veredicto, Simmons, de 21 años, que seguía en el tribunal de magistrados, se lanzó por encima del banquillo contra el abogado de Cantona, pateó y agarró al fiscal Jeffrey McCann antes de que el hincha del Crystal Palace fuera conducido esposado. Simmons fue encarcelado durante una semana por la agresión en la sala del tribunal. El juez también condenó a Simmons a pagar una multa de 500 libras, así como 200 libras en concepto de costas judiciales.

Cantona se planteó dejar el fútbol inglés como consecuencia del trato recibido por parte de las autoridades futbolísticas inglesas, pero Ferguson le convenció para que se quedara. El jugador francés, al que le gustaba escribir poesía, contribuyó al éxito del United en la Premier League inglesa y en la Copa de Inglaterra la temporada siguiente.

«El acto que Cantona perpetró en Selhurst Park podría haber sido el que más valió la pena de todos. Fue el momento más importante de una relación entre jugadores y aficionados tan duradera y espiritual que casi no tiene comparación. Ya era una leyenda del United. El 25 de enero de 1995 se convirtió en inmortal», escribió Rob Smyth, redactor de fútbol de *The Guardian*, 25 años después del incidente.

Uno de los compañeros de Cantona, Roy Keane, recordaba: «Antes de que Cantona llegara al Manchester United había tenido numerosos clubes, pero nunca se había asentado... no se conformaba, hacía las cosas a su manera y parecía como si le importara una mierda».

Pero durante los días de gloria del United en la Premier League inglesa, Cantona floreció a las órdenes de Ferguson y se ganó el respeto de compañeros y aficionados por su capacidad goleadora, su control del balón y sus pases creativos, capaces de cambiar el rumbo del partido en un instante.

El francés enseñó a David Beckham el poder de los medios de comunicación, los patrocinadores y cómo la fama dentro y fuera del campo era una máquina de hacer dinero. Beckham atribuyó a Cantona los primeros años de éxito del United en la Premier League. El propio Beckham hizo historia en la liga cuando marcó uno de los mejores goles jamás marcados en el fútbol inglés en un partido contra el Wimbledon al comienzo de la temporada 1996-97. Pateó el balón a la red desde la línea de medio campo con un disparo desviado y en picado. Los que estuvieron allí aquel día nunca lo olvidarían. Como lo describió Gary Neville, colega de Beckham: «La mayoría de los jugadores no podrían chutar tan lejos y hacerlo parecer tan dulce».

El gol dio la vuelta al mundo por televisión y medios digitales, otorgando a Beckham un estatus internacional instantáneo. El United y la Premier League habían descubierto el significado del éxito.

Avanzamos de forma rápida en el tiempo y nos situamos en las primeras semanas de una nueva temporada en septiembre de 2022. Puede que el Manchester United no se haya clasificado para la Liga de Campeones, pero bajo su nuevo entrenador, el holandés Erik ten Hag, aspira a recuperar parte de su antigua grandeza. Es una medida del potencial y la ambición del club que en un ambiente apasionado en Old Trafford los aficionados del United vislumbren días de gloria del pasado cuando su equipo vence al resucitado Arsenal de Miquel Arteta.

El propio resurgimiento del United está en marcha a pesar de la saga veraniega ampliamente publicitada sobre si Cristiano Ronaldo se quedaba o se iba. El periodo estival de traspasos llegó y se fue, y Ronaldo se quedó, después de que ningún otro club que pudiera valorar generosamente al portugués se presentara.

Ten Hag insistió en que Ronaldo aún podía formar parte de sus planes para reconstruir el equipo y redescubrir los juegos de los días de gloria. Pero el renacimiento de las fortunas del United parecía no depender ya de Ronaldo. Uno de los jugadores estrella cuyo estado de forma había decaído la temporada pasada, pero que fue motivado por Ten Hag, fue el delantero inglés Marcus Rashford.

Contra el Arsenal, Rashford volvió a su mejor nivel, marcando dos goles y mostrando su versatilidad como parte del juego de presión del United, cambiando fácilmente de delantero centro a extremo. Con Ronaldo en el banquillo hasta el final de la segunda parte, Rashford también enlazó bien con el gran fichaje veraniego del United, el brasileño Antony, el otro goleador.

Fue una contienda absorbente que trajo a la memoria los recuerdos de los dos clubes compitiendo por la corona de la Premiership en los tiempos de Ferguson y Wenger. El Arsenal era mejor equipo en calidad de pases e inteligencia de movimientos, pero el United era letal a la contra, sobre todo con la velocidad y la franqueza de Antony, que jugaba con pasión y precisión.

Aún era pronto en lo que estaba destinado a ser otra reñida batalla por la supremacía en la liga más competitiva de Europa. Pero como decía un titular: «El pavoneo de Antony da al United razones para creer».

En las últimas temporadas, el centro de atención del fútbol de clubes inglés había sido el Manchester City y el Liverpool compitiendo por los títulos, pero el partido disputado en Old Trafford aquel 4 de septiembre de 2022 hizo que el United y el Arsenal, dos clubes en pleno renacimiento, volvieran al centro de la escena como serios aspirantes. Los aficionados del United seguían protestando por sus propietarios estadounidenses, los Glazer, pero volvían a adorar el fútbol que practicaba su equipo, al igual que los seguidores del Arsenal. Fútbol de calidad y un gran espectáculo.

Calentamiento previo
a la temporada

30 de julio de 2022, Copa Community Shield,
Estadio King Power,
Manchester City vs. Liverpool Resultado 1-3

El partido «amistoso» anual de verano del fútbol de clubes inglés se juega a pocos días de una nueva temporada de liga, entre dos clubes cuyas continuas luchas por el título han dominado la Premier en los últimos tiempos, Liverpool y Manchester City. ¡Y vaya espectáculo!

No importa que una gran parte del país tenga sus pensamientos y oraciones centrados en las esperanzas de la selección inglesa de vencer a Alemania en el campeonato europeo femenino que se disputará al día siguiente en Wembley. Se trata del último enfrentamiento entre dos gigantescos equipos ingleses de clubes exclusivamente masculinos, disputado en el King Power Stadium de Leicester City.

Los aficionados del Liverpool FC y del City se aseguran de que la modesta asistencia al estadio de poco más de 33.000 espectadores sea un hervidero de cánticos rivales mientras los equipos de Klopp y Guardiola protagonizan el último acto de una eterna batalla de voluntades y habilidades, dos grandes entrenadores a cargo de algunos de los mejores jugadores del mundo.

El partido resulta ser mucho más entretenido y emocionante de lo que suele ser habitual en los torneos de verano, ya que el césped bien cuidado y regado del estadio contrasta con la tierra reseca de gran parte de Inglaterra en un verano de altas temperaturas sin precedentes.

El Liverpool demuestra desde el pitido inicial que es un equipo listo para la batalla, en plena forma, con la estrella egipcia Salah, que avanza por la banda derecha con velocidad y habilidad, como si estuviera recargado por la renovación de su contrato.

Por el contrario, el City se esforzó por producir su característico juego de construcción paciente, con el último gran fichaje de Guardiola, Erling Haarland, casi anónimo durante la mayor parte del partido y manteniéndose tenazmente en una posición avanzada, que solo parecía perturbar el ritmo de su equipo.

El único momento de inspiración del internacional noruego se produce cuando ayuda a encender el gol del empate del City, obra de otro reciente fichaje estrella de la Premier, Julián Álvarez. Antes de que acabe el partido, y con el Liverpool ganando por 3-1, el alto vikingo rubio de pelo largo se las arregla para fallar un remate a bocajarro por encima del travesaño en lo que debería haber sido un gol fácil. Parte del atractivo de la Premier League, en términos competitivos, es su capacidad para lanzar lo inesperado, para sorprender.

Para Haaland, en palabras del comentarista de fútbol de *The Observer*, Barney Ronay, este fue un debut no solo para olvidar, sino para triturar, incinerar y enterrar en el fondo del jardín, después de pasar la mayor parte de la segunda parte enfurruñado y ganduleando en el círculo central.

Haaland se ve eclipsado por el fichaje estrella del Liverpool, Darwin Núñez, que sale del banquillo de suplentes a falta de media hora para el final y parece adaptarse instantáneamente a lo que en el Liverpool es una idea muy definida de cómo debe ser una delantera de tres. «Corrió con fuerza por el centro. Parecía directo y con las ideas claras. Como estudio de caso sobre la compra de un jugador que se adapte a tu estilo de ataque preexistente, esto fue algo convincente», escribe Ronay.

Los aficionados del Liverpool están electrizados, encienden bengalas desafiando las directrices oficiales y corean el nombre del uruguayo. El ruido más fuerte emana de la sección roja del recinto, al igual que gran parte de la acción que proviene de los que visten los mismos colores. Pero con Guardiola puede permitirse ser paciente. Es un probado maestro táctico y cree en la teoría de la evolución. La lucha continuará entre dos grandes clubes.

El club ruso

Puede haber pocos estadios más atmosféricos o encuentros más emblemáticos entre dos rivales con algunos de los mejores jugadores del mundo que un «derbi» londinense de la Premier League entre el Chelsea FC y el visitante Tottenham Hotspur en Stamford Bridge.

Mientras que los hinchas del Tottenham solían considerar al Arsenal como su principal rival, ahora corresponden a los del Chelsea en un antagonismo mutuo. En el pasado, los seguidores del Chelsea odiaron durante mucho tiempo a los del Tottenham, dejando que su odio se desbordara en insultos racistas y violencia física

En marzo de 2015, los aficionados del Chelsea aparecieron en los titulares por cánticos racistas y antisemitas en el metro de Londres después de que su club venciera al Tottenham en la final de la Copa de la Liga de Fútbol. Fue un resultado que hizo que el Chelsea superara al Tottenham en el número de todos los trofeos ganados, persistiendo en su supremacía en la Premier League, la FA Cup y Europa.

El partido del segundo fin de semana de la temporada 2022/23 tiene lugar durante el verano más caluroso que se recuerda, con el estadio exento de las prohibiciones de mangueras en todo el país, para permitir que su césped permanezca salpicado, suave y verde, y los aficionados consumiendo toda la cerveza que puedan beber antes de ocupar sus localidades en el estadio.

Hay algunos aficionados bebiendo agua o latas de Coca-Cola, pero el ambiente lo definen los bebedores de cerveza. A lo largo de las calles del barrio algunos de los más ruidosos se agolpan en pubs como The Chelsea Pensioner y Tommy Tucker, ensayando sus cánticos más viscerales, como si se prepararan para la batalla contra el enemigo; el sentido de tribu, de pertenencia así como de exclusividad tiene carteles que advierten de que el territorio que se extiende a lo largo de la parte de Fulham y King's Road es durante unas horas solo para aficionados del Chelsea.

Recuerdo que un alto cargo de la Policía Metropolitana de Londres me dijo hace algún tiempo que, en los partidos considerados de alto riesgo, esa exclusividad desempeña un papel importante para minimizar los enfrentamientos, al igual que asegurarse de que la entrada y los asientos de los aficionados visitantes en el estadio estén también cuidadosamente segregados. En cuanto a mezclarse con los aficionados del Chelsea y unirse a su sección en el estadio como mero observador, como en mi caso, el mejor consejo que me dio un amigo fue que no mostrara neutralidad, y mucho menos simpatía o admiración por el enemigo.

Mi amigo me ha conseguido una entrada libre en el centro de la tribu del Chelsea, en los extremos opuestos a los visitantes. Sin cargo alguno, solo un consejo gratuito: «Tendrá que vitorear cualquier gol del Chelsea, ni acobardarse, Dios no lo quiera, si marca el Tottenham».

A pesar de toda la cerveza que se bebe, no vi ningún signo evidente de embriaguez paralítica. El acceso está controlado por vigilantes bien entrenados, y cualquier borracho se enfrenta a más obstáculos al maniobrar a lo largo de la estrecha formación de los asientos y los estrechos pasillos entre las filas superpuestas.

No veo a nadie desplomándose ni desmayándose por deshidratación, lo que podría sugerir que los aficionados ingleses tienen cierta resistencia cuando consumen grandes cantidades de cerveza, lo que no quiere decir que se vuelvan particularmente *zen*.

Mientras que los aficionados se unen en su apoyo al equipo y en los cánticos colectivos, hay algunos que sobresalen en sus expresiones físicas y verbales que parecen surgir de emociones reprimidas profundamente arraigadas que encuentran escape durante el partido.

A unos metros a mi izquierda, un enjuto y sepulcral hincha del Chelsea de treinta años con barba tiene un aire de fanático, los ojos con una expresión sombría, la boca expulsando una letanía de improperios, la ira contenida estallando. Es de origen incierto, y le persiguen demonios insondables, y desenlaces impredecibles, pero es un hincha del Chelsea.

A mi derecha, abajo, un hincha mayor del Chelsea, cuadrado y rotundo, barrigudo, saluda cada entrada de Tottehham y cualquier decisión del árbitro que vaya en contra del Chelsea gesticulando el acto de masturbación con su brazo derecho.

Pienso en los «Clásicos» que he visto en el Nou Camp y en el Bernabéu a lo largo de los años, y un aspecto sorprendente de Stamford Bridge es que resulta mucho más intimidatorio para cualquier observador externo que se acerque a ver el espectáculo. Sus dimensiones relativamente reducidas —poco mas de 40.000 localidades de aforo, el más pequeño y menos renovado entre los estadios de los grandes clubes de la Premier League— parecen pertenecer a una época pasada y a otra liga, en aparente contradicción con la reputación del Chelsea como uno de los clubes más exitosos y ricos de los años más recientes de la Premier League. Los planes para un nuevo estadio se han debatido y pospuesto a lo largo de los años.

El Chelsea obtuvo permiso para ampliar la capacidad de Stamford Bridge en enero de 2017, pero los planes quedaron en suspenso en mayo de 2018 debido a lo que el club describió entonces como el «clima desfavorable para la inversión».

Dos años más tarde, el Chelsea declaró que seguiría estudiando opciones para un nuevo estadio «en caso de que las condiciones económicas mejoraran», pero desde entonces no se ha producido ningún avance importante. En el verano de 2022, su principal reclamo de modernidad era el complejo adyacente Chelsea Village. Promocionado cuando se inauguró en 2001 como uno de los primeros desarrollos que integraban usos minoristas, comerciales, hoteleros y residenciales en torno a un estadio de fútbol de «primera clase», hoy se queda atrás en tamaño y diseño con respecto a proyectos urbanísticos de arquitectura más audaz en Londres, como la remodelación de King's Cross, Battersea Power Station y Nine Elms.

Otros estadios de fútbol de la Premier League pertenecientes a grandes clubes también empequeñecen a Stamford Bridge-United, City, Liverpool, Arsenal todos tienen mayores capacidades, al igual que el nuevo estadio del Tottenham (inaugurado en 2017) en el emplazamiento del antiguo White Hart Lane. Diseñado como un campo de fútbol multiusos, retráctil, que deja ver un campo de césped sintético debajo para los partidos de la NFL de Londres, conciertos y otros eventos, el estadio del Tottenham Hotspur es el segundo estadio más grande de Londres después de Wembley.

Y sin embargo, lejos de disminuir la pasión de los aficionados en Stamford Bridge —donde los carteles publicitarios afirman que es el verdadero «Orgullo de Londres» y las pancartas de los clubes de aficionados de todo el mundo cuelgan de las gradas superiores—, el entorno relativamente estrecho del estadio contribuye a acentuar su calor y volumen.

La celebración de los seguidores del Tottehnam, aunque en clara minoría numérica, estalla cuando el capitán de su equipo, Harry Kane, marca el gol del empate, asegurando las tablas en los minutos finales de un partido lleno de ferocidad competitiva y juego de calidad.

Que durante gran parte del partido sean los jugadores del Chelsea y la brillantez táctica de su entrenador, el alemán Thomas Tuchel, los que tengan una clara ventaja sobre los Spurs de Antonio Conte, es motivo suficiente para que los aficionados locales descarguen su ira contra el árbitro con la misma dedicación que muestran al aprobar las mejores jugadas de su equipo.

Como oficiales que dirigen a sus hombres como hermanos de armas, Tuchel y Conte chocan entre sí en dos llamativas disputas en la línea de banda. Tuchel trae recuerdos de José Mourinho cuando el alemán, como un salvaje invasor del campo, corre jubiloso por delante del banquillo del Chelsea y de un exasperado Conte, y hacia el banderín de córner después de que James haya restablecido la ventaja del Chelsea, en el 2-1.

A algunos entrenadores, de personalidad menos expresiva, se les podría haber perdonado que se sintieran algo intimidados por compartir línea de banda con Conte, antaño una estrella de la selección italiana, que como entrenador ha ganado varios títulos de liga en sus ocho temporadas en el fútbol europeo de clubes.

Pero el alemán disfruta lanzando el guante, en la banda y sobre el terreno de juego. Más allá de mostrarse adepto a la psicología, Tuchel muestra su genio táctico utilizando una formación 4-2-2-2 para abrumar al doble pivote del Tottenham, formado por Betancur y Hojbjer, y un juego de presión para cerrar las rotaciones más amplias de los visitantes.

Me acompaña al partido un muy civilizado aficionado del Chelsea, Rory, de 28 años, cuyos primeros recuerdos futbolísticos de niño son de Gianfranco Zola, el jugador italiano que fue clave en el resurgimiento del Chelsea en la temporada 1996-97.

Qué tiempos aquellos en los que el entrenador *más cool* (a la moda y atractivo) de la Premier League inglesa era el estiloso holandés Ruud Gullit. En su Holanda natal, algunos de sus propios compatriotas tachaban a Gullit de alborotador cascarrabias. Los londinenses le trataban como a una celebridad que marcaba tendencia y que atrajo al emergente líder del partido laborista y futuro primer ministro Tony Blair, entre otros, al Chelsea que entonces presidía Ken Bates.

Gullit vestía trajes azules *Cerruti* y no llevaba calcetines, bebía *capuchino* y hablaba siete idiomas con fluidez, siete más que la mayoría de los futbolistas ingleses. Hizo del Chelsea el club preferido de los amantes de la moda.

Era todo un cambio respecto a la reputación anterior del Chelsea como club más conocido por sus batallas callejeras y su infiltración en el partido nacional británico de extrema derecha, y el propio Gullit era una sorprendente imagen que contrastaba con el *bull-dog terrier* inglés, el *cockney* de cabeza rapada Dennis Wise que capitaneaba el Chelsea, casi el último inglés en pie, mientras el club se embarcaba en una política duradera de grandes gastos en jugadores extranjeros de talla mundial.

Un avance rápido hasta el partido contra el Tottenham en agosto de 2022, y el joven Rory, de modales suaves y bien educado con un agudo sentido del «juego limpio», me dice que desearía que su club animara a más jugadores jóvenes a subir a través de la academia en lugar de centrar su reclutamiento en la Premier Division de alto nivel y en fichajes estrella del extranjero.

Y sin embargo, una parte de Rory también está llena de admiración por un recién llegado, el senegalés fichado del Nápoles, Kalidou Kouilibay, que es imperioso en el centro de la defensa y abre el marcador en su primer partido con los Blues en Stamford Bridge. Un joven debutante impresionante en el club es el español Marc Curcurella, el fichaje estrella del verano procedente del Brighton.

Cucurella, que llevaba en el Barcelona desde que ingresó en las categorías inferiores en 2012, fue cedido al Eibar en 2018. Tras otra temporada en el Getafe fue comprado por el Brighton por 15,4 millones de libras. El Brighton, bajo la dirección de su entrenador inglés Graham Potter, terminó la temporada 2021-22 en el noveno puesto de la Premier League, el mejor puesto que había alcanzado el club en la máxima categoría del fútbol inglés. En el verano de 2022, Cucurella fue traspasado al Chelsea por 62 millones de libras, lo que le convirtió en el lateral más caro de la historia de la Premier League.

En el partido de la nueva temporada contra el Totttenham, es el hecho de que el árbitro Anthony Taylor no sancionara una falta evidente de Cristian Romero, tirando a Cucurella al suelo por sus largos mechones negros (a Cucurella le animó su madre a dejarse crecer el pelo cuando era un colegial en España para distinguirle en el terreno de juego) lo que aviva la ira de los aficionados y del entrenador del Chelsea.

En la línea de banda, un empleado del club del Chelsea agita una gran pancarta de *No al odio* durante todo el partido. El gesto contrasta con algunos de los gestos y cánticos de los aficionados más militantes. Sin embargo, un símbolo de cómo el club ha conseguido hacer frente y exorcizar las actitudes racistas es la presencia entre varios jugadores negros en el equipo del internacional inglés Raheem Sterling, recientemente fichado por el Manchester City.

Un aficionado del Chelsea, Colin Wing, recibió una sanción de por vida por insultar racialmente a Sterling cuando el Manchester City jugaba en Stamford Bridge en diciembre de 2018. En una entrevista previa al partido contra los Spurs en el verano de 2022, Sterling afirma que el incidente no se le pasó por la cabeza cuando buscaba el siguiente reto tras decidir abandonar el City.

Se le pregunta a Sterling si estaría dispuesto a reunirse con Wing, su agresor. «No siento odio ni malicia hacia el individuo», dice Sterling al *Times*. «Eso es algo que podría hacer aquí mismo, ahora mismo o mañana. No es un problema».

> «Creo que mi principal objetivo es alejarme del tipo de cosas raciales y centrarme más en nutrir y alimentar a los jóvenes, como yo mismo crecí. Darles un mapa de lo que les espera y mostrarles que pueden manifestar muchas cosas si dedican tiempo y se cuidan».

El derbi londinense es de alto octanaje, contundente, con un gran juego táctico y goles, y enormemente entretenido tanto fuera como dentro del terreno de juego: casi todo lo que se desea de un partido de fútbol al más alto nivel. Lo ve el nuevo propietario del Chelsea, el financiero estadounidense Todd Boehly, con su alto y fornido cuerpo en el palco ejecutivo que durante años ocupó el oligarca ruso Roman Abramovich antes de caer en las sanciones británicas contra los oligarcas rusos, tras la invasión de Ucrania por Putin. De aspecto juvenil y con una camiseta formal de cuello abierto en un tono más claro del azul del Chelsea, Boehly tiene una memorable primera toma de contacto con el fútbol de la Premier League inglesa, y se ve arrastrado a la montaña rusa de emociones de un partido en el que el Chelsea se adelanta dos veces, antes de ser remontado hasta el 2-2, un empate de Harry Kane para el Tottenham en el minuto 96, el mazazo final.

El estadounidense salta de alegría —como solía hacer Abromivich en las celebraciones del Chelsea— cuando Koulibaly adelanta a los Blues, pero al final del partido está sentado y con la cabeza entre las manos tras ver el gol del empate de Kane.

El empate es el resultado después de que los seguidores del Chelsea se burlaran de los del Tottenham con un: «¡Nosotros lo ganamos todo, vosotros no ganasteis nada!» para subrayar la enorme brecha en la consecución de trofeos que separaba a los dos equipos durante los años de Abramovich.

Como resultado de su indecoroso enfrentamiento, los dos entrenadores obtienen sendas tarjetas rojas, y el técnico del Chelsea, Tuchel, continúa después del partido atizando la hostilidad que los aficionados del Chelsea sienten por el árbitro al insistir en que los dos goles del Tottenham nunca deberían haberse permitido.

En el exterior del estadio, Rory y yo nos vemos envueltos en un airado enfrentamiento verbal entre un número muy reducido de hinchas acérrimos que son separados por la policía montada antes de que se produzca ningún estallido violento importante. Mi joven acompañante Rory y yo nos dirigimos hacia la paz y la relativa seguridad del cercano cementerio de Brompton —un oasis de vegetación que ha crecido entre las lápidas— y el gentil barrio de *The Boltons* más allá.

En términos de mala sangre, el partido fue menos controvertido que la legendaria «batalla» de Stamford Bridge de mayo de 2016, que también acabó en empate a 2 con el Tottenham y dio al Leicester City el título de campeón de la Premier League por primera y única vez en su historia y frustró a los visitantes, que habían estado más cerca de ganar la liga desde su último título en 1961.

En la «batalla», los jugadores rivales se agredieron mutuamente sin balón sobre el terreno de juego, lo que se saldó con nueve tarjetas amarillas para el Tottenham (récord de la Premier League para cualquier equipo), y otras tres para el Chelsea, y Mousa Dembélé, el jugador belga del Tottenham, que recibió una suspensión de seis partidos por conducta violenta después de que pareciera arañar el ojo del delantero del Chelsea Diego Costa.

Ambos clubes fueron multados por la Asociación de Fútbol por no controlar a sus jugadores.

En agosto de 2022, el enfrentamiento entre los directivos roza lo teatral, más que lo seriamente hostil. Y sin embargo, su conducta, sin olvidar las críticas de Thomas Tuchel al árbitro Anthony Taylor, corre el riesgo de encender a jugadores y aficionados en una Premier League que se enorgullece de ofrecer una buena imagen al resto del mundo.

* * *

Antes de la llegada del nuevo propietario Boehly, la historia reciente del Chelsea se divide en 2 fases muy claras: un antes y un después de la Premier League. La época de su propietario inglés Ken Bates, de 1982 a 2003, seguida de los espectaculares y polémicos «días de gloria» de la propiedad del Chelsea por Abromivich, de 2003 a 2022.

La anterior época de éxito del Chelsea fue de 1955 a 1971. En 1982 Ken Bates compró por solo 1 libra un club que se revolcaba en la 2.ª División, con grandes deudas y un notorio elemento *hooligan*. Como me cuenta Charlie, un aficionado del Chelsea: «Recuerdo 2 partidos de la División con muy poca asistencia, partidos terribles y un ambiente abatido en Stamford Bridge. De pie sobre un hormigón ruinoso en terrazas poco pobladas, poco ambiente dado que también funcionaba como pista de carreras de galgos. Todos sabíamos que las deudas significaban que no se comprarían buenos jugadores y que la segunda división sería probablemente nuestro hogar en el futuro».

Ken Bates fue un controvertido hombre hecho a sí mismo, con opiniones de extrema derecha. Sin embargo, sabía lo que quería y básicamente transformó el club. Tras salvarse por los pelos de descender a la tercera división, Bates acabó comprando la propiedad del club, que estaba a punto de ser desalojado de Stamford Bridge. La primera temporada dispuso de grandes fondos, compró buenos jugadores y el Chelsea ascendió a la División 1. La transformación del Chelsea comenzó con Bates, pero luego fue llevada a otro nivel por Abramovich aprovechando al máximo un entorno normativo laxo.

En la época en que la Premiership parecía dispuesta a transformar el fútbol inglés, el Chelsea ya era un equipo consolidado. Todo gracias al controvertido Bates que, entre otras medidas extremas, ¡colocó una valla eléctrica alrededor del campo para contener a los *hooligans* del Chelsea!

Hasta la llegada de Abramovich al poder, Bates había traído a jugadores extranjeros de gran colorido y éxito: Zola, Di Matteo, Desailly, Hasselbaink, etc. Y a entrenadores como Vialli y Ranieri. Quizá Abramovich simplemente continuó el modelo de Bates.

Los aficionados del Chelsea querían a Bates, pero llegaron a querer aún más a Abramovich. Bates era un personaje desagradable *con cojones* que salvó al club y trajo grandes jugadores, y trofeos (Copa de la FA y Recopa). Puso al Chelsea en la escena internacional: la primera incursión del club en la Liga de Campeones fue en 1999. El Chelsea iba a velocidad de crucero, jugando bien al fútbol, entre los 6 primeros constantemente. Y Zola era simplemente mágico.

Eran los años 90, una época en la que el centro financiero de Londres, *The City*, estaba inundado de rusos. Como señala mi antigua colega del Financial Times y corresponsal en Moscú, Catherine Belton, en su *best seller Los hombres de Putin*:

«En lugar de ser Rusia la que estaba cambiando a través de la integración en los mercados occidentales, era Rusia la que estaba cambiando Occidente. Los magnates que venían a Londres, y que Occidente esperaba que se convirtieran en fuerzas independientes de cambio, se estaban convirtiendo, en cambio, en dependientes del Kremlin; se estaban convirtiendo en rehenes del Estado cada vez más autoritario y cleptocrático de Putin. En lugar de alinear a Rusia con su sistema basado en reglas, poco a poco se estaba corrompiendo a Occidente. Era como si se le estuviera inyectando un virus».

El camino, según Belton, se había allanado en parte, cuando Roman Abramovich compró el Chelsea FC en el verano de 2003 por 150 millones de libras y catapultó al Chelsea a convertirse en el club más rico de la Premier.

Abramovich llegaría a insistir en que a lo largo de los años en que fue propietario del Chelsea invirtió en dos ambiciones: crear equipos de categoría mundial sobre el terreno de juego y asegurarse de que el club desempeñaba un papel positivo en todas sus comunidades. Su portavoz también insistió en que Abramovich utilizaba su palco en el Chelsea para la familia y los amigos y nunca invitaba a políticos británicos.

Según Belton, el hecho de que los intereses empresariales de Abramovich en el Reino Unido fueran tolerados durante tantos años se debió en parte a que parecía no tener nada que ver con los espías del KGB de Putin. Sin embargo, independientemente de las motivaciones de Abramovich para la compra del Chelsea, el club se convirtió en un símbolo del dinero ruso que inundaba el Reino Unido, y su fácil aceptación contribuyó a que el dinero ruso formara parte del tejido de la vida londinense.

En Londres y en otros lugares del Reino Unido muchos odiaban al Chelsea y a sus aficionados, pero no les importaba. La marca futbolística era poderosa, el club estaba por encima de todo y el origen de la fortuna de Abramovich no era un problema... bueno, no hasta la guerra de Ucrania.

Roman Abramovich compró el Chelsea FC en el verano de 2003 por 150 millones de libras y lo catapultó a convertirse en el club más rico de la Premier. Siempre Abramovich insistió en que invirtió en dos ambiciones: crear equipos de categoría mundial sobre el terreno de juego y asegurarse de que el club desempeñaba un papel positivo en todas sus comunidades. © Shutterstock.

Como suele decirse, el resto es historia: 19 años de propiedad rusa y 21 trofeos. Abramovich pasó por más entrenadores extranjeros de primera fila que Florentino Pérez en el Real Madrid —entre ellos la *creme de la creme* Gullit, Vialli, Ranieri, Mourinho, Scolari, Hiddinck, Ancelotti, Rafa Benítez, Conte—, y con todos ellos el Chelsea ganó más trofeos que cualquier otro club inglés durante el reinado de Abramovich, y los aficionados le perdonaron todo, incluso el hecho de que fuera uno de los oligarcas de Putin. El modelo funcionó mientras no se confiscaron los activos de Abramovich, y nadie imaginó que eso ocurriría hasta que Rusia invadió Ucrania en febrero de 2022.

Hasta entonces, los seguidores del Chelsea consideraban a Abramovich un oligarca benévolo. Incluso después de que Rusia invadiera Ucrania hubo seguidores del Chelsea que siguieron gritándole su apoyo durante los partidos, para horror de los aficionados rivales.

No es que los hinchas del Chelsea se hubieran comportado nunca de una forma que los hiciera adorables. Recuerdo haber asistido a un partido de la Liga de Campeones del FC Barcelona en Stamford Bridge. Actué como intérprete para la Policía Metropolitana, que advirtió que todos los pubs del barrio estaban prohibidos a los aficionados visitantes, ya que no se podía garantizar su seguridad. Los hinchas del Chelsea se pasaron todo el partido gritando improperios a los aficionados visitantes. El término más utilizado fue «*spiks*», la palabra anglosajona despectiva para referirse a los hispanos.

Pero los *culés* lo tuvieron fácil en comparación con los aficionados ingleses. El Tottenham, un club con muchos seguidores entre la comunidad judía de Londres, en los malos tiempos tuvo que lidiar con los aficionados más racistas del Chelsea que hacían siseos burlones en recuerdo de las cámaras de gas del exterminio nazi.

Cuando Abramovich decidió invertir como nuevo propietario del Chelsea en 2003, consideró España e Italia como alternativa. Pero decidió que el negocio del futbol en las ligas de esos países era políticamente demasiado complicado en comparación con la oportunidad de mercado liberal que ofrecía la Premier.

Selló el acuerdo para comprar el Chelsea con una botella de Evian en el hotel Dorchester de Londres, iniciando así una nueva era en la Premier League, en la que extranjeros compraban y financiaban antiguos clubes ingleses y los transformaban en vacas lecheras. Algunas de estas fortunas fueron turbiamente engendradas y, sin embargo, la Premier produjo parte del mejor fútbol del mundo, y los aficionados se enamoraron de él.

El 6 de abril de 2021, los aficionados del Chelsea en Stamford Bridge tuvieron su primer atisbo de un futuro sin riquezas ilimitadas. En una eliminatoria de cuartos de final de la Liga de Campeones, el Chelsea cayó derrotado por 1-3 ante el Real Madrid. Una fácil victoria, gracias a la brillantez de Karim Benzema. © Shutterstock.

Con la caída de Abramovich, no faltaron postores. La única condición que pusieron los aficionados fue que quien se hiciera con el control debía comprometerse con el club y construir un nuevo estadio como parte del trato. Era una de las curiosidades de Stamford Bridge. Un estadio viejo, completamente inadecuado para un club como el Chelsea —bastaba con ver los nuevos estadios de sus rivales del norte de Londres—, pero tenía ambiente, era diferente. A los aficionados más fanáticos, desde jóvenes ejecutivos que esnifaban coca hasta racistas Brexiteers alcohólicos de clase obrera, ¡les encantaba!

Como Charlie, el aficionado explicó: «Seguramente el equipo del Chelsea bajo Mourinho fue lo máximo que el club ha visto jamás: Drogba, Lampard, Terry, Cech, una columna vertebral que aportó mucho a Stamford Bridge. De un club comprado en 1982 por solo una libra y casi descendido a la Tercera División, a dominar después la Premiership, y probablemente el club más laureado de la Premiership este siglo, y luego ser vendido por 3000 millones de libras como actual Campeón del Mundo de Clubes, dice mucho de los 2 propietarios: ambos hombres hechos a sí mismos, que realmente se preocupaban por el club (a diferencia de la familia Glazier del Manchester United), tenían un gran sentido de los negocios, cambiaban de entrenador a cuentagotas... ¡y al venderlo hicieron una fortuna! Bates: £1 - £140 millones (de los que se embolsó £17 millones) / Abramovich: £140 millones - £3000 millones. ¿Quién dijo que el propietario de un club de fútbol no podía ganar dinero?».

Y sin embargo, el 6 de abril de 2021, los aficionados del Chelsea en Stamford Bridge tuvieron su primer atisbo de un futuro sin riquezas ilimitadas. En una eliminatoria de cuartos de final de la Liga de Campeones, el Chelsea cayó derrotado por 1-3 ante el Real Madrid.

El partido mostró a los vigentes campeones de Europa (Chelsea) comportándose como unos pobres que permitieron a los históricos emperadores de Europa (Real Madrid) una fácil victoria, gracias a la brillantez de Karim Benzema.

El entrenador del Chelsea, Thomas Tuchel, esperaba que el ambiente creado por los aficionados del Chelsea en Stamford Bridge fuera suficiente para levantar el ánimo de sus jugadores. La lluvia arreciaba. Los aficionados se negaban a callarse ante el creciente dominio de los visitantes. Rugía el apoyo a su equipo, con oleadas de ruido gritando burlas a los jugadores del Real Madrid, sin olvidar al portero Thibaut Courtois, a quien consideraban que les había traicionado con la forma poco elegante en que forzó su traspaso del Chelsea en 2018. Durante la mayor parte del partido, el estadio parecía un recordatorio de la pura locura del *fandom* incuestionable, con miles de fanáticos pendientes de cada movimiento que pudiera beneficiar al Chelsea, aplaudiendo y balanceándose al unísono, un recordatorio de la pasión del fútbol de clubes inglés. Entre ellos había aficionados que recordaban románticamente los días anteriores a que Abramovich comprara el Chelsea, cuando no importaba si el club ganaba o perdía, lo único que importaba era que jugaran por toda la obscena cantidad de dinero que se había gastado en ellos, que tuvieran la actitud adecuada, que sudaran los colores, que lucharan y cayeran como héroes. Pero antes de que terminara el partido contra el Real Madrid, había aficionados del Chelsea abandonando el estadio, desilusionados, traicionado su sentido de la lealtad.

Te queremos Pep

Los aficionados del Manchester City guardan un recuerdo imborrable del 13 de agosto de 2016, el primer partido de la nueva temporada de la Premiership en su futurista Etihad Stadium bajo la dirección de Pep Guardiola.

El fútbol inglés se había transformado en las dos décadas anteriores desde la fundación de la Premier, con una afluencia de entrenadores estrella, pero pocos llegaban con un historial de logros tan reconocidos en la máxima categoría como Guardiola. El juego de pases rápidos y presión con el que Guardiola había conquistado muchos días de gloria en el Barça y el Bayern de Múnich aseguró una victoria vital de tres puntos contra el Sunderland, iniciando así un renacimiento que llevaría al Manchester City —históricamente el aspirante pobre comparado con el Manchester United— a convertirse en uno de los mejores clubes de Europa.

En sus cinco primeras temporadas, el catalán presidió el periodo más exitoso de la historia del club, levantando 10 trofeos y ganando todas las competiciones que se disputaban en Inglaterra. En ese tiempo estableció un récord tras otro para dejar una huella indeleble tanto en el Manchester City como en el fútbol inglés, construyendo un legado que los aficionados esperaban que resistiera el paso del tiempo.

En octubre de 2021, cuando los aficionados al fútbol esperaban el final de la hibernación forzosa de la pandemia de

Covid, el club publicó unas estadísticas de rendimiento que ponían de manifiesto la resistencia y el dominio del equipo en la adversidad.

Había marcado más goles (480), efectuado más disparos (3452) y tenido más tiros a puerta (1259) que cualquier otro equipo de la Premiership desde el inicio de la campaña 2016-17, con el Liverpool en segundo lugar en cada una de esas categorías.

También había superado a los hombres de Jürgen Klopp en el liderato de posesión (66,98 %) y pases acertados (118, 457), mientras que el Chelsea (85,69 %) era su rival más cercano en cuanto a precisión en los pases, con el equipo de Guardiola registrando un 88,54 % en sus cinco temporadas.

El juego de pases rápidos y presión con el que Guardiola había conquistado muchos días de gloria en el Barça y el Bayern de Múnich aseguró una victoria vital de tres puntos contra el Sunderland, iniciando así un renacimiento que llevaría al Manchester City —históricamente el aspirante pobre comparado con el Manchester United— a convertirse en uno de los mejores clubes de Europa. © 21 de noviembre de 2017, Guardiola durante un partido del Manchester City y el Feyenoord en el Etihad Stadium, Shutterstock.

«Estas cifras subrayan la apasionante filosofía ofensiva que el catalán ha implantado en el Etihad, pero también hemos sido el equipo líder de la Premier League en varias áreas defensivas», proclamó el club.

Los aficionados han vivido muchos días de gloria con el Man City desde que fue comprado por el jeque Mansour bin Zayed Al Nayyan a través del Abu Dhabi United Group en 2008.

Hasta entonces, el club había sufrido un largo periodo de declive tras las décadas de 1960 y 1970. El club descendió dos veces en la década de 1980. El City fue cofundador de la Premier League en su creación en 1992, pero después de terminar noveno en su primera temporada, soportó tres temporadas de lucha antes de descender en 1996. Tras dos temporadas en la Primera División (categoría que sigue a la Premier), el City cayó al punto más bajo de su historia, convirtiéndose en el segundo ganador de un trofeo europeo en descender a la tercera categoría de la liga de su país, después del FC Magdeburgo alemán. Entre altos y bajos en City logro volver al Premier en 2000/2001, descendió de nuevo, para después ascender de nuevo la próxima temporada y ya quedarse en el Premier.

Y sin embargo, había otra cara del Manchester City que ejemplificaba la compleja realidad de la Premier League inglesa. En 2008, jugadores y aficionados se sorprendieron al enterarse de que el propietario del club, el ex primer ministro tailandés Thaksin Shinawatra, se había escondido para evitar ser juzgado. El club fue comprado entonces por el jeque Mansour, cuya propiedad se convertiría con el tiempo en objeto de controversia.

En noviembre de 2018, la ONG de derechos humanos Amnistía Internacional acusó a los propietarios del Manchester City, de Abu Dhabi, de intentar descaradamente «lavar deportivamente» la «imagen profundamente empañada» de su país vertiendo dinero en el club de la Premier League.

Se produjo tras una serie de incendiarias acusaciones vertidas por el grupo mediático alemán *Der Spiegel* contra el club, entre las que se incluía un acuerdo por derechos deportivos en el que participaba una empresa fantasma controlada por un importante donante del partido conservador británico a través de una serie de empresas y fideicomisos que operaban en paraísos fiscales.

Basándose en la información obtenida por la plataforma de denuncia *Football Leaks,* se alegó que el Manchester City había pasado gran parte de la última década tratando de eludir las normas del juego limpio financiero del fútbol europeo con acuerdos de patrocinio inflados, un elaborado esquema de derechos de imagen y contratos ocultos. Se supone que las normas ayudan a nivelar el terreno de juego y evitan que los clubes ricos compren el éxito.

Las acusaciones suscitaron dudas sobre la conducta del City, la transparencia de sus relaciones financieras y la elección de sus socios comerciales. Uno de sus acuerdos de patrocinio se cerró con Arabtec, la mayor empresa constructora de los Emiratos Árabes Unidos, y una firma que ha sido criticada en repetidas ocasiones por Amnistía Internacional y Human Rights Watch por su mal trato a los trabajadores inmigrantes.

«Como sabrá un número cada vez mayor de seguidores del Manchester City, el éxito del club ha implicado una estrecha relación con un país que depende de la mano de obra inmigrante explotada y que encarcela a críticos pacíficos y defensores de los derechos humanos», ha declarado Devin Kenney, investigador de Amnistía Internacional sobre el Golfo.

El informe de *Der Spiegel* confirmó lo que los expertos ingleses en Oriente Próximo, como el académico Dr. Christopher Davidson, sabían desde hace tiempo, que esto era inevitable una vez que el fútbol británico permitiera que un gobierno extranjero comprara un equipo. Como dijo Davidson tras el informe «Lo que tiene que ocurrir ahora —antes de que el dinero de Abu Dhabi acabe con la competición y convierta el fútbol en algo aburrido— es un debate sobre si permitimos que un Estado vinculado a abusos de los derechos humanos invierta en el fútbol británico».

El jeque Mansour seguía al mando del Man City después de que Rusia invadiera Ucrania cuando suscitó las protestas del Ministerio de Asuntos Exteriores y de diputados ingleses por reunirse con el presidente sirio y aliado de Vladimir Putin, Bashar al-Assad.

En la Cámara de los Comunes, Chris Bryant, presidente del grupo multipartidista en temas rusos, cuestionó si Mansour era una «persona apta y adecuada», una referencia a los criterios que la Asociación de Fútbol y la Premier League establecen para los nuevos propietarios.

«¿Qué es lo que la gente no entiende? Ha habido una forma de asesinato bárbara y sostenida en Siria, dirigida conjuntamente por Assad, y ahora Putin está haciendo exactamente lo mismo en una bárbara guerra de agresión contra una nación soberana inocente... ¿y hay gente que quiere reunirse con los matones?».

Menos de un mes después, la atención de los aficionados al fútbol parecía centrarse menos en el dinero o en los derechos humanos que en la lealtad al club, y en el Manchester City, en la apetitosa perspectiva de ver jugar al fútbol no solo con gran estilo, sino también de conseguir potencialmente más títulos y nuevos récords.

En vísperas de la climinatoria de cuartos de final de la Liga de Campeones que el Manchester City disputara en casa contra el Atlético de Madrid en abril de 2022, un comentarista de televisión especializado en fútbol y exjugador internacional inglés del City, Joleon Lescott, comentó que, aunque en el pasado Guardiola había sido criticado en ocasiones por supuestamente pensar demasiado los partidos importantes, sus equipos seguían siendo los mejores cuando se trataba de un juego basado en la posesión del balón. «Para ganar al City, un equipo tiene que dar lo mejor de sí mismo», comentó Lescott.

A menudo, los argumentos morales no parecían calar entre los aficionados al fútbol ingleses.

«Nunca caminarás solo»

En una ciudad que nos dio a Los Beatles, los aficionados al fútbol quizá tengan todo el derecho a sentirse los ungidos de Dios cuando se trata de mostrar al mundo por qué sienten pasión por el deporte rey de una forma que traspasa las fronteras regionales y nacionales, con un himno a la solidaridad humana que se entona antes del saque inicial en cada partido que el Liverpool FC juega en su estadio de Anfield y en algunos encuentros fuera de casa.

You'll Never Walk Alone es quizá la canción más famosa del fútbol. Desde mucho antes de que se fundara la Premier League, ha dado la vuelta al mundo y ha seguido haciéndolo cuando los Reds han recorrido Europa e incluso más allá como pentacampeones de Europa.

Pero ¿cómo se convirtió en una parte tan importante de la identidad del club?

La historia de la canción y su asociación con el Liverpool, el equipo y la ciudad, así como con muchas otras instituciones futbolísticas, se remonta a la década de 1960.

You'll Never Walk Alone fue escrita originalmente por Oscar Hammerstein II y compuesta por Richard Rodgers para su musical *Carousel,* estrenado en EE.UU. en 1945. Pero fue la versión cantada por el grupo de pop Gerry and the Pacemakers, uno de los grupos de Merseybeat desafiados por los Beatles en 1963, la que se convirtió en parte de la identidad del club. Según el relato popular, el vocalista Gerry Marsden presentó una copia del sencillo al legendario entrenador de los Reds, Bill Shankly, durante un viaje de pretemporada ese mismo año y, según Tommy Smith, un jugador de la época, Shankly quedó «maravillado con lo que oyó».

Se cimentó un sentimiento de colectivismo y orgullo cívico a medida que florecía la cultura gracias a la música y el fútbol. En primer lugar, la revolución musical de Liverpool en la década de 1960, inspirada por los Beatles y nuevos locales como The Cavern, llevó a la ciudad a ser nombrada «capital mundial del pop» por el Libro Guinness de los Récords con 54 éxitos número uno, más per cápita que ninguna otra ciudad. La música no fue solo un pilar de la marca Liverpool que dio a la ciudad aclamación en todo el mundo, sino un puente importante entre el fútbol y la identidad local.

You'll Never Walk Alone es quizá la canción más famosa del fútbol. Desde mucho antes de que se fundara la Premier League, ha dado la vuelta al mundo y ha seguido haciéndolo cuando los Reds han recorrido Europa e incluso más allá como pentacampeones de Europa. © Shutterstock.

Shankly escogió la canción *You´ll Never Walk Alone* durante una aparición en el programa radiofónico *Desert Island Discs* de la BBC en 1965, antes de la final de la Copa de la FA de ese año, y las imágenes de televisión de ese partido proporcionan la primera prueba de que se cantó en las gradas.

Desde entonces, fue retomado por varios clubes. El Borussia Dortmund se unió a los aficionados del Liverpool para una memorable interpretación del himno cuando ambos equipos se enfrentaron en la Europa League durante la temporada 2015-16. Fue especialmente popular en Alemania y Holanda, donde lo cantó el Feyenoord, y ha dado la vuelta al mundo en clubes como el FC Tokio de Japón.

Cuando el Liverpool jugó partidos de pretemporada en Australia en 2013, 95.000 aficionados abarrotaron el Melbourne Cricket Ground y produjeron un increíble coro antes del partido.

La canción adquirió un nuevo significado y simbolismo tras el desastre de Hillsborough de 1989, en el que perdieron la vida 96 aficionados del Liverpool. Veinticinco años después de que la primera investigación forense concluyera que las muertes habían sido accidentales, los esfuerzos de campaña de las familias de los fallecidos dieron lugar a que se emitiera un nuevo veredicto, en el que se declaraba que sus familiares habían sido asesinados ilegalmente. A lo largo de ese proceso, la letra y los temas de *You´ll Never Walk Alone* tocaron una fibra emocional cada vez mayor.

Debo a Krishan Puvvada, un amigo académico inglés de ascendencia india que ha estudiado en detalle la identidad cultural de Liverpool, la siguiente observación:

«Liverpool se convirtió en emblema de los problemas sociales más amplios de Gran Bretaña en la década de 1980. Durante ese periodo, el Liverpool FC fue el motivo definitorio de Merseyside porque era un profundo conector entre la gente y el lugar y porque el desastre de Hillsborough se convirtió en una metáfora de cómo los de fuera veían los problemas de la ciudad. La relación del Liverpool FC con

Liverpool es un claro ejemplo de nacionalismo cultural porque el club era un marcador de pertenencia a la ciudad y un símbolo de la mentalidad "escocesa no inglesa" de uno mismo frente a los demás que dominaba la relación de Liverpool con el resto del Reino Unido. El Liverpool FC era el emblema de la identidad cultural de Liverpool porque era un foco de lengua y de tradiciones, sentimientos y patrimonio compartidos».

En la actualidad, las palabras «*You'll Never Walk Alone*» («*Nunca caminarás solo*») aparecen en el escudo del Liverpool basándose en el diseño de las Puertas de Shankly, que se erigieron en el exterior de Anfield en 1982.

Cuando camines a través de una tormenta,
mantén la cabeza alta,
y no temas por la oscuridad;
al final de la tormenta encontrarás la luz del sol
y la dulce y plateada canción de la alondra.
Sigue a través del viento,
sigue a través de la lluvia,
aunque tus sueños se rompan en pedazos.

Camina, camina, con esperanza en tu corazón,
y nunca caminarás solo,
nunca caminarás solo.
Camina, camina, con esperanza en tu corazón,
y nunca caminarás solo,
nunca caminarás solo.

Según Puvvada, el hecho de que el Liverpool FC adoptara esta canción nacida en Liverpool como himno subraya la sinergia entre la música, el deporte, la oralidad y la identidad regional: cantar *You'll Never Walk Alone* el día del partido era una oportunidad única para vocalizar lo que significaba ser un nativo o hijo adoptivo de la ciudad, confirmando el papel del club como medio de expresión de pertenencia.

La más visceral de estas representaciones orales se produjo en la tribuna Kop del estadio de Anfield, llamada así por la colina Spion Kop en Sudáfrica durante la Guerra de los Bóers en 1900, donde murieron un gran número de soldados de Liverpool. La *Kop* ha sido descrita por Puvvada como «teniendo toda la amenaza de la pesadilla de una histérica, subrayando la relación entre lenguaje, oratoria e identidad y también el tribalismo del yo contra el otro que existe entre los equipos de fútbol ingleses y las ciudades a las que representan. Anfield era la encarnación misma, no simplemente el símbolo, de la ciudad y de la excepcionalidad de Liverpool».

Los equipos rivales han descubierto que la pura pasión de los *Kop* es tan intimidante que hace que incluso las tácticas mejor planificadas de los visitantes se vengan abajo. En noviembre de 2021, Mikel Arteta, el entrenador del Arsenal, entrenó a su equipo antes de visitar Anfield poniéndoles una grabación de los aficionados del Liverpool con un volumen ensordecedor en el campo de entrenamiento. El Arsenal perdió el partido por 0-4.

Sobrevolando para siempre a los aficionados del Liverpool que caminan, está el recuerdo imperecedero de Shankly, que estuvo con la Real Fuerza Aérea durante la Segunda Guerra Mundial y fue un feroz socialista. Tras haber llevado al club a la gloria nacional y europea, Shankly está inmortalizado en una estatua en el exterior del popular extremo *Kop* de Anfield.

En 1959, Bill Shankly se convirtió en entrenador del Liverpool FC mientras el club languidecía en la Segunda División. En 14 años, Shankly logró el ascenso a la Primera División, que luego ganó tres veces, además de conseguir el primer trofeo europeo del club en 1973. Según Puvadda, «Mucho más profundo que los trofeos fue, sin embargo, la adopción por parte del equipo y del entrenador de los valores de la ciudad: espíritu de lucha, humor y obsesión por el fútbol. El Liverpool de Shankly está plagado de historias de fútbol socialista sencillo pero eficaz y de la importancia del coraje».

Shankly la leyenda ha sustituido a Shankly el hombre a los ojos de la mayor parte de la afición del Liverpool debido al paso del tiempo. Es sencillamente el abuelo del Liverpool moderno, sus reflexiones son trocadas por los aficionados siempre que conviene, sin olvidar su cita más repetida: «Algunos creen que el fútbol es una cuestión de vida o muerte, me decepciona esa actitud. Puedo asegurarles que es mucho, mucho más importante que eso».

Son palabras que se ven a menudo en láminas, carteles, paños de cocina, tazas y cualquier otra cosa en la que se pueda estampar un logotipo del Liverpool y que los aficionados comprarán con avidez. Durante la pandemia, cuando el fútbol dejó de ser un acontecimiento en directo al que asistían multitudes y el partido se jugaba en estadios vacíos con aplausos y cánticos grabados del público, las palabras adquirieron un significado vacío, pero no por mucho tiempo.

En 1959, Bill Shankly se convirtió en entrenador del Liverpool FC mientras el club languidecía en la Segunda División. En 14 años, logró el ascenso a la Primera División, que luego ganó tres veces, además de conseguir el primer trofeo europeo del club en 1973. © Estatua del estadio de Anfield, Shutterstock.

Al igual que el músico más famoso de Liverpool, Paul McCartney, esperaba celebrar la proximidad de su 80 cumpleaños con sus memorias en la música, el club de fútbol favorito de la ciudad entró en un nuevo periodo dorado cuando el alemán Jurgen Klopp fue nombrado entrenador en 2015. Guio al club a sucesivas finales de la Liga de Campeones de la UEFA en 2018 y 2019, ganando esta última para asegurarse su primer título —y el sexto del Liverpool— en la competición.

El Liverpool de Klopp terminó segundo en la Premier League en 2018-19, registrando 97 puntos, el entonces tercer total más alto en la historia de la máxima categoría inglesa, y el mayor para un equipo sin ganar el título. La temporada siguiente, Klopp ganó la Copa Mundial de Clubes de la FIFA y Supercopa de la UEFA antes de ganar la primera Premier League del Liverpool, batiendo un récord del club en puntos. Klopp ganó los premios de entrenador del año de la FIFA en 2019 y 2020.

Durante décadas, los aficionados ingleses al fútbol habían visto a los alemanes como los odiados rivales, con recuerdos imborrables de guerras mundiales y enfrentamientos en la Copa del Mundo, pero el carisma y la conexión emocional de Klopp engancharon al Liverpool, hablando a los aficionados en su idioma y con una pasión por el juego que le hizo unirse a Shankly en el panteón de los dioses.

Aquí está Jurgen Klopp hablando de la zona de la Tribuna Principal de Anfield que él llamó su «Lugar Seguro» y «El Mejor Pub de Liverpool» y de cómo se sintió cuando le enseñaron Anfield por primera vez tras su llegada en 2015. Su comentario se hizo durante el documental de BT Sport *The Boot Room Boys*.

«Así que lo primero que fue completamente nuevo para mí fue cuando llegué al Liverpool y fui [por primera] vez al estadio y me enseñaron el vestuario de la tribuna antigua, que no era muy impresionante, para ser sincero.

Durante décadas, los aficionados ingleses al fútbol habían visto a los alemanes como los odiados rivales, con recuerdos imborrables de guerras mundiales y enfrentamientos en la Copa del Mundo, pero el carisma y la conexión emocional de Klopp engancharon al Liverpool, hablando a los aficionados en su idioma y con una pasión por el juego que le hizo unirse a Shankly en el panteón de los dioses.© Shutterstock.

«Luego recorrimos el piso y nos dijeron: "Bien, esta es su pequeña Sala de Botas". Yo dije: "¿Qué es eso?".

«Me lo explicaron y fue muy agradable. [Es] como un pequeño pub en el estadio, solo para el mánager y cosas así. Me gustó mucho».

Como parte de la remodelación de la tribuna principal en 2016, la familia Klopp puso su propio sello en el nuevo diseño de la Sala de Botas.

«Así que, en el nuevo stand de ahora hicimos nuestra propia Boot Room. Ulla, mi mujer, se encargó del mobiliario y de su aspecto. Para mí, es el mejor pub de Liverpool. Después de un partido, nos encanta ir allí con todo mi personal y todos mis amigos».

Como se señaló en el popular sitio web de fútbol JOE, «muy pocas aficiones adoran y admiran a su entrenador más que los seguidores del Liverpool a Jürgen Klopp. Su comportamiento cálido y acogedor, su compromiso con la causa y su fútbol *heavy metal* le han convertido en el favorito de la afición y a él le encanta».

En una gira de pretemporada por Estados Unidos, Klopp sometió al equipo a un intenso programa de entrenamiento para asegurarse de que estaba listo para otro exigente calendario de partidos en la Premier y en Europa. Pero a pesar de la apretada agenda y de todo el entrenamiento, Klopp aún encontró tiempo para disfrutar de una copa con los aficionados del Liverpool en un bar local.

Klopp entró en el bar en el que el músico y aficionado del Liverpool Jamie Webster estaba dando un concierto, y la reacción no tuvo precio. Webster se paró en seco, atónito ante a quien acababa de ver entrar por la puerta.

A continuación, procedió a entonar el famoso cántico que se cantaba en Anfield, *Allez Allez Allez*, que se convirtió en una sensación durante la temporada pasada. Klopp se unió a los aficionados presentes en el bar para entonar la melodía, empapándose del amor y el optimismo que fluían por la sala.

Ha sido esta relación entre Klopp y los aficionados la que ha ayudado a fomentar un ambiente eléctrico en Anfield en la temporada 2021-22. A lo largo de la trayectoria del Liverpool en la Liga de Campeones, el ambiente en sus partidos en casa desempeñó un papel importante a la hora de intimidar a los equipos visitantes, y la visible comunión de Klopp con sus jugadores y aficionados contribuyó a crear esa atmósfera.

Si Klopp fue el entrenador extranjero que conectó con el alma de los aficionados y les abrió el corazón a un mundo sin fronteras dejando a un lado los prejuicios históricos, el egipcio musulmán Mohamed Salah hizo lo propio como jugador. Desde que llegó a la Premier, traspasado al Liverpool desde la AS Roma en el verano de 2017, se convirtió en uno de los delanteros más prolíficos del fútbol europeo y es uno de los favoritos de la afición en Anfield.

Si Klopp fue el entrenador extranjero que conectó con el alma de los aficionados y les abrió el corazón a un mundo sin fronteras dejando a un lado los prejuicios históricos, el egipcio musulmán Mohamed Salah hizo lo propio como jugador. Desde que llegó a la Premier en el verano de 2017, se convirtió en uno de los delanteros más prolíficos del fútbol europeo y es uno de los favoritos de la afición en Anfield. © Shutterstock.

Como dijo de él el escritor de fútbol inglés Barney Ronay en un perfil para *The Guardian* en octubre de 2021:

«Salah es, para que no lo olvidemos, un fenómeno y un fuera de serie. Más que cualquier otra pieza en el campo, él es el polvo mágico básico en estos seis años de Klopp. Es difícil pensar en otros jugadores que hayan tenido un efecto transformador tan evidente. Alex Ferguson tuvo a Eric Cantona. La llegada de Yaya Touré hizo que el City pasara de ser un proyecto esperanzador a una cultura de éxito implacable. La primera temporada de Salah fue la tercera de Klopp en Anfield. En ese tiempo, el Liverpool había pasado del octavo al cuarto puesto. En ese momento: el encendido.

En el primer año de Salah marcaron 135 goles y llegaron a la final de la Liga de Campeones. En su segundo, el Liverpool sumó 97 puntos y fue campeón de Europa. En su tercero ganaron la liga. En su cuarto se hundieron a mitad de temporada. No importa. Salah aún marcó 31 goles. Acabaron a salvo en tercera posición. Ha habido un impulso en los últimos días para sugerir que Salah ha sido menospreciado a través de todo esto, para inyectar un poco de agravio tribal en su brillantez. No es necesario. Los que lo ven saben lo bueno que es».

El Derby de Merseyside

Existe, por supuesto, otro club de Liverpool, el Everton, que reivindica una historia más larga y fue uno de los miembros fundadores y uno de los pocos clubes de la Premier que sobrevivieron en la liga inglesa de primera división a lo largo de sus treinta años. Pero a lo largo de los años el Everton no ha estado a la altura de los logros del Liverpool FC en cuanto a trofeos, entrenadores de éxito, jugadores estrella y proyección internacional.

Menciono al Everton en deferencia a mi amigo el historiador hispanista sir Paul Preston que ha sido uno de los varios seguidores distinguidos para los que el fútbol es algo más que ganar, y no digamos triunfar; es apego emocional. Preston se declara seguidor del Everton aunque prefiere pasar su tiempo escribiendo sobre la historia de España en lugar de visitar estadios de fútbol.

Preston nació en Liverpool en 1946. Habló de haber nacido en una familia bastante izquierdista y de su simpatía por la banda republicana en la guerra civil española.

> «Realmente no se podía ser de la clase obrera de Liverpool y no ser de izquierdas. Emocionalmente, en mi sentimiento por la República creo que hay un elemento de indignación por la derrota republicana, de solidaridad con el bando perdedor. Quizá por eso apoyo al Everton, aunque en mi época el Everton no era el equipo perdedor».

Otro simpatizante del Everton citado a menudo que nunca ha sido un fanático de toda la vida —prefiere la música al fútbol— es uno de los dos supervivientes de los Beatles, sir Paul McCartney (el otro superviviente, Ringo, se declaró en una ocasión simpatizante del Arsenal).

McCartney recordaba en una entrevista concedida a la revista *GQ* en 2020:

> «Hay una gran película antigua de los años 60 de los aficionados del Liverpool cantando *She Loves You*, con la *Kop* (el sector más ruidoso de Anfield) todos cantando: "¡Ooooooh!". Todos los niños, todos, es bastante conmovedor. La cámara se adentra en la multitud y están todos estos jóvenes Beatles, todos estos niños con el peinado, y todos están cantando *She Loves You*. Se saben toda la letra. Ese trozo de película siempre fue un punto álgido para mí».

> «Hace años decidí que iba a apoyar tanto al Liverpool como al Everton, aunque el Everton es el equipo de la familia. Un par de mis nietos son seguidores del Liverpool, así que nos alegramos de verles ganar este año la Premier League. Cuando la gente me pregunta cómo puedo apoyar a los dos, les digo que me encantan los dos y que tengo una dispensa especial del Papa».

El club debía trasladarse a un nuevo estadio en 2024 en el emplazamiento de unos antiguos muelles a orillas del río Mersey, a tres kilómetros de Anfield. Con capacidad para 54.000 espectadores, frente a los 39.000 del histórico estadio Goodison Park, era un proyecto apoyado por su controvertido propietario mayoritario, Farhard Moshiri. El empresario británico de origen iraní, que en marzo de 2022 abandonó el consejo de USM, un *holding* ruso tras suspender los múltiples vínculos de patrocinio del club con empresas asociadas a su propietario, el multimillonario de origen uzbeko, después de la invasión de Ucrania por Putin.

Los propietarios del Liverpool FC eran el Fenway Sports Group estadounidense, cuyos intereses abarcaban la Major

League Baseball y la empresa de retransmisiones deportivas en Estados Unidos. Según la clasificación anual de la revista Forbes, en 2022, el Liverpool FC era el segundo club más rico de la Premier League, por detrás del Manchester United, y por delante del Manchester City y el Chelsea en función de su patrimonio neto.

El estadio del Everton, Goodison Park, está a solo un kilómetro y medio del Anfield de Liverpool, que fue su sede original antes de trasladarse por un desacuerdo sobre el alquiler. Howard Kendall, el entrenador más legendario del Everton, se remonta a la época anterior a la Premier del fútbol inglés de clubes, después de regresar a Inglaterra desde España, donde fue entrenador del Athletic de Bilbao entre 1987 y 1989, sin llegar más lejos que llevar al club vasco al cuarto puesto de la Liga.

Durante su primera etapa como entrenador del Everton (1981-87), Kendall ganó dos títulos de la Liga de Fútbol, una Copa de la FA, tres Charity Shields y la Recopa de Europa de 1985, además de un subcampeonato de liga y alcanzó otras dos finales de la Copa de la FA y una final de la Copa de la Liga, el mejor palmarés de la historia del club.

Kendall fue incapaz de repetir el éxito cuando regresó al Everton en 1990, y durante su breve etapa como entrenador en la Premier League, cuando fue nombrado por tercera vez técnico del club en 1997/8, abandonó el club de mutuo acuerdo tras haber conseguido evitar el descenso solo en la última jornada de la temporada.

Y, sin embargo, independientemente de las diferentes posiciones en la liga y del número de trofeos, el derbi de Merseyside sigue siendo una parte esencial del tejido social y cultural de la ciudad de Liverpool. La rivalidad entre el Liverpool y el Everton ha tenido una identidad especial desde que los dos clubes jugaron por primera vez un partido entre sí en 1894.

Como escribió el escritor de fútbol David Hendrick en el *Bleacher Report* en 2012: «Lo que separa al derbi de Merseyside de todos los demás es la relación entre los aficionados. Es verdaderamente única, al igual que la ciudad que acoge el acontecimiento. Es un partido y, de hecho, una rivalidad que, a pesar de lo que pueda ocurrir en el fútbol o en torno a él, se basa en el respeto entre los aficionados.

Vaya al Derby de Manchester, al Derby del Norte de Londres, al Derby de Glasgow o a cualquier otro que se le ocurra y no verá escenas como las que verá en un Derby de Merseyside. No verá a los aficionados contrarios sentados entre ellos, no verá a jóvenes seguidores de un club ayudando a un aficionado mayor del otro a ir y volver de su asiento».

El Everton tuvo que sufrir a la sombra de los últimos años de gloria del Liverpool FC y del «amor» de los aficionados bajo la dirección del alemán Klopp. Comenzó una nueva temporada en el verano de 2022 bajo un entrenador bastante menos talentoso, y mucho menos carismático, el otrora jugador del Chelsea e internacional Frank Lampard, séptimo entrenador permanente del Everton desde la marcha de David Moyes en 2013. Lampard sucedió a Rafa Benítez cuando este fue destituido en enero de 2022 tras solo siete meses en el cargo, incapaz de producir los buenos resultados que había logrado mientras estuvo en el Liverpool FC.

Benítez declaró tras su destitución.

«Era un gran reto, tanto emocional como deportivo. Mi amor por esta ciudad, por Merseyside y su gente, me hizo aceptar este reto, pero solo cuando estás dentro te das cuenta de la magnitud de la tarea. Desde el primer día, mi plantilla y yo trabajamos como siempre, con compromiso y plena dedicación. No solo teníamos que obtener resultados, sino también ganarnos el corazón de la gente. Sin embargo, la situación financiera y luego las lesiones que siguieron hicieron las cosas aún más difíciles».

El nombramiento de Benítez, en sucesión de Carlo Ancelotti, como entrenador del Everton fue una gran apuesta para Moshiri, propietario del Everton. Fue uno de los nombramientos de entrenador más controvertidos de la historia del Everton y resultó ser uno de los más cortos.

Benítez fue recordado como un icono en el Liverpool FC tras ganar la Liga de Campeones en Estambul en 2005, cuando su equipo remontó un 3-0 en contra ante el AC Milan en el descanso para imponerse en la tanda de penaltis.

Cuenta la leyenda que el español se ganó más tarde la ira de un gran número de seguidores del Everton tras un comentario, que según él se perdió en la traducción, en el que los describía como un «club pequeño» tras un derbi de Merseyside sin goles en Anfield en 2007.

Sin embargo, Moshiri, propietario del club, creía que la vena despiadada y la perspicacia táctica de Benítez traerían estabilidad y éxito tras la disfuncionalidad y las turbulencias.

La convicción de Benítez de que podía ganarse a los aficionados le llevó a juzgarlos mal, ya que estos perdieron rápidamente la paciencia con su falta de resultados, que achacó a las lesiones clave y a la falta de inversión en nuevos fichajes estrella.

El descontento de los aficionados se desbordó, con pancartas de protesta y maltrato a los jugadores en el pitido final. Con los aficionados en abierto motín, Benítez perdió el apoyo de la directiva. Dados los malos resultados del Everton a lo largo de los años en la Premier League, y la evidente superioridad del Liverpool FC, y de hecho de los otros grandes clubes de la Premier League, nadie subestimó el reto al que se enfrentaba Lampard.

A pesar de contar con el apoyo de los apasionados seguidores del Everton, que inspiraron a su equipo en una heroica remontada que evitó el descenso en la primavera de 2022, Lampard comenzó la nueva temporada como uno de los entrenadores afortunados por sobrevivir en la máxima categoría del fútbol.

El Everton no conocía la victoria en la nueva temporada antes del derbi de Merseyside contra el Liverpool en Goodison Park, que el 3 de septiembre 2022 se saldó con un empate sin goles. A pesar de un partido muy disputado, con ocasiones desperdiciadas por ambos bandos, un Liverpool por debajo en el marcador estuvo más cerca de marcar de no ser por una brillante intervención del internacional inglés del Everton Jordan Pickford.

Un aficionado del Everton lanzó una botella de plástico a Jürgen Klopp y otro corrió al campo para enfrentarse a Anthony Taylor, uno de los árbitros menos populares de la Premier League. Ambos hinchas recibieron largas prohibiciones automáticas por parte del club en virtud de las nuevas medidas contra los invasores del terreno de juego anunciadas por las autoridades futbolísticas inglesas para los partidos de la Premier League y de la segunda división inglesa.

Surgió la preocupación por la seguridad en los estadios tras una serie de invasiones de campo al final de la temporada anterior, incluida una en Goodison Park durante un partido contra el Crystal Palace.

Muchos de los aficionados que asistieron al primer Derby de la temporada 2022/23 compartían una memoria colectiva que incluía los años 80, cuando el Liverpool FC era indiscutiblemente el mejor equipo de Inglaterra y posiblemente el mejor equipo de Europa, antes de que la reputación de la ciudad y del club de fútbol inglés se viera empañada durante un tiempo a raíz de las gamberradas que tuvieron lugar en el estadio Heysel de Bruselas el 29 de mayo de 1985. Antes del comienzo de la final de la Copa de Europa de 1985, 39 personas —en su mayoría italianos— murieron después de que los aficionados del Liverpool se enfrentaran a ellos.

Lo que hace que el Derby de Merseyside sea diferente de tantos otros es que no existen diferencias políticas, sociales o religiosas entre los dos clubes, ni tampoco una distancia y división geográfica.

Como escribió Hendrick:

«Se trata simplemente de dos grupos de aficionados de la misma ciudad que apoyan a equipos de la misma ciudad, y que son, en general, muy similares, en su amor por el juego. El día del derbi en la ciudad de Liverpool es una ocasión especial y se ven familias que viajan juntas al partido. A menudo entrarán en el estadio y se sentarán juntos. Unos de rojo, otros de azul. Ser testigo de esto sirve para recordar que algunas cosas en la vida son más importantes que el fútbol».

En las últimas temporadas de la Premier League se han vivido momentos díscolos dentro y fuera del terreno de juego, con indicios de un comportamiento más violento por parte de algunos aficionados que parecen haber sufrido un arrebato emocional tras el confinamiento de la pandemia y ante la disparidad social no resuelta con el sur de Inglaterra, más próspero.

Pero cuando importa, los habitantes de Liverpool se unen en solidaridad.

En el verano de 2022, la ciudad se vio sacudida por la trágica muerte de una niña de nueve años, Olivia Pratt-Korbel, víctima inocente de un delito con arma de fuego.

La pérdida sin sentido de vidas jóvenes en medio de la violencia criminal ha horrorizado a toda la comunidad, y había una profunda sensación de que la muerte de una joven debía marcar un momento decisivo para que la gente exigiera el fin de la violencia.

En el Derby de Merseyside, los Reds (aficionados del Liverpool) y los Blues (aficionados del Everton)asistentes al partido se unieron para enviar un mensaje de solidaridad a las familias de las víctimas. En el minuto 9 del encuentro de la Premier League, la imagen de la joven víctima Pratt-Korbel apareció en la gran pantalla del estadio. Los aficionados rivales se pusieron en pie y aplaudieron, mientras se desplegaba una pancarta conjunta con los colores de los dos clubes y los escudos de los mismos, que declaraba «Ya basta, nuestra ciudad unida».

El milagro de las «abejas»

Si la Premier tiene un cuento de hadas o un milagro, pocos clubes londinenses pueden igualar la historia de un David que lucha contra los Goliats, en la que participa el heroico tapado de la Premier, el Brentford FC.

El 2 de abril de 2022, el Brentford jugó a domicilio en Stamford Bridge y venció al equipo local, el Chelsea, campeón de Europa, por cuatro goles a uno.

La victoria de uno de los clubes más pequeños de una liga de fútbol más conocida por los gigantes que han dominado la máxima categoría del fútbol inglés durante años tuvo una resonancia especial. El Chelsea seguía ensombrecido por el exilio del Reino Unido de su reciente propietario, Abramovich, después de que el gobierno británico afirmara haberle identificado como uno de los oligarcas que financiaban la invasión de Ucrania por Putin. Pocos habrían imaginado que el partido acabaría con el Brentford dando una lección de fútbol al poderoso Chelsea, pero así fue, en una especie de imagen especular del heroísmo de la resistencia ucraniana.

En términos de romanticismo, fue imposible superar el momento en que Cristian Eriksen, del Brentford, se encontró solo en el área del Chelsea y elevó el balón por encima del guardameta Eduard Mendy para dar al Brentford la ventaja a los nueve minutos de la segunda parte. Fue uno de los momentos más emotivos de la temporada de la Premier, el tipo de gol que recuerda por qué la Premier es tal espectáculo, raramente predecible, siempre convincente.

En la temporada 2022/23 Eriksen se trasladaría al Manchester United de Erik ten Hag al finalizar su contrato de corta duración con el pequeño equipo londinense. La historia de Eriksen y el Brentford es casi bíblica, el Lázaro del fútbol revivido tras enfrentarse a la muerte. Eriksen decidió volver a jugar tras sobrevivir a un dramático episodio de parada cardiaca durante un partido de la Eurocopa 2021. Regresó a la Premier League, fichando por el Brentford, el apodado «Abejas», 204 días después de su aterrador colapso sobre el terreno de juego en Copenhague.

Eriksen deseaba regresar al fútbol europeo, pero sus opciones eran limitadas debido a su estado de salud y a su tiempo de baja. Optó por el Brentford para facilitar su recuperación en la máxima categoría.

Aun así, no cabía duda del talento de Eriksen, y un periodo de prueba de seis meses en un club de la Premier League en plena lucha por evitar el descenso resultó ser el entorno perfecto para volver a practicar este deporte a un nivel competitivo. El entrenador del Brentford, su compatriota Thomas Frank, que había entrenado a Eriksen cuando era adolescente con la selección juvenil danesa, le animó.

El estilo fluido de Eriksen inyectó vida al ataque del Brentford, mostrándose mejor en la posesión, con el balón creando ocasiones, lo que le convirtió en el preferido de la afición. Su corta estancia en las Abejas se recuerda con cariño.

Roger, aficionado del Brentford, me dijo: «Brentford, una de las historias milagrosas de cuento de hadas de la Premiership, un veterano club comunitario consigue llegar a la Premier en el primer año de la pandemia con un jugador vuelto de entre los muertos, tras inaugurar un nuevo estadio para la nueva era».

El anterior estadio del club, Griffin Park, en el mismo distrito londinense de Hounslow —un barrio multicultural que abastece al aeropuerto de Heathrow con gran parte de su personal de tierra— fue inaugurado en 1904.

Cuando Griffin Park cerró sus puertas en agosto de 2020, el estadio se había convertido en una pieza de museo para un mundo futbolístico largamente desplazado por las exigencias comerciales y los imperativos modernizadores de la Premiership. Griffin Park era conocido sobre todo por la leyenda de que era el único estadio del fútbol inglés de clubes que tenía un pub en cada esquina para que los aficionados pudieran pasar tanto tiempo bebiendo cerveza como viendo el partido. El grifo figuraba en el logotipo de una fábrica de cerveza que en un momento dado fue propietaria del huerto sobre el que se construyó el estadio.

La inauguración del nuevo estadio coincidió con el ascenso del Brentford a la Premier League al término de la temporada 2020-21 de la Championship.

El club se fundó en 1889, pero no fue hasta la década de 1930 cuando disfrutó de una exitosa etapa en la máxima categoría del fútbol inglés, alcanzando un máximo de quinta posición en la Primera División antes de descender a divisiones inferiores, donde permaneció durante la mayor parte del resto del siglo XX.

El club tenía pocos seguidores más allá de Brentford, pero su afición local estaba orgullosa de su historia de resistencia y supervivencia ante la adversidad. Durante la Segunda Guerra Mundial, Griffin Park fue alcanzado por dos bombas alemanas de gran potencia explosiva en 1940 y 1941.

En tiempos de guerra y de paz, los aficionados siguieron siendo lcales y apasionados, acudiendo a los partidos independientemente de que terminaran en victoria o derrota, al tiempo que celebraban su ascenso al nivel más alto —la Premier— en 2021 por primera vez desde la temporada 1946-47.

El apodo de Brentford, «Las Abejas», fue creado por un grupo de aficionados en la década de 1890, cuando asistieron a un partido y gritaron con entusiasmo «*buck up Bs*» en apoyo de su amigo y entonces jugador del Brentford, Joseph

Gettings, un héroe condecorado de la Primera Guerra Mundial que jugó como delantero centro en el club antes de que se convirtiera en profesional.

Si el espíritu del Brentford perduró en medio de los millonarios de la Premier League, fue quizá porque sus seguidores personificaban una característica perdurable del «alma» del fútbol inglés.

Como dijo Johan Cruyff cuando la Premiership entraba en el siglo XXI: «Si se fijan en otros países, tienen valores diferentes: ganar es sagrado. En Inglaterra se podría decir que el deporte en sí es sagrado».

El apodo de Brentford, «Las Abejas», fue creado por un grupo de aficionados en la década de 1890, cuando asistieron a un partido y gritaron con entusiasmo «buck up Bs» en apoyo de su amigo y entonces jugador del Brentford, Joseph Gettings, un héroe condecorado de la Primera Guerra Mundial que jugó como delantero centro antes de que se convirtiera en profesional.

Las Leonas

Mucho antes del saque inicial, una multitud alegre, de buen humor y pacífica se dirigió a lo largo de la avenida más famosa del fútbol, Wembley Way, hacia el arco futurista de la nueva catedral del deporte que se elevaba hacia el cielo.

El estadio de Wembley está situado en el distrito de Brent, en el noroeste de Londres. La estructura actual, inaugurada en 2007, se construyó para sustituir a un estadio más antiguo y uno de los recintos más legendarios del deporte mundial que llevaba el mismo nombre en el mismo emplazamiento.

El viejo Wembley y sus famosas Torres Gemelas, se construyó originalmente para la Exposición del Imperio Británico de 1924, albergó los Juegos Olímpicos de 1948 y la final de la Copa del Mundo de fútbol de 1966, que ganó Inglaterra. Se convirtió en un estadio envejecido que necesitaba ser derribado, pero con recuerdos que lo sostuvieran para las generaciones futuras. Su arquitecto, lord Norman Foster, vio su reto de reinventar Wembley para un nuevo siglo como el de aprovechar su extraordinario patrimonio y, al mismo tiempo, crear un recinto que fuera memorable y mágico por derecho propio.

En julio de 2021, cuando el nuevo Wembley acogió una final internacional de la selección inglesa en la Eurocopa contra Italia, acabó en disturbios. Las imágenes empañaron la primera aparición de Inglaterra en una gran final desde que ganó la Copa del Mundo en 1966. Italia ganó tras una tanda de penaltis. Incluso antes de que comenzara el partido, Wembley fue asaltado por cientos de aficionados sin entradas, y el acceso al estadio parecía una zona de guerra. «Caminar por Wembley Way fue una de las peores experiencias de la noche», recordó Francesco, un aficionado italiano. Parecía un campo de batalla: basura por todas partes, árboles arrancados y aficionados ingleses subiendo a la fuerza las escaleras hacia el estadio y provocando aplastamientos».

Jon, un aficionado inglés, dijo que fue:

«el peor partido de fútbol que he vivido nunca: agresividad descarnada durante todo el encuentro. Wembley Way era espantoso. No había controles Covid para entrar, ya que el personal estaba demasiado ocupado arrastrando a varias personas que estaban forzando las barreras. Mi hijo de 15 años dijo después: "Creo que no me gusta el fútbol"».

Pero eso eran hombres, y los que caminaban por el camino de Wembley en el verano de 2022 eran principalmente mujeres y se dirigían a ver un partido jugado por mujeres. No hubo enfrentamientos entre policías masculinos y aficionados masculinos borrachos. Más un carnaval que una batalla a punto de comenzar, con un estruendo de *vuvuzelas* y un exuberante maquillaje de pintura de colores y disfraces.

La imagen predominante de la posterior victoria de Inglaterra en el campeonato de Europa femenino fue la de Chloe Kelly, de 24 años, arrancándose la camiseta y corriendo hacia sus compañeras de equipo, con la camiseta arremolinada sobre la cabeza y el sujetador deportivo a la vista.

Fue recompensada con la tarjeta amarilla más alegre de la historia. Después, la adoración nacional. Lucy Ward, escritora, se hizo viral en Twitter al comentar:

«Esta imagen de una mujer sin camiseta en sujetador deportivo es enormemente significativa. Este es el cuerpo de una mujer —no para el sexo o el espectáculo— solo por el puro placer de lo que puede hacer y el poder y la habilidad que tiene. Maravilloso».

No importaba que el gol que Kelly había marcado fuera el resultado del más rasposo de los puntapiés, del tipo que uno ve cualquier día cuando un grupo de escolares o aficionados con sobrepeso dan patadas a un balón en un parque inglés. El partido mostró la calidad estelar y entretenida de dos equipos hábiles y muy competitivos. El gol de Kelly fue el acto que definió la derrota de Inglaterra ante Alemania, que había ganado ocho de las nueve primeras ediciones de la Eurocopa femenina. El resultado en Wembley marcó no solo un punto álgido en la historia del fútbol nacional inglés, sino también la reivindicación de las mujeres de ser algo más que una parte accesoria del mismo.

Un escuadrón femenino de la Real Fuerza Aérea realizó un espectacular sobrevuelo antes del saque inicial. El ambiente en el estadio no solo era femenino, sino refrescantemente desprovisto de referencias patrioteras a la Segunda Guerra Mundial o al Brexit nacionalista antieuropeo. En la sección visitante ondeaban banderas alemanas que se toleraban alegremente.

El icónico gesto de Kelly recordó a otra celebración de gol, la de la heroína y modelo de Kelly, Branid Chastain, que se arrancó la camiseta y marcó el gol de la victoria para Estados Unidos en el Mundial de 1999.

Diez años después, con cuatro medallas de oro olímpicas, más Copas del Mundo que nadie y habiendo pasado la década clasificada como la selección femenina número uno del mundo, la selección femenina de Estados Unidos se había convertido en sinónimo de dominio en el fútbol femenino mundial. El éxito se consiguió construyendo una identidad en torno a la pura fuerza de voluntad, las mujeres implicadas empujándose hasta el límite hasta lo que se convirtió en una actitud característica de «no rendirse nunca».

La irrupción como poderosa fuerza mundial del fútbol femenino estadounidense tuvo su propia y problemática historia discriminatoria. Fue posible gracias a la aprobación del Título XI en 1972, que prohibía la discriminación por razón de sexo en los programas educativos financiados con fondos federales y estimuló la creación de equipos universitarios de fútbol en todo Estados Unidos en un momento en el que el fútbol femenino aumentaba su popularidad a escala internacional.

Los estadounidenses de los primeros años a menudo se veían superados técnicamente por sus homólogos europeos, como los alemanes, que tenían una historia futbolística más larga e identidades tácticas distintas, como el juego combinador.

El gol de la victoria ante Alemania en la Eurocopa Femenina en 2022 de la jugadora Chloe Kelly escarbó inconscientemente en las profundidades de la historia cultural inglesa, reencarnando la imagen de una heroína popular británica, la de Boadicea, la reina de la tribu británica de los icenos.

Pero fue el espíritu de lucha y la forma física de las estadounidenses lo que marcó la diferencia y les valió la primera Copa Mundial Femenina de su historia en 1991. Hasta ese momento las jugadoras no tenían otro motivo que jugar y ganar para su país. Las jugadoras ganaban diez dólares al día y trabajaban a tiempo parcial para llegar a fin de mes.

Una vez que la élite del fútbol femenino profesional estadounidense empezó a ganar trofeos y el fútbol explotó como deporte de participación para las mujeres jóvenes, aparecieron en el horizonte oportunidades financieras con la publicidad, el patrocinio y los derechos televisivos.

La final femenina de la Eurocopa disputada en Wembley demostró hasta qué punto había avanzado el fútbol femenino de élite en términos de diversidad en tan solo dos décadas. En la película de 2002 *Bend it Like Beckham*, de la directora de cine británica de origen indio Gurinder Chadh, las culturas chocan con humor cuando una familia india de Londres intenta educar de forma tradicional a su hija Jess, jugadora de fútbol. Entrelazada con su historia está la lucha de su mejor amiga y compañera de equipo, la también inglesa loca por el fútbol Jules —una anglosajona blanca— que lucha por profundizar en su amistad y en su sueño deportivo en medio de los prejuicios apenas velados de su madre, que sospecha que su hija mantiene una relación lésbica, sin saber que en realidad a las dos les gusta su entrenador masculino.

A diferencia de Pinky, la hermana mayor de Jess, que se prepara para una boda india y toda una vida cocinando el *chapatti* y el curry perfectos, y de la madre de Jules, resignada a una vida de domesticidad suburbana, el sueño de Jess y Jules es jugar al fútbol profesionalmente como su héroe David Beckham, el icono de la celebridad masculina que atrae por encima de la división sexual.

Enfrentada a su hija, la madre de Jules protesta de forma poco convincente que no tiene nada en contra de las lesbianas como tales, declarándose «una gran admiradora de Martina Navratilova», una campeona de tenis gay declarada.

La película termina con ambas familias reconciliadas con el talento de sus respectivas hijas en el terreno deportivo. Mientras Jess y Jules se preparan para subir a un avión en Heathrow con destino a EE. UU. y a la academia de fútbol que les espera, vislumbran a un pasajero famoso recién llegado rodeado de un séquito de asistentes y periodistas. «Es Beckham. Es una señal», exclama Jess.

Veinte años después de aquella película, fue un escenario de la vida real el que hizo que Chloe Kelly escarbara inconscientemente en las profundidades de la historia cultural inglesa, reencarnando la imagen de una heroína popular británica, la de Boadicea, la reina de la tribu británica de los icenos, que lideró un levantamiento contra las fuerzas conquistadoras del Imperio Romano en el año 60 o 61 d. C. y destruyó la Legión 11.ª.

No es que los romanos fueran el enemigo en esta ocasión. En el verano de 2022, los ingleses se alzaron, una vez más, contra Alemania, un adversario en innumerables partidos de fútbol, por si alguien no lo había olvidado en los emotivos prolegómenos del último encuentro sobre el terreno de juego.

El estadio de Wembley resonó al son de *Football's coming Home* (*El fútbol vuelve a casa*), un verso de la popular canción *Three Lions* que recuerda la victoria de Inglaterra en la Copa del Mundo de 1966. Desde que la selección masculina de Inglaterra cayó eliminada en la Eurocopa 96, cuando la canción fue escrita y cantada por primera vez por los cómicos ingleses David Baddiel y Frank Skinner, la canción ha perdurado como una oda irónica a la nostalgia, la ilusión y el bajo rendimiento del talento futbolístico inglés autóctono, sin olvidar su verso más conmovedor:

Todos parecen saber el resultado,
lo han visto todo antes,
simplemente lo saben,
están seguros,
de que Inglaterra va a tirarlo,
va a arruinarlo,

pero yo sé que saben jugar,
porque recuerdo...

Tres Leones en una camiseta,
Jules Rimet todavía brilla,
treinta años de sufrimiento,
nunca me han impedido soñar

La victoria por 3-1 de las inglesas sobre las alemanas puso fin a 56 años de dolor futbolístico desde la última vez que una selección inglesa había ganado un trofeo importante. Yo tenía trece años en 1966. El recuerdo perdura de Bobby Moore, el rubio de ojos azules y caballero del fútbol inglés, levantando la Copa después de que su equipo hubiera logrado su primera derrota histórica contra Alemania desde 1945. No recuerdo que aquel día hubiera ninguna mujer.

Sin embargo, 1966 fue un año que marcó un hito más allá del campo de fútbol. La cultura popular se aceleró y rompió la barrera del sonido en 1966. Como ha escrito Jon Savage en su libro *The Sixties*, fue un año en el que la historia pareció alcanzar un punto álgido modernista. «Una química única de ideas, sustancias, libertad de expresión y diálogo a través de los continentes de la cultura pop creó un paisaje de creatividad inmensa y finalmente demoledora».

Más adelante encontraremos a la capitana del equipo femenino inglés, Leah Willimason, declarando a la BBC en el verano de 2022: «Hablamos y hablamos y hablamos, y hablamos y por fin lo conseguimos».

En medio de una guerra en Europa sin un desenlace claro, una importante crisis del coste de la vida y gran parte de la tierra mucho más reseca que el cuidado césped bien regado del estadio de Wembley, Inglaterra celebró una buena noticia, por efímera que fuera la fijación emocional de ganar cualquier partido de fútbol, por grandiosa que fuera la plataforma, masculina o femenina.

Desde una perspectiva positiva, la victoria de las Leonas marcó una inflexión en la historia del fútbol profesional inglés, aportando diversidad y el potencial para la igualdad de oportunidades a una escala apenas imaginada hace solo unos años y anulando más de un siglo de monopolio masculino y prejuicios sexistas.

Como nos recuerda la autora Suzanne Wrack en el oportuno *A Woman's Game,* las barreras levantadas contra el fútbol femenino inglés pueden fecharse con precisión el 26 de diciembre de 1920, cuando 53.000 espectadores vieron cómo el Dick Kerr Ladies FC —un equipo de empleadas de una fábrica de municiones de Preston— vencía por 4-0 al St Helen's, un equipo exclusivamente femenino, en Goodison Park, Liverpool.

La victoria de las Leonas marcó una inflexión en la historia del fútbol profesional inglés, aportando diversidad y el potencial para la igualdad de oportunidades a una escala apenas imaginada hace solo unos años y anulando más de un siglo de monopolio masculino y prejuicios sexista. © James Boyes.

Dick, Kerr & Co Ltd era un fabricante de tranvías y material rodante para ferrocarriles ligeros con sede en Preston que se convirtió en fábrica de municiones en 1915 como parte del esfuerzo bélico. Fue en esta época cuando el movimiento de voto a favor de las mujeres sufragistas estaba tomando Inglaterra y los valores victorianos estaban desapareciendo poco a poco. Se empleó a mujeres para realizar los trabajos que normalmente hacían los hombres, que ahora estaban en el frente. Fue durante esta época cuando se animó a las chicas que trabajaban en la fábrica a participar en actividades deportivas organizadas para ayudar a la moral en tiempos de guerra.

Al principio, la novedad de que las mujeres jugaran al fútbol se utilizó para recaudar fondos para organizaciones benéficas de guerra, con multitudes acudiendo a ver a las llamadas *munitionettes* enfrentarse a equipos de soldados heridos y mujeres de otras ciudades y pueblos.

Y después de vencer a sus compañeros masculinos de la fábrica en un partido informal a la hora del almuerzo, el oficinista Alfred Frankland decidió asumir el papel de entrenador de este equipo femenino de Dick Kerr y soltarlas al público en general. El resultado fue instantáneo y cambió el juego.

Este primer partido atrajo a 10.000 espectadores, y en 1920, un partido del Boxing Day (el día después de Navidad) contra el St Helen's Ladies fue presenciado por 53.000 espectadores en Goodison Park, con otros 14.000 encerrados fuera del recinto intentando entrar. Esta asombrosa hazaña no volvería a repetirse hasta los tiempos modernos en la historia del fútbol femenino.

Los machos alfa que dominaban las altas esferas de la Asociación de Fútbol se sintieron tan escandalizados que poco después declararon el fútbol «totalmente inadecuado para las mujeres» y prohibieron a los clubes masculinos que permitieran a las mujeres utilizar sus campos. Tendrían que pasar otros cincuenta años para que se levantara la prohibición efectiva del fútbol femenino.

El fútbol femenino inglés se defendió a la par que el movimiento por el voto femenino, lo que condujo a su resurgimiento tras la Copa Mundial de 1966. Wrack sostiene que, para las mujeres, el mero hecho de jugar al fútbol es feminista y que el activismo sigue desempeñando un papel importante. La estrella estadounidense Megan Rapinoe —mejor jugadora femenina de la FIFA en 2019— es una autodeclarada «protesta andante» que se negó a ir a la Casa Blanca durante la presidencia de Trump.

Ninguna de las campeonas de Europa de 2022, las *Leonas* inglesas, se presenta como una revolucionaria política, lo que no significa subestimar su impacto a la hora de romper con lo que durante años ha sido un dominio arraigado y exclusivo de los hombres, con la contribución de las mujeres inglesas al juego profesional durante demasiado tiempo a la zaga de otras naciones democráticas que lo han adoptado profesionalmente a nivel de club y nacional.

La máxima gloria futbolística de las mujeres inglesas fue alcanzada por una entrenadora holandesa heterosexual practicante de yoga, Sarina Wiegal, cuya pequeña estatura y personalidad pública tímida y poco controvertida con los medios de comunicación ocultaban un carácter que había tomado decisiones difíciles a lo largo de su carrera con un aire de autoridad que había inspirado el éxito.

Pero también hay que reconocer el mérito de un animoso equipo de mujeres inglesas que juegan en los principales clubes de fútbol del país y del extranjero, la mayoría de ellas en la Superliga Femenina, la máxima categoría del fútbol femenino en Inglaterra. Creada en 2010, está dirigida por la Asociación de Fútbol y cuenta con doce equipos totalmente profesionales, la mayoría propiedad de clubes de la Premier League inglesa.

De las chicas inglesas que jugaron en la final, incluidas las «supersuplentes», cuatro jugaron a nivel de clubes para el Manchester City, tres para el Manchester United, dos para el Chelsea y una para el Arsenal, con Luzy Bronze, una de las mejores laterales derechas del mundo para el FC Barcelona, y Georgina Stanway, que marcó un gol decisivo contra España en la prórroga de los cuartos de final y una enorme amenaza ofensiva en el centro del campo, con el Bayern de Múnich.

Chloe Kelly, la jugadora que se quitó la camiseta, recordó que cuando era adolescente creció en una urbanización de Ealing, al oeste de Londres, y que hacía un trayecto de una hora en autobús hasta Wembley solo para comprar el programa del día del partido y volver a casa. De pequeña jugaba al fútbol con sus cinco hermanos mayores en un pequeño campo cerrado de césped artificial. Jugar al fútbol «de jaula» realmente me convirtió en la jugadora que soy. Añadió un poco más de creatividad a mi juego y también el físico», dijo en el verano de 2022. «La victoria en Wembley es de lo que están hechos los sueños».

El logotipo de la marca deportiva multinacional en su sujetador deportivo, retransmitido a millones de personas en directo y por televisión, era un recordatorio de que, lejos de perseguir molinos de viento, Kelly y sus compañeras de equipo podían esperar no solo honores, sino una lucrativa remuneración del negocio del fútbol. Las oportunidades incluían documentales, acuerdos de patrocinio y anuncios de televisión, con marcas que construían personalidades en torno a las jugadoras. Pero había una gran brecha entre hombres y mujeres por llenar.

Según un análisis de la BBC publicado en el verano de 2022, la jugadora media de la Superliga femenina ganaba 47.000 libras al año, basándose en los resultados publicados disponibles de siete de los 12 equipos de la liga femenina para la masa salarial de las jugadoras y el personal asociado, incluidos los directivos.

Una cifra comparable para un jugador medio de la Premier League no es fácil de calcular, y está sesgada por los más de 20 millones de libras que Cristiano Ronaldo y Kevin De Bruyne negocian en el Manchester United y el Manchester City, respectivamente. Pero según Deloitte, la masa salarial de tres clubes de la zona media de la Premier League sugiere que el Leicester paga a su plantilla una media de 6,4 millones de libras, el Wolves una media de 4,7 millones y el West Ham una media de 4,3 millones.

Si se acepta la cifra de los Wolves como una cifra intermedia típica de los 20 clubes de la Premier League, sugiere que los hombres ganan 100 veces más que las mujeres.

Referencia entre los clubes más ricos del fútbol inglés, el Manchester City declaró una facturación de 571 millones de libras para la temporada 2020-21. El club gastó el 62 % de esos ingresos en los salarios de los jugadores, según Deloitte, lo que equivale a 354 millones de libras. En comparación, las cuentas del equipo de la Superliga femenina del Manchester City revelan una facturación de 2,9 millones de libras para 2020-21, mientras que su gasto salarial se cifró en 3,3 millones de libras.

En todas las principales fuentes de ingresos que repercuten en el negocio del fútbol de clubes inglés, la venta de entradas, los derechos de retransmisión y los acuerdos comerciales, como el patrocinio, las mujeres siguen estando muy por detrás del fútbol masculino.

La final femenina de Wembley agotó las entradas y atrajo a millones de telespectadores. El fútbol femenino inglés acaparaba más cobertura mediática y atraía a una afición cada vez más popular, quizá porque ofrecía una versión alternativa y más equitativa de la nación inglesa y del juego que exportaba al mundo.

Los beneficios a largo plazo dependerían de la capacidad del fútbol femenino inglés y de los socios comerciales para mantener el interés por el juego y presionar para conseguir la igualdad salarial con los hombres de la Premier League. Sin embargo, las actitudes hacia la igualdad de oportunidades, así como hacia la diversidad en el fútbol inglés, estaban evolucionando.

Poco después de la conquista de la selección inglesa, la estrella más destacada del torneo femenino Euro 2022, Beth Mead, del Arsenal, ejerció de modelo para algunas de las mejores marcas de moda como parte de un reportaje de portada en una importante revista inglesa, con su pelo rubio, normalmente recogido en una coleta cuando juega, cayendo en cascada sobre sus hombros y colocado en una pose de estrella de cine.

Pero tan sorprendente como las imágenes fue el texto. Pues en una entrevista concedida a la revista *The Times Saturday*, publicada un mes después de la final de Wembley, Mead, de 27 años, hablaba abiertamente de su sexualidad y de la relación que mantenía con una internacional holandesa. El artículo también nombraba a otros siete miembros del equipo inglés que estaban abiertamente saliendo, comprometidas o casadas con mujeres.

«Desde el primer día en el fútbol femenino, lo hemos convertido en algo normal. No lo hemos convertido en un gran problema. En el fútbol femenino, simplemente eres tú».

En cambio, solo había un jugador varón abiertamente homosexual en las cuatro primeras divisiones profesionales inglesas, Jake Daniels, que jugaba en el Blackpool FC, un club que comenzó la temporada 2022/3 en el segundo escalón del sistema de la liga de fútbol inglesa.

Daniels, de 17 años, publicó una carta abierta en el sitio web del club en mayo de 2022 en la que decía:

«Todo ha sucedido a la vez, pero me siento bien. Cuando empezó esta temporada, solo quería demostrar mi valía como jugador. Creo que lo he hecho. Así que esto era lo último en mi cabeza que sabía que tenía que hacer. Ahora está fuera y la gente lo sabe. Ahora solo puedo vivir mi vida como quiero y, ¿sabes qué?, ha sido increíble.

El tema de ser gay, o bi o *queer* en el fútbol masculino sigue siendo un tabú. Creo que se debe a que muchos futbolistas quieren ser conocidos por su masculinidad. Y la gente ve el hecho de ser gay como algo débil, algo por lo que pueden meterse contigo en el campo de fútbol.

Espero que al salir del armario pueda ser un modelo a seguir, para ayudar a otras personas a salir del armario si quieren hacerlo. Solo tengo 17 años, pero tengo claro que esto es lo que quiero hacer y si, al salir del armario, otras personas me miran y sienten que quizá también puedan hacerlo, sería genial.

Si creen que este chico es lo suficientemente valiente para hacer esto, yo también podré hacerlo.

Odio saber que la gente está en la misma situación en la que yo estuve. Creo que si sale un futbolista de la Premier League sería increíble. Siento que habría hecho mi trabajo e inspirado a otra persona a hacerlo...».

La Eurocopa 2022 marcó la primera vez que el patrocinio se ofrecía solo para el torneo femenino, en lugar de ir unido al masculino como en el pasado.

Pero hubo un dato revelador del triunfo de las Leonas: los 87.192 espectadores pulverizaron el récord de asistencia a un partido de la Eurocopa, masculino o femenino, y fue seguido por millones de personas por televisión.

Esto parecía contar su propia historia de cómo un fútbol más diverso tanto sexual como socialmente había conquistado los corazones de los aficionados.

WAGS

Si el triunfo de las Leonas prometía una victoria para la autoestima y la igualdad de las mujeres, la publicidad del mismo verano de 2022 en torno al caso de difamación en el Tribunal Superior y los 3 millones de libras estimados en honorarios de abogados que implicaban a las WAGs (un acrónimo utilizado por los escritores populistas de periódicos sensacionalistas para referirse a las esposas o novias de futbolistas masculinos de alto nivel) proporcionó una narrativa alternativa de derecho.

En 2010, la Comisión de Igualdad y Derechos Humanos (EHRC) criticó el término por sexista y afirmó que podía resultar ofensivo, ya que a menudo se utilizaba para degradar a las mujeres. Al parecer, Rebekah Vardy declaró que «Wag es un término anticuado porque no nos definimos por lo que hacen nuestros maridos. Somos individuos».

Fue Rebekah, esposa de la estrella del Leicester City Jamie, quien perdió su caso de difamación contra Coleen Rooney, esposa del exjugador del Everton y del Manchester United convertido en entrenador en Estados Unidos Wayne Rooney, después de que una sentencia condenatoria del tribunal supremo en el famoso caso *Wagatha Christie*, hubiera descrito a la Sra. Vardy como una «testigo poco fiable» que probablemente había destruido pruebas potencialmente cruciales a propósito. Se la tachó efectivamente de mentirosa y de filtradora de chismes.

La saga comenzó hace tres años, cuando Coleen Rooney llevó a cabo una «operación encubierta» para averiguar quién estaba filtrando historias desde su cuenta privada de Instagram a los periodistas del periódico sensacionalista de gran tirada *The Sun*.

Collen Rooney identificó a la culpable con las ahora infames palabras publicadas en Instagram: «Es... la cuenta de Rebekah Vardy». Rebekah Vardy negó haber pasado información al *Sun* y demandó a Rooney por difamación en un intento condenado al fracaso de restaurar su reputación.

La disputa fue bautizada como el caso «*Wagatha Christie*», por el apodo de «WAG» que se da a un grupo de esposas y novias de futbolistas, y de la célebre autora de novelas policíacas (Agatha Cristie), en honor a la labor detectivesca de Rooney.

Hasta que el sonado caso ocupó los titulares, parecía que los días de las WAGs en busca de publicidad sin nada mejor que hacer que aparecer en las páginas de celebridades como parejas de futbolistas famosos era un fenómeno pasado.

Justo un año antes del juicio, el comentarista de cultura popular Nick Ede fue citado por la sección FEMAIL del periódico de gran tirada *Mail* afirmando que las esposas de los futbolistas de élite de hoy en día tienden a ser «discretas, comprensivas, académicas y sutiles», prefieren mantenerse alejadas de los focos y se están forjando carreras en todo tipo de ámbitos, desde la fisioterapia a la promoción inmobiliaria y el derecho.

«Atrás quedaron los días en que todo era falso, cuando las WAGS salpicaban los tabloides con bronceado falso, tacones altos y extensiones de pelo», escribió Ede.

Katie Kane, la esposa de Harry, capitán del Tottenham y de la selección inglesa, subió dulces *posts* a Instagram de sus hijos con camisetas de Inglaterra con sus rostros cuidadosamente fuera de la vista. La prometida del internacional inglés y del Manchester United Harry Maguire, Fern Hawkins, era fisioterapeuta, mientras que Mia McClenaghan, la novia del internacional inglés y del Chelsea Reece James, de raza negra, estudió Derecho en la Universidad de Londres y le defendió activamente cuando tuvo que hacer frente a los insultos de los racistas. La prometida de Raheem Sterling, Paige Milian, siguió una carrera en gestión deportiva y, como promotora inmobiliaria, gestiona las propiedades que posee.

Una de las Wags originales Victoria Beckham no estuvo ni en el juzgado ni en Wembley aquel julio de 2022. Pero dos de las celebridades con las que se reunió antes de conocer por primera vez a su futuro marido David Beckham y de mejorar su estatus social como diseñadora de moda, Mel C y Geri Halliwell, disfrutaron de un minireencuentro de las Spice Girls durante la final de la Eurocopa femenina de la UEFA 2022.

Según informó *The Daily Mail*, «Las *hitmakers* Wannabe, de 48 y 49 años, lucieron un estilo deportivo chic vestidas de futbolistas mientras veían a las Leonas de Inglaterra vencer a Alemania.

Acaparando la atención con un top naranja brillante, Melanie combinó el número neón con unos pantalones azules, mientras que Geri optó por un conjunto totalmente blanco».

Se rumoreaba que el grupo de chicas de los 90 iba a reunirse para una gira mundial, así como para una película de animación, e incluso se pensaba que Victoria Beckham se uniría a ellas tras perderse los conciertos del grupo en 2019.

Tras la victoria de las Leonas, los mensajes de apoyo inundaron al equipo, con cada una de las Spice Girls llena de elogios. Desde su cuenta principal @spicegirls tuiteó: «Felicidades @Lionesses. True #GirlPower right there».

Mel C entonces tomó a su Instagram personal para escribir: «¡¡¡Heroínas @lionesses, una y todas!!! Qué increíble ver a un grupo de mujeres jóvenes unirse, cambiar la percepción de la gente y tocar los corazones de todo el país».

Geri Honer escribió: «¡Has inspirado a una generación de mujeres jóvenes a atarse las botas y enfrentarse a los chicos! Qué alegría ver este momento icónico con mi compañera de Spice Girl @therealgerihalliwell, estamos más que orgullosos».

A finales de 2020, en plena pandemia de Covid, uno de los jugadores estrella de la Premier League, el internacional inglés y jugador del Manchester United Marcus Rashford, a sus 23 años se había convertido en un héroe nacional: pocos días después de que el Reino Unido se quedara bloqueado por la pandemia utilizó su tiempo libre y su creciente influencia para convertirse en una formidable voz a favor de la justicia social.

Resistir la injusticia

Durante gran parte de la historia moderna del fútbol, una generación de jugadores masculinos de alto nivel de la Premier League se ha definido no solo por su rendimiento sobre el terreno de juego, sino por su estatus de celebridad más allá de él, sus fortunas hechas junto con los goles marcados, y su popularidad medida por el patrocinio de marcas de «personalidad», y un seguimiento en las redes sociales generalmente adulador y bien gestionado.

A finales de 2020, en plena pandemia de Covid, uno de los jugadores estrella de la Premier League, el internacional inglés y jugador del Manchester United Marcus Rushford, a sus 23 años se había convertido en un héroe nacional de pleno derecho por razones muy diferentes.

A principios de abril, pocos días después de que el Reino Unido se quedara bloqueado por la pandemia que paralizó la temporada 2019-20, el delantero centro utilizó su tiempo libre y su creciente influencia para convertirse en una formidable voz a favor de la justicia social.

Rashford pasó la primera parte del cierre ayudando a entregar alimentos a las familias que dependían de las comidas escolares gratuitas. Cuando el gobierno anunció que el programa de comidas gratuitas no se prorrogaría durante las vacaciones de verano, Rashford escribió una emotiva y persuasiva carta abierta a los diputados en la que les imploraba que revocaran esa decisión y ayudaran a alimentar a los 1,3 millones de familias cuyos hijos corrían el riesgo de pasar hambre por ello. «Se trata de humanidad», escribió en una audaz declaración. «Mirarnos en el espejo y sentir que hicimos todo lo que pudimos para proteger a aquellos que no pueden, por cualquier razón o circunstancia, protegerse a sí mismos».

Así, al final del primer año sombrío de la pandemia, Rashford no solo había sido honrado por la Reina, sino que había logrado el reconocimiento nacional e internacional por su activismo social tanto como por su talento futbolístico.

El joven jugador negro era uno de los cinco hijos criados por una madre soltera en un suburbio de clase trabajadora de Manchester. En su carta abierta escribió: «Los bancos de alimentos y los comedores de beneficencia no nos eran ajenos; recuerdo muy claramente nuestras visitas... para recoger cada año nuestras cenas de Navidad».

La madre de Rashford, Melanie Maynard, declaró a la BBC que a veces se quedaba sin comida para asegurarse de que sus hijos pudieran comer.

> «A veces era realmente malo, prefería dar la comida a los niños que dármela a mí misma, a veces no conseguía nada para comer. A veces ni siquiera teníamos una barra de pan en casa, es vergonzoso decirlo, pero no la teníamos. Así que Marcus está contando la historia desde cómo él la ve y las palabras que ha estado diciendo vienen del fondo de su corazón».

Cuando era primer ministro, Boris Johnson afirmó no haber tenido conocimiento de la campaña de Rashford ni siquiera cuando, bajo la inmensa presión de la opinión pública, su gobierno anunció un fondo Covid de 120 millones de libras para alimentos en verano. Cuando terminó el verano, Johnson parecía convencido de que la tormenta había pasado —o tal vez pensó que el hecho de que el público quisiera ver alimentados a niños hambrientos era otra rareza de cierre, como escuchar el canto de los pájaros o beber demasiado—. Los diputados conservadores fueron instados por Johnson a votar en contra de una propuesta de la oposición laborista para ampliar la provisión hasta el medio trimestre de octubre. La petición de Rashford para acabar con la pobreza alimentaria infantil, relanzada ese mes, consiguió rápidamente más de un millón de firmas. Forzó un segundo giro de 180 grados del gobierno con el anuncio de la subvención de invierno Covid.

El activismo social de Rashford —parte de lo que el escritor de fútbol Simon Kuper describió como parte de una «generación de futbolistas (ingleses) sin precedentes, educada y poderosa»— ha sido comparado con el de otros futbolistas de la Premier League y de la selección, Raheem Sterling, que lideró una poderosa campaña antirracista en apoyo de *Black Lives Matter (Las vidas de los negros importan)*, y Jordan Henderson, capitán del Liverpool, que hizo grandes donaciones al Servicio Nacional de Salud británico durante la pandemia.

Los tres utilizaron su considerable talento futbolístico tanto como medio para salir de la pobreza como para plantear cuestiones sociales aprovechando sus plataformas públicas. En el caso de Rashford fue notable que su enfoque pareciera ir más allá de la raza y dirigirse a abordar desigualdades de clase más transversales.

Cuando se reanudaron los primeros partidos de la Premier League tras la relajación de las restricciones de la Covid-19 el 17 de junio de 2020, los encuentros se disputaron en estadios vacíos pero retransmitidos. Los jugadores, con la leyenda «*Black Lives Matter*» («*Las vidas de los negros importan*») escrita en sus camisetas, se arrodillaron en protesta simbólica contra las desigualdades persistentes y el racismo estructural, y durante toda la temporada siguiente siguieron haciéndolo antes del saque inicial.

Arrodillarse se había convertido en un símbolo del movimiento *Black Lives Matter (Las vidas de los negros importan)*, impulsado por el jugador de fútbol americano Colin

Kaepernick, que adoptó la postura en protesta contra la brutalidad policial y el racismo. La campaña se puso en marcha después de que un vídeo grabado con un *smartphone* diera la vuelta al mundo mostrando a un policía blanco presionando con su rodilla contra el cuello de un hombre negro llamado George Floyd, hasta causarle la muerte.

En el Reino Unido, la continuación de la campaña *Black Lives Matter (Las vidas de los negros importan)* una vez que los aficionados regresaron a los estadios provocó la reacción de los escépticos ante los movimientos de justicia social, avivó las divisiones políticas e hizo que los jugadores fueran abucheados en los partidos y maltratados por algunos aficionados en las redes sociales por arrodillarse al comienzo de los partidos.

Aunque la campaña fue apoyada por el seleccionador de Inglaterra, Gareth Southgate, durante la Eurocopa 2020 de junio de 2021, el primer ministro Johnson fue criticado por no haber sido más directo inicialmente en su condena a los aficionados que habían expresado su oposición a la campaña, antes de emitir una ambigua declaración en la que afirmaba que «el primer ministro respeta los derechos de todas las personas a protestar pacíficamente y dar a conocer sus sentimientos... Me gustaría que todo el mundo apoyara al equipo para animarlo, no para abuchearlo».

El verano siguiente, antes del comienzo de la temporada 2022/23, las autoridades de la Premier League y los capitanes de los clubes anunciaron que los jugadores ya no se arrodillarían de forma rutinaria antes de los partidos. Los jugadores seguirían arrodillándose, pero solo antes de determinados partidos, durante los partidos inaugurales de la temporada, otros partidos en octubre y marzo dedicados al lema *No hay sitio para el racismo,* los partidos del día después de Navidad tras la conclusión de la Copa Mundial de la FIFA Qatar 2022, los partidos de la Premier League en la última jornada de la temporada y las finales de la Copa de Inglaterra y de la Copa de la Liga Inglesa de Fútbol.

Los capitanes de la Premier League declararon:

«Hemos decidido seleccionar momentos significativos para arrodillarnos durante la temporada con el fin de resaltar nuestra unidad contra todas las formas de racismo y, de este modo, seguir mostrando nuestra solidaridad por una causa común.

Seguimos decididamente comprometidos a erradicar los prejuicios raciales y a lograr una sociedad inclusiva con respeto e igualdad de oportunidades para todos».

El 2 de mayo de 2016, el Leicester se proclamó campeón de la máxima liga inglesa por primera vez en la historia del club. La hazaña fue ampliamente descrita en su momento por los aficionados del club como una de las mayores historias deportivas de la Premier. © Shutterstock.

Los improbables «zorros»

De todos los clubes que ganaron la Premier League en los primeros treinta años de su historia, la conquista del campeonato 2015-2016 por el Leicester City es un acontecimiento que destaca como otro raro milagro de David enfrentándose a los Goliat.

El 2 de mayo de 2016, el Leicester se proclamó campeón de la máxima liga inglesa por primera vez en la historia del club. La hazaña fue ampliamente descrita en su momento por los aficionados del club como una de las mayores historias deportivas de la Premier que hasta entonces se había asentado en el dominio de los clubes fundadores mucho más grandes con el Manchester United como el más laureado con quince títulos de la Premier, el Chelsea cuatro, el Arsenal tres, el Manchester City dos y el Blackburn Rovers uno.

El club estaba 5000 a 1 en las casas de apuestas para ganar la Premier antes de que comenzara esa temporada. Acabó haciendo historia en más de un sentido. El delantero Jamie Vardy batió el récord de goles con once partidos consecutivos y el extremo argelino Riyad Mahrez Rihayd se convirtió en el primer jugador del continente africano galardonado con el premio al mejor jugador del año de la Premier.

Antes de la temporada 2015/2016, el sueño imposible del Leicester City parecía lejano. El talismán entrenador Nigel Pearson había llevado al Leicester al ascenso a la Premier al final de la temporada 2013/14, pero fue despedido el 30 de junio de 2015 con el Leicester evitando por los pelos el descenso, en decimocuarta posición. La marcha de Pearson se produjo tras el papel de su hijo Jamie en un supuesto vídeo sexual racista, ampliamente difundido, grabado por tres jugadores reservas del Leicester City en Tailandia durante una gira de postemporada.

La noticia del nombramiento de Claudio Ranieri como sucesor de Pearson no cayó bien inicialmente entre los aficionados. Sin embargo, de alguna manera, el «Tinkerman», como apodaban a Ranieri, convirtió a su plantilla de descartados y jugadores de divisiones inglesas inferiores y de equipos franceses más pequeños en campeones de la Premier League, tan solo el sexto equipo en ganar el mayor premio del fútbol nacional inglés.

Pocas personas conozco que hayan seguido la suerte del Leicester City tan de cerca y durante tanto tiempo como Jon Holmes, expresidente del club, agente de los medios de comunicación futbolísticos y aficionado desde hace mucho tiempo.

Fue Holmes quien recordó de forma memorable el momento de gloria del Leicester en un maravilloso artículo que escribió para *The New Statesman* inmediatamente después, en el que señalaba que «es lo gloriosamente improbable, la pura imprevisibilidad del deporte, pero muy especialmente del fútbol, lo que le da tanta oportunidad de enriquecer nuestras vidas».

Se había hablado mucho en los medios de comunicación de que la Premier League que acababa de ganar su club había sido la más imprevisible. «Impredecible, no; improbable, sí», insistió Holmes.

Escribió sobre la extraordinaria celebración de su victoria en el campeonato el sábado que se apoderó de Leicester.

El club tenía su sede en una de las ciudades inglesas más anodinas. El escritor y comentarista social inglés JB Priestley observó hace muchos años que nadie parecía divertirse mucho en ella. Pero aquel día el cantante de ópera italiano

Andrea Bocceli, de pie junto al entrenador del Leicester, Claudio Ranieri, se despojó de su capucha para revelar una camiseta azul del Leicester City, y la multitud se unió en un crescendo ensordecedor al son de *Nessun Dorma,* y el techo parecía estar en peligro de desprenderse del estadio, y la descripción de aquello como la mayor historia de la Historia no fue por un momento la mayor hipérbole en un mundo plagado de tales. Y la afirmación de hace quinientos años de Shakespeare de que Bruto era «el romano más noble de todos» ya no se sostiene. Ranieri es realmente el personaje más improbable de la saga del Leicester City...».

Echando la vista atrás, cuando me puse al día con el genial Holmes, en el Graucho Club de Soho, Londres, en el verano de 2022, me dijo:

«Para mí personalmente fue muy emotivo. Sigo al club desde hace más de sesenta años. Constituye una parte importante del tejido de mi vida y de la historia de mi familia. Mi padre siguió al club con devoción durante setenta años y nunca les vio ganar la Liga ni la Copa (pero asistió a 4 finales de la FA Cup en Wembley) y tristemente murió en 2005, antes de que comenzaran los milagros. Las casualidades no duran 38 partidos, aunque los milagros sí. Lo que ocurrió fue una asombrosa reacción química de elementos futbolísticos y la unión de tres jugadores de clase mundial: Vardy, Kante y Mahrez».

¿Un cuento de hadas de la Premier League? Para Holmes, a día de hoy, que el Leicester City ganara la Premier League fue probablemente la mejor novela de la historia de la Premier League, al margen de la novela que fue el «momento Agüero» del Manchester City.

Rebobine hasta mayo de 2012 y es el último día de la temporada. El Manchester United ha conseguido una victoria en Sunderland y parece dispuesto a levantar su 13.º título de la Premier League. Pero el Manchester City de Roberto Mancini y el Queens Park Rangers siguen jugando en El

Etihad. Un gol de Dzeko en el tiempo añadido iguala la contienda para el City y los seguidores del United se ponen nerviosos, pero siguen teniendo dos puntos de ventaja. Y entonces, a falta de unos instantes, Agüero marca el gol de la victoria en el último suspiro.

El resto es historia de la Premier League. Por primera vez en 44 años, el City se hizo con el título en lo que resultaría ser el comienzo de una nueva era para el «otro» club de Manchester. Con Pep Guardiola, sucesor de Mancini, llegaría un periodo de dominio del fútbol inglés para el City, con el que el club ganaría cinco títulos más de la Premier League en los 10 años siguientes.

Curiosamente, fue la victoria del Leicester City en el campeonato de la ciudad la que sacudió los cimientos del fútbol moderno. Provocó el mayor examen de conciencia de los clubes más poderosos. En realidad, no querían colados en sus exclusivas fiestas, y la mayoría de los mejores jugadores del Leicester fueron posteriormente comprados.

Mahrez permaneció en el Leicester dos años más antes de fichar por el Manchester City, que lo compró por 61 millones de libras. El excanterano del Manchester United Danny Drinkwater, no considerado uno de los mejores jugadores cuando el Leicester ganó la Premier pero aun así el «corazón palpitante» del equipo conquistador de Claudio Ranieri, se marchó al Chelsea en 2017.

N'Golo Kanté solo pasó una temporada completa en el Leicester City, al que llegó procedente del Caen en 2015 por 8,1 millones de libras, antes de marcharse al Chelsea el verano siguiente por casi cuatro veces esa cantidad.

Jamie Vardy era una estrella que permanecía leal y resplandeciente en el firmamento del Leicester. El jugador había llegado del Stocksbridge Park Steels, un equipo de la semi-profesional y de muy bajos recursos, al Leicester City, pasando por otros dos clubs muy modestos y de ligas inferiores el Halifax y el Fleetwood Town, todo en el espacio de dos años, y en una temporada en la Premier había representado un papel clave en una de las mayores historias de éxito del fútbol de clubes europeo.

Vardy marcó 24 goles en la Premier League cuando el Leicester City se proclamó campeón. Después de eso, el club no logró recuperar su pico anterior, pero sus goles siguieron llegando y ganó la Bota de Oro de la Premier 2019/2020 con 23 tantos.

Puede que el Leicester estuviera destinado a no volver a recuperar la categoría de campeón de la Premier, pero su éxito a lo largo de la temporada, cuando ganó, trajo cambios en el frente social.

En agosto de 2022 Leicester conmemoró el 50 aniversario de la llegada de los asiáticos de ascendencia india expulsados por Idi Amin, el dictador de la antigua colonia africana británica Uganda. Muchos de los 27.000 con pasaporte británico que llegaron al Reino Unido se establecieron en Leicester, convirtiendo a la ciudad en el hogar de la mayor comunidad asiática del Reino Unido.

En 1972, los asiáticos procedentes de África fueron recibidos inicialmente con sentimientos encontrados por la población local mayoritariamente blanca. Algunas personas se esforzaron para que los refugiados no se sintieran bienvenidos. El ayuntamiento de Leicester sacó un anuncio a toda página en un periódico de Uganda que leía la mayoría de los asiáticos. Decía: «No vengan a Leicester, no hay viviendas ni escuelas disponibles».

Pero la gente acudió de todos modos y se encontró con manifestaciones racistas organizadas por el Frente Nacional de extrema derecha, que en aquella época contaba con muchos seguidores en Leicester.

Y sin embargo, tras su victoria en la Premier, el Leicester FC puede presumir de haber desarrollado una base de aficionados racialmente más diversa. El club, en su haber, bajo el astuto liderazgo de una mujer irlandesa como directora ejecutiva, fue diligente a la hora de acoger a una población más multiétnica. Holmes recordó cómo a principios del nuevo milenio le sorprendió seguir a un hombre sij con una camiseta azul del Leicester City blasonada con el número 9 de Singh a un partido. Hoy en día hay muchos asiáticos entre los seguidores del Leicester City a pesar de que la Premier League no atrae a los jugadores asiáticos como lo hace con los negros. Como explicó Vinay, un asiático de ascendencia india que regentaba una tienda de barrio en Londres y era seguidor del Manchester United, viendo regularmente la Premier y la liga india de fútbol por televisión vía satélite: «Los niños asiáticos son animados por sus padres a estudiar una carrera en profesiones no deportivas como farmacia, medicina, contabilidad, derecho... Y en lo que se refiere al deporte, es el críquet y no el fútbol donde se puede empujar a un joven, si tiene talento, a convertirse en profesional, no el fútbol... La India es una nación amante del críquet...».

A pesar de la diversidad de su hinchada, el Leicester City luchó sin éxito por recuperar la cima de la Premier. Aunque alcanzó los cuartos de final antes de salir de la Liga de Campeones, pasó gran parte de la 2016/17 en la mitad inferior de la tabla, y el 23 de febrero de 2017 Ranieri fue destituido debido a la continua mala forma del club, lo que resultó en que el club estuviera solo un punto por encima de la zona de descenso. Raineri fue reemplazado por Craig Shakespeare, pero tras un mal comienzo de temporada fue despedido en octubre de 2017 después de cuatro meses oficialmente en el cargo, y con el Leicester en el puesto 18 de la tabla. Fue sustituido por el exentrenador del Southampton Claude Puel el 25 de octubre de 2017. El Leicester terminó la temporada en novena posición.

La temporada siguiente se vio ensombrecida por la tragedia. El 27 de octubre de 2018, Vichai Srivaddhanaprabha, que dirigía el consorcio liderado por Tailandia Asian Football Investments que había comprado el club ocho años antes, murió en un accidente de helicóptero frente al King Power Stadium tras el partido en casa del Leicester City contra el West Ham United.

Vichai fue una de las cinco personas que murieron. Los otros que perdieron la vida fueron los empleados del club

Kaveporn Punpare y Nusara Suknamai, y los pilotos Eric Swaffer e Izabela Lechowicz.

La catástrofe conmocionó y entristeció al club, desde el personal hasta los jugadores y los seguidores, que sentían una gran admiración por Vichai por haber unido a la comunidad y guiado al club hasta su sorprendente título de la Premier League en 2016. La pérdida del éxito en la Premier desde entonces quedó sumergida en la efusión de emoción. El estadio pronto estuvo rodeado de ramos de flores.

A principios de noviembre de ese año, miles de aficionados del Leicester City se unieron en el espacio cívico y la puerta de entrada al centro de la ciudad antes de marchar hacia el estadio King Power antes del primer partido de la Premier del equipo en casa desde el accidente, contra el Burnley, en lo que se anunció como «Caminata por Vichai». Globos azules y blancos con los colores del club rodeaban la plaza y grandes pancartas parafraseaban una vieja canción de Simon y Garfunkel *Mrs. Robinson* «Brindo por usted, Sr. Presidente, Leicester le quiere más de lo que se imagina». El paseo también fue bautizado como el «paseo de los 5000-1» en recuerdo de las apuestas que el club superó para ganar la Premier League.

Fue quizás un síntoma de la Gran Bretaña moderna, pos-Diana. En aquella época anterior a la pandemia y a Ucrania, la ausencia de guerra y las mejoras en la medicina significaban que la muerte prematura era una experiencia fuera de lo común, que ya no era habitual. Solo unos pocos aficionados encontraron profundamente perturbadora la histeria que rodeó la muerte de Vichai. Antes del fatal accidente, se decía que los jugadores estaban descontentos con su entrenador y que el espíritu alegre del equipo ganador de la liga había desaparecido. Algunos aficionados veteranos estaban perdiendo interés.

Luego, el sábado por la noche, y el accidente. Como dijo un aficionado de larga trayectoria: «La verdad es que siempre hubo peligro al volar el helicóptero desde el estadio de esa manera. Fue una suerte que no cayera sobre un grupo de personas, la carretera principal cercana, un aparcamiento o incluso el propio estadio. Luego la histeria colectiva, casi rivalizando con Diana, por un hombre que hizo su dinero en una tierra lejana, tomando la decisión empresarial de trasladar su riqueza a Inglaterra mediante un gasto ostentoso. Luego perece como resultado de una exhibición de arrogancia, el hombre «tímido y modesto que se retira» en un helicóptero con su propio nombre blasonado en él, se estrella en una bola de llamas. Solo la semana anterior había encargado para él una alfombra azul a semejanza de la alfombra roja de una premier. Qué mundo tan extraño en el que vivimos...».

El club seguía siendo un enigma para los medios de comunicación y una irritación para los grandes clubes, bajo una propiedad fuera de la norma de titanes estadounidenses, o de Oriente Medio o China. Los propietarios tailandeses —ahora el hijo de Srivaddhanaprabha, Aiyawatt— seguían siendo inescrutables pero tangibles. Cervezas y aplausos gratis, regalos a las instituciones de la ciudad, y su presencia, si no constante, en los partidos, intercambiando conversación y apretones de manos con los aficionados, singularmente popular entre los seguidores, que en la mayoría de los clubes veían a los propietarios con recelo, rayando a veces en el odio, pero se conformaban con ser cómplices de ellos mientras el dinero siguiera llegando al equipo.

La historia del Leicester City tuvo elementos de tragicomedia. El ingenio y la sabiduría del público del Leicester City eran una fuente constante de diversión, y su estrella superviviente de la temporada de gloria, Jamie Vardy, tenía una interacción con la grada especialmente divertida. Cada vez que los rivales se burlaban de él, la mayoría de las veces marcaba y les ridiculizaba amablemente.

Como Holmes dijo de Vardy:

«Es verdaderamente un héroe de la clase trabajadora a la antigua usanza, un retroceso a los días del cómico Hotspur y de Alf Tupper, el duro de la pista. Igual que refundí el equipo ganador del título del Leicester con actores de los sesenta, Tom Courtenay reeditando al corredor de fondo como Vardy, Omar Sharif como Mahrez, Hardy Kruger como Fuchs, Sven-Bertil Taube como Schmeichel, Albert Finney como Drinkwater, Poitier como Wes Morgan, Bert Kwouk como Okazaki, Bernard Cribbins como Albrighton, Alec Guiness como Ranieri, etc.».

Hay pocos aficionados del Leicester City que recuerden ahora la racha récord de siete victorias en la máxima división en la temporada 1962/3 que el Leicester batió el 8 de diciembre de 2019. Pero Jon Holmes es uno de ellos. La temporada 2019/20 había tenido un comienzo increíble bajo el mando del último entrenador, Brendan Rodgers, con el club sumando 38 puntos en sus primeros 16 partidos y encadenando una racha de 8 victorias consecutivas del 19 de octubre al 8 de diciembre.

«Por aquel entonces, a principios de los 60, el país estaba sumido en los escalofríos del peor invierno desde 1947, las temperaturas apenas subieron de cero durante dos meses. Los Beatles lanzaron *Please Please Me* (en algunas listas su primer número uno), Hugh Gaitskell murió repentinamente y Harold Wilson le sucedió como líder del Partido Laborista. Hace tanto tiempo, pero los acontecimientos de aquel año permanecen nítidos en la mente de unos pocos supervivientes, y el dolor del hundimiento del Leicester al final de la temporada, perdiendo los cuatro últimos partidos de liga y la final de la Copa, ha permanecido con ellos para siempre, porque aquel equipo y aquella racha eran el *kitemark* de sus más altas aspiraciones para su club. Wilson llegó a ganar cuatro elecciones, los Beatles se convirtieron en un fenómeno mundial. En la década de 1960 hubo tantos ganadores de copa diferentes, pero los Foxes siempre parecían ser los subcampeones. Desde entonces, el Leicester City ha amenazado ocasionalmente, pero hasta que no ganó la Premiership, nunca consumó la promesa de aquel frío invierno».

El aficionado que escribió lo anterior se sintió impulsado de nuevo a escribir por la promesa de un nuevo comienzo «algo especial está sucediendo». Y así, al parecer, si el Liverpool (también en alza a principios de 1963) no fuera tan imperioso, seguramente acabaría siendo «Una temporada para recordar», como se titulaba aquel año el folleto de avance de la final de copa de los jugadores.

En tres ocasiones durante la década de 1960, un aficionado del Leicester City viajó con toda su familia por la recién construida autopista M1 hasta Londres, para regresar abatido, pero en 1963 le dolió de verdad. El Manchester United, que aún se recuperaba de la catástrofe aérea de Múnich, no había estado bien en toda la temporada y solo había escapado de los dos puestos de descenso por un estrecho margen. Sin embargo, en la final de la Copa de Inglaterra de ese final de mayo fue el Leicester City el que cayó, y el Manchester United, liderado por sus estrellas Dennis Law, Paddy Crerand y Bobby Charlton, se llevó el trofeo a casa.

Lo sucedido pareció marcar la pauta de los años siguientes, con las esperanzas continuamente defraudadas, hasta *el annus mirabilis* de 2016, al que, por supuesto, casi siguió la bajada a la Tierra, en la liga al menos, en los dos años siguientes (la aventura en los Champions en la temporada 2016-2017 terminó cuando el Leicester perdió con el Atlético de Madrid en cuartos de final después de superar al Sevilla).

Entonces surgieron esperanzas ante un equipo prácticamente nuevo, en el que solo quedaban el guardameta Kasper Schmeichel y el increíble Jamie Vardy, que había batido el récord de 1963. Puede que esta vez fuera el Leicester City quien se convirtiera en una potencia en la tierra.

«Esta es la mejor plantilla y probablemente el mejor equipo que ha vestido la azul real y ha ejercido su oficio junto al canal. Hombre por hombre, no ha habido parangón en toda mi vida. He visto a Arthur Rowley en su canto del cisne, a Frank Worthington en su mejor momento, a Gary Lineker en su nascencia, he visto a Weller y a Nish, a Banks y a Shilton, he visto a Gibson y a McAllister, a Mahrez y a Kante, pero ver a Vardy saqueando nuevos horizontes, Riccardo, que haría que un conejito de Duracell pareciera de corta vida, Soyuncu una losa de granito pareciera frágil, Tielemans, Maddison, Praet y Evans destacaran como Rolls Royce en Anycardotcom, es una revelación más allá de los sueños de cualquier viejo», recordó un aficionado.

Pero era inclinarse ante los molinos de viento. A pesar de estar entre los 4 primeros durante la mayor parte de la temporada, el Leicester sufrió un bajón de forma, ganando solo 2 de sus 9 partidos tras la reanudación de la liga debido a la pandemia de COVID-19. Tres derrotas en sus cuatro últimos partidos les hicieron caer hasta el 5.º puesto, el segundo mejor puesto en la Premier League de su historia, además de asegurarse la Europa League para la temporada siguiente.

El 15 de mayo de 2021, el Leicester ganó por primera vez en su historia la FA Cup. Tras acabar quinto en la Premier League 2020-21, el Leicester se clasificó para la Europa League por segundo año consecutivo. Jugaron en la recién creada Liga de Conferencias de la UEFA antes de ser eliminados por el AS Roma en semifinales, perdiendo 2:1 en el global. Como dijo un aficionado: «Dados los acontecimientos que siguen sucediendo a Inglaterra y los sinvergüenzas que persiguen votos, los seguidores del Leicester City tenían que buscar consuelo en alguna parte».

Incluso cuando el fútbol moderno entraba en un nuevo milenio, Stanley Matthews seguía siendo recordado como el mejor jugador que Inglaterra había tenido nunca. © Harry Pot.

Stanley Matthews y «Gazza»

Si William Shakespeare hubiera regresado y agraciado nuestro torturado mundo con su sabiduría humanista y su poesía, tal vez habría escrito una tragicomedia conmovedora e incisiva protagonizada por dos conocidas figuras contrastadas del fútbol inglés.

Aquí, en deferencia al gran bardo, y con una perspectiva histórica, selecciono a dos candidatos ingleses: uno, un verdadero y noble caballero; el otro, un genio tempestuoso y en última instancia defectuoso; cada uno, a su manera, con un talento único para jugar al gran fútbol.

El jugador que despertó la imaginación de la generación de la guerra de mi difunto padre inglés fue el caballero jugador Stanley Matthews o sir Stanley, como fue ennoblecido por la Reina, un título poco común para un deportista en aquellos tiempos.

Incluso cuando el fútbol moderno entraba en un nuevo milenio, Matthews seguía siendo recordado como el mejor jugador que Inglaterra había tenido nunca. La afirmación, hecha por Jimmy Armfield, tiene cierto peso. Armfield fue lateral derecho de sir Stan, extremo derecho del Blackpool y luego de Inglaterra. La hizo entre los muchos homenajes que siguieron a la noticia de la muerte del gran Matthews el 23 de febrero de 2000, a los 82 años. La Premier League llevaba entonces ocho temporadas de existencia.

Armfield dijo de sir Stan: «Su comportamiento en el campo era impecable. Solía decir: "Si me dan una patada, sé que los tengo". Era innovador y podía hacer cosas que otros no podían y, por encima de cualquier otra cosa, simplemente tenía una habilidad fantástica».

Otras leyendas honorables del fútbol inglés —pienso en sir Thomas (Tom) Finney, sir Robert Bobby Charlton— traen recuerdos mágicos pero con Matthews había una humildad a la vez que mística que le hacía diferente. Representaba la profesionalidad, la vida limpia y la inglesidad. Dondequiera que jugara, la gente le quería.

Los tiempos en los que vivió Matthews eran más sencillos que los actuales, sin duda. La televisión e internet aún no habían llevado cada movimiento al salón, los jugadores no eran perseguidos por periodistas y aficionados y se desahogaban verbalmente en las redes sociales. La simplicidad se extendía a los salarios futbolísticos. Su primer contrato profesional fue con el Stoke City en 1931, a la edad de 17, con un salario de 5 libras por semana. Gracias a el club ascendió de la segunda a la primera división, llegando a cuarto lugar antes que interrumpió la Segunda Guerra Mundial.

El idilio de Matthews con Blackpool y el fútbol se desarrolló durante la guerra, cuando estaba destinado en la ciudad costera del norte con la Real Fuerza Aérea (RAF) y jugaba en un equipo que los aficionados llamaban The Seasiders.

Después de la guerra, en 1947, Mathews fichó por el Blackpool por 11.500 libras esterlinas y una botella de whisky, en el inicio de una fulgurante carrera que duró hasta principios de la década de 1960. Como jugador, recordaba su amigo y compañero Armfield, tenía una vena despiadada a la hora de jugar el balón. «Se burlaba de los defensas casi como un matador con un toro. Le vi adelantar el balón con la punta del pie unos treinta centímetros e invitar a su marcador a que fuera a por él. Pocos lo hacían».

Si la forma física y el estado mental de Matthews eran superiores a los de otros jugadores era por la disciplina y la dedicación que heredó de su padre, barbero y antiguo boxeador de peso medio. Matthews nunca fumó ni bebió y experimentó con alimentos saludables antes de que ningún otro atleta los hubiera considerado.

Como jugador, Matthews bajaba todas las mañanas temprano a la playa de Blackpool, donde hacía *footing*, estiramientos y respiraciones profundas antes de incorporarse a entrenar con el resto del equipo. Su forma física nunca estuvo en duda, ni siquiera cuando superó los 40 años. Sigue siendo el único hombre que ha jugado en la antigua Primera División de primera división con 50 años. Incluso en los últimos años de su vida, cuando rondaba los setenta, Matthews seguía ejercitándose en el gimnasio. Se jubiló en 1965 después de jugar 700 partidos de liga con el Stoke City y Blackpool, y mas de cincuenta con la selección inglesa.

La historia del fútbol inglés arrojaría otra reivindicación de grandeza, pero de naturaleza más controvertida. En enero de 2018, el tabloide *The Sun* publicó un artículo en el que celebraba la resurrección a través de las redes sociales de un futbolista cuyos logros sobre el terreno de juego se habían visto eclipsados durante mucho tiempo por su declive mental y físico. «Cierren sus puertas y cierren sus ventanas, Paul Gascoigne («Gazza») ha vuelto a Twitter, y está disparando balas en todas direcciones», informó el tabloide.

En comparación con la rancia naturaleza de la promoción que realizan los directores de los medios de comunicación que gestionan las cuentas de los jugadores de élite, el Twitter de Gazza fue recibido inicialmente como un soplo de aire fresco en las bromas futbolísticas modernas. «La leyenda inglesa y todo un pícaro adorable ha vuelto a Twitter y lo está utilizando para mostrar toda la gloria de su ingenio *Geordie* (Newcastle)», escribió Jack Kennedy, de *The Sun*. El artículo incluía un tuit supuestamente escrito por el jugador:

> Una vez vi a Colin Hendry en Londres y le pregunté qué hacía allí, él me preguntó por qué.(En respuesta) Porque pensé que te había dejado en Wembley».

Fue en el Mundial de Italia 1990 cuando Gazza se convirtió en una celebridad nacional, tanto por las habilidades que demostró en los mejores partidos de Inglaterra como por las lágrimas que derramó cuando vio su segunda tarjeta amarilla y fue expulsado.

Gazza colgó las botas en 2004, pero entre sus momentos más mágicos, siempre será recordado por los aficionados ingleses por su gol con Inglaterra contra Escocia en la Eurocopa 96, considerado uno de los mejores tantos jamás marcados por un internacional inglés. Lo pasó por encima de la cabeza del defensa escocés Colin Hendry con un escandaloso momento de habilidad, antes de enterrarlo por la escuadra.

En abril de 2022, un documental de la BBC titulado «Gazza» relataba la turbulenta historia de la vida de Gascoigne, desde sus inicios como talentoso centrocampista adolescente en la década de 1980 con el Newcastle y los Spurs hasta su ingreso para rehabilitarse de la adicción a las drogas tras ser excluido de la selección inglesa antes del Mundial de 1998.

Como escribió el periodista de *The Guardian* Barry Gledinning: «Es una ventana de 16 años en la que *la Gazzamanía* barrió a una nación que se obsesionó con el simpático y ansioso por complacer joven (nacido en Newcastle) *Geordie,* que parecía tener el mundo a sus pies, solo para desarrollar una perniciosa dependencia del alcohol y convertirse en una de las celebridades de más alto perfil en tener cada indiscreción de una vida privada profundamente problemática pregonada desde las primeras páginas de la prensa sensacionalista».

Fue en el Mundial de Italia 1990 cuando Gazza se convirtió en una celebridad nacional, tanto por las habilidades que demostró en los mejores partidos de Inglaterra como por las lágrimas que derramó cuando vio su segunda tarjeta amarilla y fue expulsado por hacer una falta por detrás a Thomas Berthold antes de que la selección inglesa perdiera en la tanda de penaltis contra Alemania Occidental en semifinales.

Hasta esa falta, la exhibición de Gazza en el partido había sido brillante, confirmándole como uno de los jugadores ingleses con más talento y popularidad.

El periodista deportivo de *The Guardian* Simon Burnton recordaba: «Los corazones de los ingleses palpitaban con cada bamboleo del labio inferior de Gascoigne aquella noche, y jugador y afición se unieron en una muestra de lacrimosa unidad».

Unos meses más tarde, Gascoigne fue nombrado Personalidad Deportiva del Año.

Gazza, el mercurial centrocampista, había desarrollado una buena relación con el «jefe» Bobby Robson, que como entrenador de la selección inglesa entabló una protectora relación padre/hijo. Robson lo consideraba un jugador único que necesitaba una cuidadosa gestión personalizada de un tipo que rayaba en la indulgencia. «No conozco a nadie a quien le caiga mal Paul Gascoigne», escribió Bobby Robson en su autobiografía. El afecto que todos sentíamos por él contribuyó a lo conmovedor de su amonestación (en el Mundial de 1990). «Mi corazón se hundió en el momento en que el árbitro sacó la tarjeta amarilla», dijo Bobby Robson. «Mi corazón golpeó mis zapatos. Porque me di cuenta al instante de que era el final para Paul Gascoigne, fuera. Y eso es una tragedia, para él, para mí, para el equipo, para el país, para todo el fútbol. Porque era tan bueno, y estuvo soberbio en este partido en particular. Cuanto más grande era el partido, mejor estaba él».

Y sin embargo: «Si Gascoigne hubiera sido alemán, hoy sería persona *non grata*», escribió el alemán Dietmar Hamman, excentrocampista del Liverpool y del Newcastle, en su libro *The Didi Man*.

«[Tras la amonestación] Gascoine se vino abajo. El partido seguía empatado y aún quedaba trabajo por hacer, pero sus primeros pensamientos fueron para sí mismo. Cuando el partido se fue a la tanda de penaltis, Gascoigne estaba señalado para lanzar [un] penalti a favor de Inglaterra. Decidió que no estaba en el estado de ánimo adecuado para lanzarlo. Para Gascoigne, en ese momento, todo se trataba de él como individuo y de cómo se sentía. No tenía nada que ver con su deber para con el equipo. Si Gascoigne fuera alemán, su comportamiento habría creado un escándalo nacional, y el jugador sería olvidado para siempre. Si fuera posible borrar su nombre de la hoja de equipo, entonces se haría».

Más tarde se supo que había un lado más oscuro de Gazza que se había ocultado a la opinión pública y que pasaría a formar parte de una narrativa diferente, el monstruo Gazza injertado en —en palabras del escritor de fútbol Pete Davies— «el modelo de uno en una generación, una concepción inmaculada nacida con un balón donde el resto de nosotros tenemos un corazón».

Según Davies, el autor de *All Played Out,* su relato como testigo presencial de la campaña inglesa en el Mundial de Italia, había pruebas suficientes observando a Paul Gascgoine de que llevaba demonios dentro y de que estaba poniendo en duda su talento.

Gazza sobornaba a los camareros del hotel del equipo en Cerdeña para que le sirvieran botellas de agua con gas regadas con una generosa cantidad de vino. Después de varias cervezas, Gazza se marchaba en un carrito de golf fuera del hotel a velocidades peligrosamente lunáticas.

Nacido y criado en Gateshead, Newcastle, Gascoigne firmó un contrato de colegial con el Newcastle United antes de convertirse en profesional con el club en 1984. Tres años más tarde, fue vendido al Tottenham Hotspur por 2,2 millones de libras, donde desarrolló una creciente reputación como joven estrella emergente.

Y fue Gazza quien después del Mundial de 1990, en palabras de Pete Davies, uno de sus cronistas, fue alimentando pieza a pieza los talonarios de los tabloides, y «empezó a ser literalmente una cosa de pedazos, un hombre-niño cayendo a pedazos mediáticos». Cuando la popularidad de Gazza entre los aficionados ingleses empezó a dispararse a raíz de Italia 90, *The Sun* lo fichó con un contrato de un año por 250.000 libras. Ganó la FA Cup con los Spurs en 1991, antes de ser vendido al Lazio italiano por 5,5 millones de libras. En Italia, su turbulenta etapa tanto dentro como fuera del terreno de juego volvió a ser recogida por los reporteros de los tabloides ingleses, que contaban con una red de informadores a sueldo, incluidos amigos.

En julio de 1995, fue traspasado al club escocés Rangers por 4,3 millones de libras, y ayudó al club a conseguir dos títulos de la Liga escocesa y otros dos trofeos, una Copa de Escocia y una Copa de la Liga escocesa. Regresó a Inglaterra en un traspaso de 3,4 millones de libras al Middlesbrough en marzo de 1998. Debutó en la Premier League dirigido por Bryan Robson en la temporada 1998/99, y fichó por el Everton en julio de 2000, fichado por su antiguo jefe en el Rangers Walter Smith, de paso en un movimiento que fue cuestionado en su momento. El jugador seguía teniendo problemas con su demonio del alcohol y cada vez era más propenso a las lesiones, con un mal estado físico. Varios observadores del fútbol consideraron el traspaso de un club de la Premier League a otro como un error que simplemente retrasaba el día del juicio final, cuando Gazza tendría que enfrentarse al hecho de que estaba muy desfasado con respecto al rápido desarrollo del elemento comercial de la Premier. Su estrella se estaba apagando en el nuevo mundo del fútbol de primera división, donde se exigía mucho del rendimiento de los jugadores, los inversores, los directivos y los aficionados en lo que se estaba convirtiendo rápidamente en la liga más rica y competitiva del mundo.

Una recaída en el alcoholismo a finales de la temporada 2000/01 provocó su ingreso en una clínica de rehabilitación de Arizona. En la temporada siguiente, 2001/02, Gazza apareció con más regularidad en el primer equipo del Everton, pero rara vez fue capaz de proporcionar la inspiración necesaria para llevar al equipo a la victoria. La falta de resistencia permitía a Gascoigne jugar solo a ráfagas antes de tener que sentarse un partido para recuperarse a tiempo para otros 90 minutos.

Su marcha del Everton en marzo de 2002 puso fin a sus días en la Premier League. Terminó su temporada jugando en el Burnley, que estaba en la segunda división del fútbol inglés, conocida entonces como la Primera División. Fue una etapa breve e infeliz. Estuvo allí solo tres meses y disputó únicamente seis partidos. Como Gascoigne escribió más tarde en su autobiografía: «No disfruté mucho de mi fútbol en el Burnley. La Primera División me pareció muy dura. Los chicos estaban bien y no eran ellos, era yo. Su tipo de fútbol no era mi estilo. Era todo patada y carrera. Quizá había perdido un poco de la velocidad necesaria para ello, pero fuera como fuese no me sentía cómodo».

Indeseado en la Premier League y en Europa, los días de jugador de Gazza llegaron a su fin. Acosado por nuevos episodios de depresión y consumo excesivo de alcohol, se alejó sin éxito de sus raíces para pasar una breve temporada en el Gansu Tianma, club de la Liga Uno china, a la que siguieron unos meses, a partir de julio de 2004, como jugador-entrenador del Boston United, equipo de la Liga Dos estadounidense. Con su carrera como jugador terminada, manifestó su deseo de convertirse en un entrenador de éxito, un empeño que fracasó en una historia anunciada.

Fue el lado más oscuro de su vida personal el que persiguió a Gazza cuando, tras el Lazio y el Glasgow, regresó al fútbol de clubes inglés en una época en la que la Premier League estaba produciendo una nueva generación de jugadores de élite bien pagados y «jefes» cuya riqueza procedía en parte de una marca de personalidad limpia y ejemplar, un papel que iba en contra de la naturaleza instintivamente rebelde y los demonios interiores de Gascoigne.

La espiral descendente de la vida personal de Gascoigne llegó a incluir el trato abusivo a su esposa Sheryl Failes, que posteriormente se divorció de él, y su etapa en el Middlesborough, donde se volvió tan dependiente del alcohol que incluso sus compañeros de equipo se vieron obligados a hablar. Al final, tanto los medios sensacionalistas como la vulnerabilidad mental y física de Gazza arruinaron la promesa de uno de los futbolistas más célebres de Inglaterra. El Museo Nacional del Fútbol de Inglaterra le sigue describiendo como «el futbolista inglés con más talento natural de su generación».

Al juzgar su legado, uno podría estar tentado de describirlo como uno de los últimos de la estirpe de futbolistas célebres al estilo del rock —uno piensa en George Best y Maradona—, de talento incomparable abatido por las presiones de la fama. En el caso de Gazza, no puedo mejorar el veredicto del autor Pete Davies, el escritor de fútbol que siguió sus mejores años como jugador: «La promesa a menudo queda incumplida, pero rara vez puede haber estado tan cerca de cumplirse antes de implosionar. Y pocas veces se ha ganado tanto dinero con tanto bombo y platillo y tanta esperanza por el camino».

Alemanes, Tottenham y Shearer

Escribir es un arte adquirido y desafiante, y me cuento entre los autores que sin pretender ser expertos en el deporte en sí han profundizado en el fútbol —sus protagonistas, partidos destacados y pasiones— porque abre una ventana a la humanidad.

Entre los libros del género surgidos en el mundo anglosajón durante el último medio siglo, sé que no soy el único entre mis colegas que considera como punto de referencia ejemplar *El juego de la gloria*, de Hunter Davies.

Tras haber escrito una biografía de los *Beatles* que fue un éxito de ventas, Davies se dedicó a escribir el libro seminal sobre los mejores años del Tottenham Hotspur. Publicado por primera vez en 1972, *The Glory Game*, como sugiere el título, fue una celebración del buen fútbol escrita como un retrato entre bastidores de *dramatis personae* durante una década en la que el Tottenham representó el fútbol de clubes inglés en su mejor momento, una historia que arroja algunos contrastes con sus logros menores en lo que se convirtió en la Premier League.

The Glory Game fue escrito solo 10 años después de que se aboliera el salario máximo de 20 libras semanales para los futbolistas profesionales ingleses. Una de las estrellas sobre las que escribe Davies es el delantero del Tottenham Martin Chivers que, durante la campaña 1971/72, alcanzó la mejor forma de su carrera, marcando 44 goles en 64 partidos con el primer equipo. Chivers compartió una visión de su alma interior al confesar que se asustaba en la cama cuando su mujer no estaba porque le daba miedo la oscuridad.

Pocos personajes pueden reivindicar ser la roca de los mejores años del Tottenham en el siglo XX más que el entrenador de los Chivers, Bill Nicholson. Llegado como miembro adolescente del personal de tierra en 1936, Nicholson ejerció de jugador, entrenador, segundo entrenador y entrenador durante los 38 años siguientes, en los que ganó nueve títulos importantes, uno como jugador y ocho como entrenador.

Pocos personajes pueden reivindicar ser la roca de los mejores años del Tottenham en el siglo XX más que el entrenador de los Spurs, Bill Nicholson. © Lindeboom/Anefo, Nationaal Archief.

Chivers formaba parte de una serie de jugadores de calidad que fueron entrenados por Nicholson. Otros incluían a mi héroe de la infancia Jimmy Greaves. Se trataba de un delantero fenomenal y prolífico cuyo nombre era seguido a menudo por «¡GOL!» durante los primeros comentarios de las retransmisiones de la BBC.

Nacido en Essex en 1940, Jimmy Greaves fue ojeado por el Chelsea y fichó por el club en 1955. Jugó en su famoso equipo juvenil, marcó 51 goles en su primera temporada y llegó a levantar la Copa Juvenil de la FA en 1958. Con solo 17 años, Greaves debutó en la liga con el primer equipo del Chelsea contra su futuro club, el Tottenham Hotspur, marcando en un empate a uno.

Greaves fue prolífico ante la portería contraria, marcando la sensacional cifra de 124 goles y siendo el máximo goleador de la liga en 1958/59 (32 goles) y 1960/61 (41 goles).

En el verano de 1961, tras una aproximación del propietario de un restaurante italiano, Greaves fichó por el AC Milan tras aceptar unas 7000 libras anuales. Esto aumentaba significativamente su salario de 1000 libras anuales con el Chelsea. Sin embargo, su estancia en el Milan no fue según lo previsto, después de que se peleara en numerosas ocasiones con el futuro héroe del Milan, Nereo Rocco.

Greaves regresó a Inglaterra, al Tottenham Hotspur, por 99.999 libras, a 1 libra de convertirse en el primer jugador de 100.000 libras de la historia británica. Greaves empezó con buen pie en los Spurs, marcando 21 goles en 22 partidos con los Lilywhites. Siguió marcando goles durante toda su carrera en el Tottenham, al tiempo que los llevaba a ganar la Copa de la FA en dos ocasiones, en 1962 y 1967, y a la gloria de la Recopa de Europa en su victoria de 1963 sobre el Atlético de Madrid, al que destrozaron por 5-1 con 2 goles de Greaves.

Los años de gloria del club bajo la dirección de Nicholson comenzaron con el doble triunfo del Tottenham en la temporada 1960/61, al ganar la Copa de la FA y la Primera División.

El Tottenham se convirtió en el primer club británico en ganar un trofeo europeo, la Recopa en 1963. El club volvió a ganar la FA Cup en 1967, la Copa de la Liga en 1971 y 1973 y la Copa de la UEFA en 1972, todo ello bajo la dirección de Nicholson.

Estas hazañas trajeron consigo muchas primicias: al primer doblete del siglo XX le siguió el primer trofeo europeo ganado por un club británico, el primer equipo británico en ganar dos competiciones europeas diferentes y el primero en ganar dos veces la Copa de la Liga.

Nicholson era un personaje complejo. Como dijo su esposa Darky a Hunter Davies: «Es muy de Yorkshire. Nunca muestra lo que piensa. Cuando llega de un partido, no puedo decir mirándole si han ganado o perdido...».

Davies retrató a Nicholson como una figura obsesiva, desamparada, casi trágica, que a veces antes de un partido temblaba y sudaba violentamente por la tensión. Nicholson era un personaje severo e inflexible. «Siento un profundo placer», decía, «en ver cómo el trabajo duro se pone en práctica y se ve recompensado». Se afeitaba con agua helada y rara vez sonreía, un contraste sorprendente con los colegas ingleses más carismáticos de su época, Bill Shankly y Matt Busby.

Como se inmortaliza en la página web oficial del club, Nicholson dirigió en el Tottenham Hotspur al más romántico de los equipos ingleses durante la década de 1960 y principios de la de 1970, en la que el fútbol se jugaba con bravuconería, estilo, habilidad y gracia. Sus jugadores actuaban con floritura, entreteniendo a todos a lo largo del camino. Hicieron vibrar a los seguidores que abarrotaban el viejo estadio de White Hart Lane.

Pero, como escribió Brian Scovell en su biografía *Football's Perfectionist (El perfeccionista del fútbol)*, el estoicismo con el que Nicholson creció en la década de 1930 en una familia de nueve hijos en la ciudad de Scarborough, en Yorkshire, frente al Mar del Norte, le sentó bien, pero seguiría haciendo de él un hombre de fútbol de la vieja escuela.

A mediados de la década de 1970, cuando la idea de una Premier League era aún un horizonte lejano, Nicholson se desilusionó con la modernidad del juego. Su aversión por el pelo largo de moda de los jugadores se remontaba a sus días como sargento instructor de entrenamiento físico durante la Segunda Guerra Mundial.

Dimitió como entrenador en el otoño de 1974, nada contento con los crecientes salarios que se aseguraban los jugadores de la cantera y conmocionado por el vandalismo que había convertido la derrota del Tottenham ante el Feyenoord en la final de la Copa de la UEFA en el «Motín de Rotterdam» de aquel mes de mayo.

Tras abandonar el club y regresar después como asesor y, en última instancia, presidente desde 1976 hasta su muerte en 2004, Nicholson se suavizó y luego pareció florecer en la edad madura. Leía tan bien el juego que profetizó la llegada de la Premier y de la UEFA años antes de su fundación. Nicholson siguió asistiendo a todos los partidos que su amado Tottenham Hotspur disputó durante la primera década de la Premier League en White Hart Lane hasta poco antes de morir, el 23 de octubre de 2004, a los 85 años.

Fundado en 1882, el emblema del Tottenham es un gallo arrogante a horcajadas sobre un balón de fútbol, con el desafiante lema en latín *Audere est Facere* («Atreverse es hacer»). Bajo su presidente a principios de la década de 1990, el promotor inmobiliario Irving Scholar, fue uno de los cinco clubes que más activamente presionaron para la fundación de la Premier League. Los otros fueron el Arsenal, el Everton, el Liverpool y el Manchester United.

Durante un largo periodo en las dos primeras décadas de la Premier League, el Tottenham se vio superado por otros grandes clubes y terminó a mitad de tabla la mayoría de las temporadas. Pero incluso en sus difíciles primeros años en la Premier, seguía contando con algunos jugadores estrella. Uno de ellos fue el internacional alemán Jürgen Klinsmann, que pasó del Mónaco de Arsène Wenger a la Premier League en la temporada 1994/95 y fue nombrado Futbolista del Año por la Asociación Inglesa de Escritores de Fútbol.

Ha habido otros jugadores extranjeros que han pasado más tiempo y han tenido más éxito en la Premier, y que han dejado una huella más duradera o han marcado más la diferencia. Uno de los mayores importados de la era de la Premier League fue Thierry Henry, del Arsenal. Miembro de la selección francesa campeona del mundo en 1998, Henry marcó 174 goles en la liga en solo 254 partidos y ganó dos títulos de liga para los Gunners en las ocho temporadas que jugó en el fútbol de clubes inglés.

«Ritmo fulgurante, habilidad para el regate, disparos de cohete desde lejos o remates laterales desde dentro del área; Henry lo tenía todo», fue el veredicto de la web de fútbol Bleacher report que lo situó en el número uno de la clasificación de los 100 jugadores extranjeros de la Premier League.

Klinsman era guapo, atlético, combativo, hablaba varios idiomas y tenía un desarmante sentido del humor autodespreciativo, que ayudó a iluminar la Premier League en sus primeros días al llegar a un público masivo. Pocos alemanes tuvieron un impacto tan positivo en la disminución de los prejuicios contra los alemanes.

Klinsman ocupaba el puesto 53 en el ranking de jugadores del Premier, pero en la única temporada que jugó con los Spurs nadie ha tenido un impacto mayor en el transcurso de un solo año. Recuerdo a una distinguida periodista deportiva amiga mía de aquella época obsesionada con el jugador hasta el punto de tener fotografías suyas decorando su estudio, y sus niveles de excitación subiendo cada vez que tenía que cubrir un partido en el que jugara el alemán o hablara en una rueda de prensa.

Klinsman era guapo, atlético, combativo, hablaba varios idiomas y tenía un desarmante sentido del humor autodespreciativo, que ayudó a iluminar la Premier League en sus primeros días al llegar a un público masivo. Pocos alemanes tuvieron un impacto tan positivo en la disminución de los prejuicios de la conciencia futbolística nacional inglesa en un periodo tan corto.

El hecho de que Klinsman procediera de Alemania, el viejo enemigo de las dos guerras mundiales y rival histórico de la selección inglesa, convirtió en un noble logro su seducción de la afición del Totttenham, que contaba con una tradición de seguidores de ascendencia judía.

Klinsman tenía fama de clavadista, lo que era, como dijo un comentarista, «una blasfemia para un público inglés, acostumbrado a la sangre y las vísceras». Pero Klinsman respondió zambulléndose en la celebración tras marcar en un emocionante 4-3 contra el Sheffield Wednesday en la primera jornada de la temporada. El «Bombardero Dorado» solía asustar a los defensas rivales y a los aficionados por igual, y no había duda de su importancia para la reunificada selección alemana en 1994, cuando el delantero fue nombrado capitán.

Klinsman no tuvo problemas para adaptarse al fútbol de clubes inglés y demostrar su capacidad, y pronto se convirtió en una figura popular. Sin embargo, el presidente de los Spurs en aquella época, el empresario Alan Sugar, se resistió a las presiones de Klinsman para que se gastara más en jugadores más interesantes que le apoyaran.

Klinsman revelaría más tarde que pudo darse cuenta después de unos meses de que el Tottenham no tenía lo que hacía falta para aspirar a grandes trofeos, y que a lo más que podía aspirar era a terminar entre los seis primeros de la Premier. Los Spurs terminaron la temporada en séptima posición, manteniendo su creciente reputación de eternos fracasados.

Tras acabar la temporada en la Premier, Klinsman se marchó al Bayern de Múnich. Una vena despiadada en él le hizo decantarse por un club alemán que tenía más posibilidades de ganar su liga nacional y aspirar a una Copa de Europa.

Klinsman estaba destinado a dejar por el camino corazones rotos y equipos fracturados a lo largo de una carrera nómada. Los seguidores del Tottenham se engañaron creyendo que se quedaría al menos un año más y les conduciría a la gloria de antaño. Después de que Klinsman anunciara su marcha de Inglaterra, Sugar, el presidente del Tottenham, famoso por su brusquedad y su uso habitual de palabrotas, tiró la camiseta del jugador al suelo en una rueda de prensa, alegando que no la utilizaría para lavar su coche.

Como un periodista inglés, Andrew Antony, describió a Klinsman:

> «Astuto, cínico, histriónico, el alemán era la encarnación de todo lo que decíamos despreciar en el fútbol británico. Sin embargo, solo unas semanas después tenía a los medios ingleses, y a la nación en general, haciendo cola para alabar su ingenio autocrítico, su sofisticación multilingüe y su talento sublime. Ya no era un actor mercenario, sino un tipo con los pies en la tierra que conducía un VW Escarabajo, donaba dinero a obras benéficas y se preocupaba por el medio ambiente».
>
> ... «Desde el primer día de la temporada 1994/5 —cuando marcó en su debut en la victoria del Tottenham por 4-3 en el campo del Sheffield Wednesday y estrenó su célebre piscinazo de celebración— hasta su controvertida marcha 10 meses después, Klinsmann dominó el fútbol inglés como un semental en un club de ponis».

La transformación de Klinsman a ojos de los medios de comunicación ingleses quedó perfectamente plasmada en dos artículos de *The Guardian*. Uno, escrito en junio de 1994, se titulaba «Por qué odio a Jürgen Klinsmann». El otro, publicado un par de meses después, se titulaba «Por qué amo a Jürgen Klinsmann». Ambos fueron escritos por Andrew Antony.

Durante un largo periodo después de la marcha de Klinsman, hasta finales de la década de 2000, el Tottenham terminó en mitad de la tabla en la Premier League, antes de llegar a estar entre los cinco primeros. Con un equipo que incluía a las estrellas emergentes Gareth Bale y Luka Modric en el verano de 2010 (ambos estaban destinados a fichar por el Real Madrid), el Tottenham se clasificó para la Liga de Campeones por primera vez, casi medio siglo después de jugar la Copa de Europa en 1961/62, solo para perder ante el Real Madrid en cuartos de final.

Tras perder ante la Juventus en octavos de final en 2018, el club alcanzó la final de la Liga de Campeones en 2019, pero perdió ante el Liverpool de Jürgen Klopp en el estadio Wanda Metropolitano del Atlético de Madrid. El Liverpool borró la decepción de su anterior derrota en la final de la Liga de Campeones ante el Real Madrid al conquistar el tro-feo por sexta vez.

Después de que el club terminara séptimo en la 2020/21, durante la temporada 2021/22 Antonio Conte guio al Tottenman hasta el cuarto puesto de la Premier League, y de vuelta a una plaza de Liga de Campeones por primera vez en dos temporadas.

Entre los jugadores más destacados del fútbol inglés internacional y de clubes en los últimos años se encuentra Harry Kane, del Tottenham. Uno de los periodistas ingleses que ha seguido de cerca su carrera en la Premier League ha sido Barney Ronay, de *The Guardian*. «Ha sido fascinante seguirle, desde sus inicios como delantero centro de gran velocidad, cuando aún parecía un joven y ambicioso empleado de notaría eduardiano que quiere casarse con tu hija; hasta su encarnación actual como creador, perturbador, goleador y portador de todas esas frágiles esperanzas del Tottenham».

Al tratar de explicar el récord goleador de Kane en la Premier League, Ronay sugirió que el jugador se ha convertido en su propia innovación ofensiva en los últimos años, un delantero que no jugaba tanto entre líneas como ocupaba dos posiciones ortodoxas, el 9 y el 10, en rotación.

> «Kane, la evolución atípica, puede estar entre los últimos grandes goleadores de un solo club. Si el delantero se queda en el Tottenham, su carrera podría definirse por si es capaz de superar el récord de Alan Shearer en la Premier League».

Fue Shearer quien devolvió el sentimiento de identidad y orgullo nacionales cuando los primeros tiempos de la Premier League abrieron sus puertas a los extranjeros y a un volumen cada vez mayor de estrellas internacionales de calidad.

Como delantero del Blackburn Rivers en los primeros años de la Premier League, Shearer se ganó los aplausos por su capacidad goleadora y también como una distintiva estrella de la cantera que no mostró ninguna inclinación a convertirse en un expatriado. Mientras que Cantona, el francés que jugaba en el Manchester United, recogió el premio al mejor jugador del año de la liga inglesa de primera división, Shearer fue elegido mejor jugador por sus compañeros al año siguiente.

El contraste de personalidades entre Shearer y Cantona parecía abrir la brecha cultural entre Inglaterra y su vecino continental. «Para el delantero del Blackburn, las citas de filósofos franceses a lo Eric Cantona están descartadas. Las broncas a gritos con los periodistas están definitivamente fuera. Y las patadas de kung-fu con los dos pies a los hinchas son inimaginables. De hecho, sería difícil encontrar un contraste mayor entre dos futbolistas de talento brillante», escribió Glyn Wilmshurst en *The Game* en mayo de 1995.

Nacido en Newcastle, en el seno de una familia de clase trabajadora —su padre era obrero del acero—, Shearer jugó sus primeros años en la primera división con el Southampton, un equipo de bajo nivel. Comenzó en el banquillo de suplentes antes de convertirse en la promesa más sonada del fútbol inglés en abril de 1988, cuando debutó en Primera División con el club, y marcó tres goles. El *hat-trick* anotado por Shearer, que entonces tenía 17 años, significaba que había batido el récord de Jimmy Greaves de convertirse en el jugador más joven en marcar un triplete en la máxima categoría. Es un récord que aún se mantiene.

Durante cinco temporadas en el Southampton, el registro goleador de Shearer siguió siendo modesto, pero su potencial de estrella le hizo fichar por el Blackburn Rovers en 1992 por un traspaso récord de 3,6 millones de libras. Se perdió la mitad de la primera temporada de la Premier League tras romperse el ligamento cruzado anterior derecho. Sin embargo, no tardó en labrarse una reputación de máquina goleadora, intrépidamente físico, combativo en el juego aéreo y un devastador repartidor de goles.

La llegada de Shearer al Blackburn el 27 de julio de 1992, fue un factor decisivo para que el club ganara su primer título de liga en 81 años, bajo la propiedad del empresario local y aficionado de toda la vida Jack Walker.

Al volver en forma para la temporada 1993/94, marcó 31 goles en 40 partidos y el Blackburn terminó subcampeón. En la temporada siguiente formó una sólida pareja atacante con el también internacional inglés recién llegado del Norwich City, Chris Sutton, con 34 goles unidos a los 15 de Sutton, ayudando al Blackburn a arrebatar el título de la Premier League al Manchester United.

Tras quedar cuarto y luego subcampeón por detrás del Manchester United en las dos primeras temporadas en la Premier League, los 34 goles de Shearer en 42 partidos ayudaron al club a conquistar su primer título de liga desde 1914, haciendo que el Blackburn pasara de ser un luchador de segunda división a los supremos de la Premier League.

El «jefe» del Blackburn era el escocés Kenny Dalgish que, cuando hablaba de su equipo, tenía tendencia a asignar elogios al colectivo más que al individuo. Eso no se debía a que no apreciara a Shearer como jugador destacado, sino a que había sido educado en la creencia, cuando estaba en el Liverpool y el Celtic, de que ningún individuo es más grande que el equipo.

Shearer era el único jugador del Blackburn, y posiblemente de la selección inglesa, que poseía la habilidad técnica que Dalgish tenía de joven. Shearer era tan diferente a Cantona como la tiza y el queso, pero la filosofía de Dalgish de «Todos para uno y uno para todos» recordaba a *Los tres mosqueteros* del novelista francés Alexandre Dumas.

Proveniente de familia de clase trabajadora, Shearer jugó sus primeros años en la primera división con el Southampton, un equipo de bajo nivel. © Kevin North.

El Blackburn y el logro de Shearer ayudaron a recuperar la fe de Dalgish en el valor del fútbol después de que el éxito público de su reinado como entrenador del Liverpool diera paso a la tragedia pública, la de dos estadios, Hesyel y Hillborough, que dejó un total de 134 aficionados muertos. Fue Hillsborough, finalmente, lo que llevó a Dalgish a cuestionarse un deporte que había dominado su vida adulta. «Nada vale una muerte, y mucho menos 100», dijo antes de retirarse del juego durante siete meses. Fue entonces cuando el propietario del club, Jack Walker, le atrajo al Blackburn, no con dinero, sino con la oportunidad de construir un equipo ganador.

El Blackburn no pudo revalidar el título de la Premier League y el 30 de julio de 1996, por otro traspaso récord de 15 millones de libras (equivalentes a 30 millones de libras actuales), Shearer fichó por el Newcastle United, club de su ciudad natal y subcampeón de la Premier League, que había sido dirigido por su héroe Kevin Keegan antes de que Dalgish se hiciera cargo del equipo.

Fue en la primavera de 2006 cuando Shearer marcó un típico y potente penalti para el Newcastle contra el Sunderland, marcando el final de una era, en el que fue el último de sus 260 goles récord en la Premier League.

Quizás merezca la pena reflexionar brevemente sobre el ADN del Newcastle como club para comprender la importancia simbólica de tal objetivo. El Newcastle United ha sido considerado durante mucho tiempo como el «gigante dormido» del fútbol en Inglaterra, habiendo vivido sus últimos días de gloria en la década de 1950. Newcastle, en el extremo noreste de Inglaterra, es la ciudad más grande del país con un solo equipo de fútbol importante, y los seguidores del club son legendarios por su devoción. Incluso cuando el Newcastle militaba en la segunda categoría del fútbol inglés (la League Championship) en 2016/2017, el público local registró una media de más de 51.000 espectadores por partido, 19.000 más que el siguiente club, el Aston Villa. Y ello a pesar de una relación cada vez más deteriorada entre los aficionados y el propietario del club, Mike Ashley.

El Newcastle United ha sido considerado durante mucho tiempo como el «gigante dormido» del fútbol en Inglaterra, habiendo vivido sus últimos días de gloria en la década de 1950. Newcastle, en el extremo noreste de Inglaterra, es la ciudad más grande del país con un solo equipo de fútbol importante, y los seguidores del club son legendarios por su devoción. © Shutterstock.

Entre los rasgos distintivos de los seguidores de «Las Urracas» (el apodo procede de la franja blanca y negra del club) se incluyen:

Un odio endogámico hacia el club de fútbol Sunderland, el rival de tamaño más cercano; beber en cantidades una cerveza fabricada en su ciudad de gran contenido alcohólico, y la propensión a llevar la menor cantidad de ropa posible en las temperaturas bajo cero de los inviernos del noreste.

En el Newcastle, el propio valor de Shearer como jugador siguió aumentando. Alcanzó un nuevo récord de 140 goles y asistencias en 138 partidos de liga (112 goles, 28 asistencias) y, sin embargo, la única victoria del Blackburn en la Premier League sigue siendo también el único trofeo importante que ha ganado Shearer, a pesar de haberse convertido en el máximo goleador del fútbol inglés, con 260 dianas.

Shearer marcó 25 goles en su primer año en el Newcastle, mientras el equipo luchaba por conquistar el ansiado título de la Premier League, que seguiría eludiendo al club. Las Urracas acabaron segundas por segunda temporada consecutiva. Nunca volvieron a alcanzar estas cotas en las tres primeras décadas de historia de la Premier League.

Shearer se retiró al final de la temporada 2005/2006, después de que su registro goleador se ralentizara con las lesiones y el envejecimiento, para dedicarse a su carrera como respetado comentarista de fútbol en televisión.

Agüero fue el jugador de la Premier League que más cerca estuvo del récord de Shearer (181 goles), pero después de que el argentino abandonara el Manchester City, parecía como si el guante hubiera sido lanzado al mejor jugador del Tottenham, Harry Kane, para batir el récord de su compatriota inglés.

El ascenso a la fama de Beckham no fue un cuento de «de la pobreza a la riqueza», sino más bien una historia de éxito sin complejos, con autodisciplina, pura aspiración y determinación para lograrlo. © gerlaxg.

Iconos

La casa del número 43 de Hampton Road, en Chingford, donde nació David Beckham el 2 de mayo de 1975 y pasó sus años de infancia con sus padres —Ted, montador de cocinas, y su mujer, peluquera— no era ni un palacio ni una choza de hojalata. Era de ladrillo victoriano revestido de guijarros. Era una casa acogedora en un barrio acogedor.

El ascenso a la fama de Beckham no fue un cuento de «de la pobreza a la riqueza», sino más bien la historia de éxito sin complejos, con autodisciplina, pura aspiración y determinación para lograrlo que en su día convirtió a Margaret Thatcher, hija de un tendero, en una primera ministra en mayo de 1979 que gobernó el Reino Unido durante más de una década.

Beckham construyó una historia de éxito a partir de la única cosa en la que su padre, su madre, su hermana, sus amigos y sus profesores pensaban que sería bueno si solo se esforzaba en ello y podía contar con buenos mentores: el fútbol.

Cuando Beckham se trasladó a Manchester, no se produjo ningún desplazamiento traumático. Simplemente pasaba de una familia a otra, de una unidad protectora a un campamento base mucho mayor bajo el control de un comandante paternalista llamado Alex Ferguson.

Uno puede imaginarse que la vida de Beckham hubiera sido muy distinta si hubiera pasado su adolescencia en

Chingford, emborrachándose con sus amigos en el pub local, como solían hacer los jóvenes del condado de Essex los fines de semana. Ferguson comentó una vez que la vida de Paul Gascoigne habría funcionado mejor si se hubiera convertido en jugador del Manchester.

El hecho de que las cosas fueran de otra manera para Beckham se debió en parte a su padre Ted, un aficionado del Manchester United cuya lealtad al club se había desarrollado, como la de tantos otros de su generación en todo el mundo, a partir de la simpatía por los jugadores muertos en el accidente aéreo de Múnich en febrero de 1958. Otros aficionados al fútbol de Chingford apoyaban al Arsenal o al Tottenham.

Beckham, de niño recibió su primera camiseta del Manchester United como regalo familiar de Navidad. Su padre Ted le llevaba a ver al club siempre que venían a Londres a jugar fuera. El héroe futbolístico de Beckham, Bryan Robson, capitán del Manchester United, jugó en la época anterior a la Premier. Si Robson se convirtió en un modelo precoz para Beckham no fue por sus hábitos de bebedor empedernido, sino por su capacidad para llevar su propia vida de la manera que quería sin dejar de jugar bien al fútbol.

Más adelante en su carrera como entrenador del Middlesborough en los primeros días de la Premier League, Robson compró a Paul Gascoigne «Gazza» al Glasgow Rangers en la creencia de que el jugador que precedió a Beckham como la mayor estrella internacional del fútbol inglés tenía su talento futbolístico bien conservado. Pero fue una esperanza que resultó vana.

Las cualidades de Gazza como futbolista —su peculiar toque, su habilidad para el regate, su fuerza y su equilibrio—, combinadas con su comportamiento a menudo extravagante dentro y fuera del campo, le habían hecho enormemente popular entre los aficionados ingleses. Pero Gazza sucumbió a las presiones de la fama —alcohol, mujeres, presión mediática y sus propios demonios internos—, que hicieron picadillo cualquier talento con el que hubiera nacido.

En cambio, Beckham puede no haber nacido con un talento tan natural como el de Gazza, pero se las arregló, con más éxito, para proteger su fútbol de los demonios. Un primer vídeo de Beckham a la edad de ocho años, cuando jugaba en un equipo local de aficionados de Chingford llamado Ridgeway Rovers, capta la imagen de un niño —de complexión enjuta y con el pelo rubio de punta que sobresale en ángulos agudos— que sonríe mientras lanza una falta y la pasa por encima de la barrera y del portero hasta el fondo de la red.

En 1986, con once años, Beckham se inscribió en el Torneo de Habilidades Futbolísticas de Bobby Charlton y formó parte del equipo ganador en Old Trafford. El premio fue un viaje a Barcelona y la oportunidad de conocer al entonces entrenador del Barça, Terry Venables, y a dos de los jugadores británicos que había incorporado a la plantilla post-Maradona en el club catalán: Gary Lineker y Steve Archibald. «Quedé tan impresionado con el muchacho", recordó Venables más tarde, «que llamé a mi padre a Londres y le dije que le echara un ojo».

Los que ya habían puesto sus ojos en Beckham eran los ojeadores que trabajaban para el Manchester United. Beckham se incorporó al club con dieciséis años como aprendiz. Tres años más tarde, en abril de 1995, Beckham debutó en la Premier League con el primer equipo del Manchester United en un partido contra el Leeds.

El Manchester United vivía entonces un renacimiento de la mano de Ferguson. La ambición de la Premier League parecía hecha a la medida de Beckham. Las finanzas del club se habían visto reforzadas por el nuevo capital procedente de inversores públicos e institucionales tras su salida a Bolsa. El club se estaba convirtiendo en un negocio multinacional más que capaz de explotar sin piedad los días de gloria sobre el terreno de juego.

El nuevo director ejecutivo y máximo accionista de la

nueva Sociedad Anónima del Manchester United, Martin Edwards, desempeñó un papel destacado en la fundación de la Premier League —con su club entre los que encabezaban la lista de los veintidós clubes de la antigua primera división de la Football League—. La Premier League prometía un apasionante proyecto empresarial que permitiría a los mejores clubes del país negociar acuerdos más importantes con las empresas de televisión, empezando por el contrato de 304 millones de libras con BskyB, el canal por satélite que iba a tener un papel clave en la globalización del negocio del fútbol y de su afición.

Tales acuerdos suponían el riesgo de que los peces más gordos obtuvieran los mayores ingresos. Ferguson, basándose en sus raíces obreras de los astilleros de Glasgow y en sus simpatías políticas socialistas, fue inicialmente crítico. Describió los nuevos acuerdos de la Premier League como una «tontería».

Pero su comentario llegó a parecer un tanto irónico, dado que el Manchester United bajo la dirección de Ferguson pasó a dominar la primera década de la Premier League como ningún otro club lo ha hecho desde entonces, ganando siete de los nueve primeros títulos de la Premier, con el club cosechando los beneficios financieros del acuerdo televisivo que Ferguson había denunciado inicialmente, junto con los beneficios comerciales adicionales en patrocinio y venta de camisetas que supuso el establecimiento de una marca global.

Beckham pasó sus años de formación en el Manchester United junto a una generación de jugadores similares de la cantera —Ryan Giggs, Gary y Phil Neville, Nicky Butt y Paul Scholes— a los que Ferguson moldeó en un equipo ganador, pero fue Beckham, entre los de su generación, quien llegó a personificar las enormes oportunidades comerciales del creciente negocio del fútbol.

Al comienzo de la temporada 1996-97, Beckham marcó uno de los grandes goles de la historia de la Premiership: un disparo desde su propio campo, que se desvió y se coló como un misil en la red tras superar al portero del Wimbledon,

Neil Sullivan. Los comentaristas ingleses, llenos de un renovado orgullo nacional por el juego que su nación había inventado, señalaron con orgullo que se trataba de un tiro que Pelé había intentado una vez sin éxito.

El gol de Beckham alcanzó notoriedad internacional e hizo que los sofisticados del fútbol del sur de Europa y Sudamérica se fijaran en la habilidad y la visión de juego del jugador. Un mes después, Beckham fue ascendido a la selección inglesa, mientras que Gazza fue apartado de ella sin contemplaciones por Glen Hoddle, el nuevo seleccionador inglés, que describió a Beckham como un jugador «que ve primero el pase más lejano».

Pero el fútbol estaba destinado a ser solo una parte de la historia de los Beckham. El encuentro que iba a desencadenar la relación entre famosos más duradera del mundo del fútbol se produjo el 15 de marzo de 1997, cuando Victoria Adams, más conocida como «Posh», miembro del popularísimo grupo de cantantes las Spice Girls, intercambió números de teléfono personales con Beckham después de ver el partido del Manchester United contra el Sheffield Wednesday.

Como pareja pronto casados, los Beckham fueron seguidos con creciente obsesión por los *paparazzi*, la prensa sensacionalista, los documentalistas de televisión y las revistas de moda, que vieron en la combinación de un futbolista de talla mundial y una estrella del pop de fama mundial un regalo mediático hecho en el cielo. Seguirían las ventas de patrocinio y *merchandising* en grandes cantidades.

Como escribió Ellis Cashmore sobre Beckham como fenómeno cultural, el matrimonio convirtió a la estrella del fútbol en una celebridad polivalente:

> «La sinergia producida en la fusión de dos artistas, cada uno procedente de diferentes esferas del entretenimiento, creó nuevas posibilidades, quizá insospechadas, de *marketing, merchandising* y promoción en el deporte, el pop, la moda y, finalmente, el patriotismo».

Entonces sobrevino el desastre. En el partido de la Copa del Mundo de 1998 entre Inglaterra y Argentina, Beckham estaba tendido en el suelo tras ser derribado por Diego Simeone cuando de repente dio una patada al argentino, un gesto de impetuosa locura que le valió a Beckham una tarjeta roja. Inglaterra perdió contra Argentina en la tanda de penaltis y quedó eliminada del torneo.

Como resultado, Beckham se convirtió en el blanco conveniente al que culpar de una humillación futbolística nacional. En las semanas siguientes, fanáticos furiosos quemaron efigies de Beckham. Entre los más enfadados se encontraba una tribu en peligro de extinción, los aficionados masculinos blancos de clase trabajadora del West Ham.

El West Ham había gozado durante mucho tiempo de la reputación de ser uno de los grandes clubes de fútbol menos exitosos de la capital, al que a su afición no le importaba mucho si ganaba o perdía, pero que era el más arraigado en una comunidad. Pero el East End, de clase obrera, era un símbolo de una cultura que había ido desapareciendo rápidamente de la vida más multirracial y acomodada de Londres.

Los aficionados del West Ham cedieron a regañadientes a las presiones de su club para que suspendieran una protesta masiva contra Beckham que habían planeado, mostrando 10.000 tarjetas rojas. En última instancia, a medida que la Copa del Mundo se desvanecía en la Historia, la información negativa sobre Beckham tardó unas seis semanas en desaparecer de la agenda de los tabloides.

Beckham resurgió con su imagen no solo intacta, sino aparentemente reforzada como celebridad y jugador, reconocido por los seguidores del Manchester United como su Jugador del Año. Resultaría ser una historia de amor intermitente entre Beckham y la Premier League que terminó cuando el jugador se marchó al Real Madrid de los *Galácticos* de Florentino Pérez en el verano de 2003. El fichaje fue una historia anunciada. Tres años antes, en abril de 2000, el Manchester United perdió contra el Real Madrid en los cuartos de final de la Liga de Campeones, cuando los blancos resistieron en Old Trafford a una remontada tardía del Manchester United para imponerse por 3-2 en el global de la eliminatoria.

Beckham brilló cuando su equipo más lo necesitaba, mostrando creatividad y competitividad y marcando un gol de inteligente factura. Los seguidores del Manchester United no quedaron impresionados. A pesar de la sensación de supremacía de su club en la Premier League, el United había sido superado y no pudo defender su trofeo de la Liga de Campeones. Como el capitán del Manchester United, Roy Keane, describió más tarde al Real Madrid: «El Real Madrid era tan hábil técnicamente que estábamos persiguiendo sombras».

Tres años más tarde, los dos clubes se enfrentaron en cuartos de final de la Liga de Campeones. Beckham admitiría más tarde que se sintió sobrecogido como nunca cuando llegó para jugar en el Bernabéu: la magnitud del estadio, su sentido de la tradición, su historia de grandes partidos, su incomparable rendimiento en las competiciones europeas. La madre de Beckham, que vio el partido aquella tarde, tuvo allí mismo la premonición de que Beckham acabaría jugando algún día en Madrid. Y así sucedió después de que el Real Madrid ganara por un global de 6-5, con los campeones ingleses superados una vez más por los campeones españoles.

España nunca se había encontrado con un futbolista inglés con el estatus de celebridad de David Beckham. En el Real Madrid, Beckham tuvo que demostrar que era algo más que una marca, y que era digno de jugar en un club que había reunido a grandes estrellas de todo el mundo.

Tras ganar la liga española en 2007, Beckham siguió jugando para Inglaterra durante otros tres años y su estatus de «tesorero nacional» fue reconocido durante los Juegos Olímpicos de Londres de 2010, cuando portó la llama de Atenas y formó parte de la ceremonia de apertura mientras era transportado como un dios griego en una lancha rápida por el Támesis, pero su participación jugando para el fútbol de clubes inglés había terminado, y su marca se hizo más fuerte en el extranjero.

Durante su época de jugador, Beckham se convirtió en la marca más poderosa que jamás haya producido el fútbol inglés, pero la Premier League no le sacó suficiente partido. Ferguson admiraba la profesionalidad de Beckham como jugador, pero llegó a detestar su estatus de celebridad. © Shutterstock.

Durante su época de jugador, Beckham se convirtió en la marca más poderosa que jamás haya producido el fútbol inglés, pero la Premier League no le sacó suficiente partido. Ferguson admiraba la profesionalidad de Beckham como jugador, pero llegó a detestar su estatus de celebridad, creyendo, como aquel otro escocés Kenny Dalgish, que en el fútbol el colectivo siempre prevalece sobre el individuo.

* * *

El 19 de octubre de 2002, cinco días antes de cumplir 17 años y a menos de un año del fichaje de Beckham por el Real Madrid, Wayne Rooney marcó en el último minuto el gol de la victoria para el Everton que puso fin a la racha de 30 partidos invicto del Arsenal de Wenger, convirtiendo a Rooney en el goleador más joven de la historia de la Premier League y, al cabo del año, en el hombre más joven en jugar con Inglaterra.

Después del Everton, Rooney jugó en el Manchester United de 2004 a 2017, periodo durante el cual, jugando para el club y la selección, se ganó la reputación de ser el futbolista inglés más completo desde Bobby Charlton.

Nacido en Croxteth, un barrio pobre de Liverpool, Rooney, hijo de un jornalero ocasional, pasó sus primeros años de infancia en un piso de una habitación subvencionado por el Estado y dando patadas a un balón contra la pared de la casa de su abuela.

A los nueve años ingresó en la academia del Everton y poco después, en un partido de chicos contra el Manchester United, marcó con un tiro por encima de la cabeza desde 15 metros que hizo que los padres del equipo contrario rompieran a aplaudir.

Después del Everton, Rooney jugó en el Manchester United de 2004 a 2017. La popularidad de Rooney creció en parte porque «fue tratado como el auténtico contrapeso masculino a la construida belleza afeminada de Beckham» (Simon Cooper). © Shuttestock.

Rooney recibió una celebración similar durante una de las primeras sesiones de entrenamiento con Inglaterra, cuando el joven de dieciséis años regateó a jugadores mayores y mucho más experimentados y marcó un gol.

La popularidad de Rooney creció en parte porque, como escribe el escritor de fútbol Simon Kuper en su libro *The Football Men*, «fue tratado como el auténtico contrapeso masculino a la construida belleza afeminada de Beckham».

Pero Rooney era también el tipo de jugador que los aficionados ingleses llevaban esperando desde que Paul Gascoigne Gazza había pulsado el botón de autodestrucción: no solo marcaba goles, sino que tenía esa cosa rara en el fútbol inglés, un jugador que ve el espacio.

Pero, al igual que Gazza y a diferencia de Beckham, a Rooney no se le daba bien manejar la presión mediática que conlleva el estatus de celebridad. Cuando los tabloides informaron de que le gustaban las prostitutas, la relación con su esposa Coleen se puso tensa, y también sufrió el abuso de los aficionados, cuando sospecharon de su deslealtad por querer cambiar de club. La historia de la vida de Rooney se convirtió en una tarta de la que todos querían un pedazo.

* * *

El 25 de febrero de 2017, Harry Kane contribuyó a la victoria por 4-0 del Tottenham sobre el Stoke City con su tercer triplete en nueve partidos.

Kane, de tan solo 23 años, era considerado por los aficionados del Tottenham no solo como uno de los suyos, sino como un magnífico goleador. Algunos argumentaban que no era de clase mundial, otros que ni siquiera era el mejor delantero de Inglaterra, pero las cifras goleadoras hablaban por sí solas. Había marcado más de 20 goles en tres temporadas consecutivas y con el primero alcanzó los 100 goles con su club, a través de cesiones en el Leyton Orient, el Millwall y el Leicester City y, sobre todo, con el Tottenham.

«Harry tiene el perfil para ser una leyenda aquí», dijo el entonces entrenador del Totenham, Mauricio Pochettino, sobre un jugador que demostró lo completo que parecía ya en su capacidad para herir a los equipos rivales. «Es uno de los mejores delanteros del mundo. Es muy profesional y alguien con un carácter fuerte».

La buena noticia para el Tottenham fue que también parecía contento de permanecer en el club durante algún tiempo.

Kane nació en un año que marcó la primera temporada de la Premier League, el 28 de julio de 1993, en Walthamstow, al noreste de Londres, Inglaterra, hijo de Patrick Kane, de ascendencia irlandesa, y su esposa Kim.

«Era un chico encantador», dice Verna Denny, la asistente social de su escuela primaria, Larkswood. «Recuerdo que perdí un anillo que llevaba en el dedo meñique. Lo buscaba por todas partes y no lo encontraba. Harry lo encontró en el patio y me lo trajo. Aún lo conservo».

«Cuando pienso ahora en lo que ha conseguido, es absolutamente maravilloso. Cuando pienso que solía verle dando patadas a un balón en el patio y ahora juega con Inglaterra, es simplemente mágico».

Kane fue a una escuela secundaria de Chingford y jugó en el club juvenil local Ridgeway Rovers. Beckham, años antes, había ido a la misma escuela y jugó en el mismo club juvenil. Nick Zenonos, que jugaba en el Brimsdown, rival del Ridgeway, consideraba a Kane y a Beckham polos opuestos: «Kane no tiene el aspecto glamuroso de David Beckham y eso ha dado a los niños, sobre todo en esta zona, mucha esperanza. Saben que si trabajan duro podrían ser como Harry Kane; él lo ha conseguido, así que quizá ellos también puedan».

Otra diferencia con Beckham es que Kane era aficionado del Tottenham desde niño, mientras que los primeros sueños de Beckham eran con el Manchester United. Kane se formó futbolísticamente de niño en la academia del Arsenal, pero al cabo de dos años, en 2002, cuando la Premier League entraba en su segunda década, cambió a la academia del Tottenham.

Viniendo de una familia de acérrimos seguidores del Tottenham, y viviendo a la vista del estadio White Hart Lane del Tottenham, antes de que el club se trasladara a su nuevo estadio con capacidad para 62.000 espectadores en el mismo lugar en 2019, tenía sentido. Debutó con el primer equipo en un partido de la «UEFA Europa League» en agosto de 2011, pero tardó en dejar una huella distintiva.

Al principio de su carrera, Kane fue cedido a varios clubes ingleses: Millwall, Norwich City y Leyton Orient. Pero fue en el Tottenham donde Kane estaba destinado a forjar su carrera convirtiéndose en uno de los terceros máximos goleadores del club de todos los tiempos.

Harry Kane era diferente al estereotipo de las generaciones anteriores de futbolistas «famosos», con sus ostentaciones y complejidades psicológicas. El hecho de que diera la impresión de ser un tipo normal y humilde le convirtió en fuente de inspiración para muchos. © Shutterstock.

Sin embargo, a veces Kane parecía prosperar con las bajas expectativas. Un vídeo en su cuenta de las redes sociales le mostraba practicando, superpuesto con citas de sus detractores: «No lo conseguirá», «Luchó durante su cesión», «Maravilla de una temporada», «No es de clase mundial». La determinación para demostrar que los escépticos estaban equivocados parecía esencial para su éxito.

John Viggers, un aficionado del futbol inglés, fue uno de los primeros en ver de cerca a Kane, cuando fue enviado cedido por los Spurs al Leyton Orient, el otro club local, para jugar en la Liga Uno.

«Muchos jugadores del Tottenham llegaron cedidos al Leyton Orient: Andros Townsend, Tom Carroll, Harry Kane», contó Viggers al periodista futbolístico James Tapper en julio de 2018. «Kane era probablemente el menos espectacular, pero recuerdo que le decía a mi amigo: "Es el mejor de este grupo, va a brillar en el futuro"».

Viggers dijo que Chingford había cambiado desde la era Beckham.

> «Es cierto que hay menos banderas que antes. Creo que el interés por el fútbol está decayendo. Sé que se da mucho bombo a la Premier League, pero hay demasiado dinero en el fútbol: es un negocio. Por eso Kane destaca. Parece que se preocupa por los aficionados».

La temporada 2014/15 resultó fundamental para la carrera de Kane, ya que se convirtió en titular indiscutible en el Tottenham a las órdenes de Pochettino. Kane terminó como máximo goleador de las temporadas 2015/2016 y 2016/17 de la Premier League, y llegó a debutar con la selección absoluta de su país en un partido de clasificación para la Eurocopa 2016 en marzo de 2015.

Kane se casó con una amiga de la infancia y compañera durante mucho tiempo, Katie Goodland, licenciada universitaria, con la que tuvo tres hijos. Era discreto y carecía de carisma. La conocida historia familiar de Kane no tenía nada de especial: sus padres irlandeses se habían trasladado a Londres para tener a sus hijos y darles una vida mejor.

Como dijo una revista de famosos, «Harry Kane cree que su familia es lo más importante del mundo... un círculo de fuerza de amor. Es un gran hombre de familia».

Era diferente al estereotipo de las generaciones anteriores de futbolistas «famosos», con sus ostentaciones y complejidades psicológicas. El hecho de que diera la impresión de ser un tipo normal y humilde le convirtió en fuente de inspiración para muchos de los más civilizados entre los aficionados ingleses, pero también en el blanco de crueles bromas por parte de tribus hostiles de *hooligans*.

Entre los cánticos menos generosos que emanaron del núcleo duro de los aficionados locales en Stamford Bridge en agosto de 2022, en el primer encuentro de la temporada de la Premier entre el Chelsea FC y el Tottenham en Stanford Bridge, pocos fueron tan personales como el dirigido a Kane. «Deja de escupir cuando hablas», se mofaron de él.

Kane no escupía, hablaba con un ligero impedimento en el habla desde niño. En las batallas de la Premier League y en otros encuentros entre clubes, los aficionados del Chelsea se burlaban de su ceceo sin apenas tener en cuenta, y mucho menos respetar, el récord goleador del jugador y su integridad como capitán de la selección inglesa.

Fue Kane quien, como capitán más joven de la historia de Inglaterra en la Copa Mundial, se presentó a un escenario global en Rusia en el verano de 2018 y quien ayudó, con el joven equipo multicultural reunido por el seleccionador Gareth Southgate, a reavivar el idilio de los ingleses con el combinado nacional.

El sueño llegó a un final aplastante para Inglaterra en un estadio moscovita, ya que su primera participación en semifinales de la Copa Mundial desde hacía 28 años se saldó con la derrota ante Croacia, que acabó perdiendo ante Francia en la final. Pero los ingleses tienen un historial de hacer a veces heroicas las derrotas, y Kane salió del torneo con la reputación de haber liderado desde el frente con valentía y distinción, a diferencia de la salida de Beckham por tarjeta roja. Kane ganó la Bota de Oro por sus seis goles durante el torneo, igualando el récord de Gary Lineker en la Copa Mundial de México 1986 por el número de goles marcados.

Sus números en lo que a goles se refiere eran tan buenos o mejores que los de otros jugadores de élite de los principales clubes europeos, pero internacionalmente parecía estar aún a un paso o más de ser considerado una gran estrella digna de ocupar un lugar en la primera fila de los delanteros de élite del mundo. Kane seguía generando mucha menos cobertura entre los medios españoles que David Beckham en sus tiempos de jugador.

En cuanto al Real Madrid, una de las razones puede haber sido que desconfiaban de tratar con otro jugador del Tottenham, y el presidente del club, Daniel Levy, de su experiencia no del todo feliz con Gareth Bale.

El Tottenham, dada su falta de trofeos en la Premier League, estaba muy por detrás de los grandes como el Manchester City, el Manchester United y el Chelsea. Un comentario que se leía en los medios ingleses era que, a pesar de todos los titulares y aplausos que Kane había recibido en Inglaterra, no se había producido ese momento sobresaliente que le catapultara a la conversación mundial

Y sin embargo, en 2020, el delantero inglés se había convertido en uno de los delanteros más prolíficos de la Premier, con una precisión probada ante la portería y la capacidad de enlazar bien con otros delanteros.

Kane pasó un verano difícil en 2021. Sobre el terreno de juego, él y su compañero, el coreano Heung-Min Son, fueron la única nota positiva en una temporada desdichada para el Tottenham. Pero fuera del terreno de juego, Kane se vio envuelto en una saga sobre un posible traspaso, que no se materializó, al Manchester City.

La saga se prolongó durante algún tiempo hasta que los medios ingleses informaron de que el Manchester City no estaba dispuesto a alcanzar la valoración de 150 millones de libras que el presidente del Tottenham, Daniel Levy, había hecho del jugador.

Solo bajo el mandato de Antonio Conte, que sustituyó a Nuno Espírito Santo como seleccionador en noviembre, el capitán de Inglaterra pareció alegrarse de que le tendieran un salvavidas para quedarse en el Tottenham.

En enero de 2022, Comte reforzó su confianza en Kane como miembro clave del equipo. Declaró a los medios futbolísticos ingleses: «En primer lugar, estamos hablando de una muy buena persona y de un muy buen hombre. Y creo que esto es lo más importante. Estoy feliz de tenerle en mi equipo porque seguro que estamos hablando del mejor jugador, un delantero top en el mundo, y si queremos ganar o si queremos pensar en construir algo para ganar, Harry debe estar ahí. Es un referente en el vestuario y un jugador experimentado. Estoy totalmente entusiasmado con su participación en el equipo y en el proyecto del Tottenham».

El extenso *culebrón* sobre si Kane podría fichar por el Manchester City tuvo lugar mientras el capitán inglés llevaba al equipo de Gareth Southgate al borde del primer trofeo de Inglaterra en 55 años, solo para quedarse agónicamente corto en una derrota en la tanda de penaltis ante Italia en la Eurocopa.

El partido contra los italianos en Wembley en julio de 2021 se vio ensombrecido por cientos de gamberros borrachos que irrumpieron a través de los cordones de seguridad antes y durante el partido mientras la policía y la seguridad perdían el control. Enormes multitudes de alborotadores habían abarrotado el recinto del espectáculo durante horas antes del saque inicial a las 20:00 horas del 11 de julio, bebiendo abiertamente y, en algunos casos, esnifando cocaína después de que se suavizaran las restricciones de Covid.

Kane condenó el comportamiento, y también el abuso racista en las redes sociales de los tres jóvenes jugadores ingleses negros que fallaron sus penaltis en la tanda final. Afirmó que el equipo no quería tener nada que ver con el tipo de aficionados que dirigieron sus insultos a los jóvenes jugadores que fallaron desde el punto de penalti.

«Merecen apoyo y respaldo, no el vil abuso racista que han recibido desde anoche», dijo Kane. «Si insultas a alguien en las redes sociales, no eres un seguidor de Inglaterra y no te queremos».

Cuando Kane cumplió 29 años en julio de 2022, en vísperas de una nueva temporada, las especulaciones sobre traspasos retrocedieron y se declaró comprometido al menos una temporada más con el Tottenham, el club de su infancia al que había dedicado la totalidad de sus años de plenitud.

La decepción de la derrota ante el Liverpool en la final de la Liga de Campeones disputada en Madrid en junio de 2019 aún pesaba sobre su conciencia. Antes de ese partido, el entonces entrenador del Tottenham, Pochettino, apostó por el capitán inglés a pesar de que no jugaba desde el mes de abril anterior por una lesión de tobillo, sustituyendo al héroe del triplete en semifinales, Lucas Moura. Kane ofreció una actuación muy mediocre y no tuvo ningún impacto contra el equipo de Klopp.

Al comienzo de la nueva temporada 2022/23, Kane aún no había ganado ningún trofeo importante con el Tottenham, cuyo último trofeo de plata se remontaba a la temporada 2007/08, cuando el club ganó la *Copa Carabao* doméstica. Pero en un frenético mercado de fichajes veraniego, el Tottenham había reforzado su plantilla en apoyo de Kane,con algunos fichajes impresionantes y tenía en su último entrenador, Antonio Conte, a un ganador probado que había regresado a la Premier League para ganar más trofeos. (Conte fue reemplazado por su asistente Cristian Stellini en marzo 2023 después de ser eliminado el Tottenham de la Champions por el AC Milan).

Kane se estaba jugando su carrera persiguiendo la noble tarea de conducir al Tottenham hacia un trofeo, cualquier trofeo. Como escribió el escritor de fútbol de *The Guardian*

Barney Ronay: «Esto convierte a Kane en una nota de interés, en una auténtica estrella fuera de la élite; y quién sabe, quizá en el último gran goleador de un solo club, ahí fuera en pos de su propia ballena blanca».

Según el autor Simon Kuper, hay dos tipos de futbolistas ingleses, los de la clase obrera y los de la clase baja. También están los feos y los guapos.

Kane procedía de la clase trabajadora y era razonablemente guapo, una mezcla de gaitero celta y guerrero anglosajón. Lo que le faltaba, porque lo ha evitado deliberadamente y también porque no le salía de forma natural, era el carácter de una celebridad en toda regla. Pero Kane había evitado convertirse en víctima de las presiones de la fama que han hecho que mejores jugadores derrocharan su talento mientras lidiaban con la polémica y, en algunos casos, con el escándalo.

Los expertos de la televisión

Sentados en altos taburetes en un estudio de televisión respondiendo a las preguntas de periodistas selectos, cuatro envejecidos y bien conservados Roy Keane, Micah Richards, Jamie Carragher y Gary Neville podrían parecer los miembros de una *boy band* antaño juvenil que anuncia su regreso, pero también son un recordatorio de que aún hay vida después de jugar en la Premier League.

La ocasión es un anticipo de la nueva temporada del popular espacio semanal *Monday Night Football*, en Sky TV, que analiza los partidos del fin de semana del campeonato de liga de fútbol más rico y poderoso del mundo. Sky Sports era uno de los cuatro titulares de los derechos de la Premier League en su nueva temporada 2022/23: los otros eran BT Sport, Amazon Prime y la BBC. Los que se vieron ese lunes eran solo una muestra del creciente número de expertos que ayudan a acercar la Premier League a una audiencia masiva y diversa en pubs, bares deportivos y salones de casa, entre ellos mujeres y miembros asiáticos y negros de la sociedad inglesa que se sienten intimidados por el matonismo y los insultos racistas que a veces afloran en los estadios en los partidos en directo.

Los cuatro expertos que he mencionado solían jugar al más alto nivel del fútbol inglés y europeo. Cuando les llegó la jubilación, se enfrentaron a las limitadas opciones a las que se enfrentan los hombres cuya edad les ha colocado por encima de la forma física necesaria para afrontar la intensa competición del fútbol de élite. Solo un grupo selecto de jugadores tiene la psicología o las aptitudes necesarias para convertirse en entrenadores de equipos de élite, pero el conocimiento y la experiencia y un poco de entrenamiento decente en habilidades comunicativas pueden abarcar una gran audiencia televisiva.

Los comentaristas y la cobertura del fútbol inglés se habían convertido en 2022 en una operación mucho más sofisticada tecnológicamente de lo que era antes de la Premier League, con tomas multiángulo e ilustraciones diseñadas gráficamente, repeticiones instantáneas y estadísticas que en los viejos tiempos habrían quedado enterradas en un polvoriento archivo. Los comentaristas pertenecen a un mundo muy diferente al que habitaba el legendario comentarista de fútbol de la BBC Kenneth Wolstenholme, que falleció en 2002, a los 81 años, justo cuando la Premier League entraba en su segunda década.

Wolstenholme fue uno de los pioneros de las retransmisiones deportivas europeas de posguerra, en una época en la que la BBC, como corporación pública, tenía prácticamente el monopolio del fútbol inglés. Se convirtió en el primer comentarista del programa *Match of the Day* de la BBC, que en los tiempos modernos tenía una competencia mucho más dura por los telespectadores.

El comentario más famoso de Wolstenholme fue «creen que todo ha terminado... ahora sí» al final de la victoria de Inglaterra sobre Alemania en la final de la Copa Mundial de 1966. Fue la voz del fútbol inglés durante casi un cuarto de siglo en la BBC, enormemente respetado por los jugadores y los aficionados que sintonizaban la cobertura radiofónica y televisiva terrestre.

La audiencia televisiva y de internet actual adopta una mayor diversidad para reflejar mejor el creciente papel de la mujer en el deporte y de las minorías étnicas, definidas de otro modo por la página web oficial del gobierno británico como británicos no blancos.

Uno de los expertos modernos más conocidos es el irlandés Keane, que fue capitán del Manchester United durante los últimos años de Ferguson. Keane puede ser tan combativo y franco como lo era cuando era jugador, aunque, suavizado por el tiempo, insiste en que no guarda rencor e intenta ser escrupulosamente justo en los partidos a pesar de una perdurable capacidad para lanzar una granada de mano en la piscina de bolas.

Hacia el final de la temporada 2021/22, Keane declaró sin pestañear en una retransmisión en directo que había hasta seis jugadores del Manchester United que no deberían volver a representar al club después de que los Diablos Rojos fueran superados en el derbi del domingo por la tarde, cuando dos goles, de Kevin De Bruyne y Riyad Mahrez, propulsaron al Manchester City de Guardiola a una victoria por 4-1.

Como dijo Neville, uno de los antiguos compañeros de Keane en el United: «No tienes que estar de acuerdo con nada de lo que Roy Keane haya dicho nunca; ni tienes que apreciar nada de lo conseguido en su carrera cargada de trofeos. Pero no puedes vivir sin él. *Keano* es el principal encendedor de la opinología futbolística».

Ciertamente, tanto Keane como Neville no se andan con remilgos a la hora de criticar las malas actuaciones, incluso del club en el que una vez jugaron con orgullo, aunque Neville está ahí en parte para comprobar y contrarrestar cualquier atisbo de parcialidad por parte de Carragher, cuya *alma mater* es el Liverpool, donde pasó sus diecisiete años como jugador.

Richards, exestrella del Manchester's City, es inglés de ascendencia caribeña antillana, un recordatorio de que aquellos cuyos antepasados fueron discriminados como inmigrantes no bienvenidos de la Commonwealth han seguido carreras de éxito en el fútbol como jugadores en el campo y animadores fuera de él.

Otros exjugadores negros que se han reconvertido en comentaristas televisivos famosos son exinternacionales como el exjugador del Arsenal Ian Wright y el exjugador del Manchester United Rio Ferdinand.

El grupo antirracista *Kick It Out* organiza sesiones para aspirantes a locutores como parte de su programa *Raise Your Game*, un intento de ampliar el acceso social en todos los ámbitos de la industria del fútbol. Para el director ejecutivo de *Kick It Out*, Tony Burnett, la falta de diversidad perjudica a los telespectadores. «En una sociedad multicultural, es de vital importancia que haya una variedad de talentos trabajando en la industria, tanto para inspirar a la próxima generación como para ofrecer una mejor comprensión del propio deporte», afirmó.

«Podría decirse que ser comentarista de fútbol en la televisión británica es el mejor trabajo del mundo. Te sientas en un cálido estudio o al lado del campo en un partido, ves fútbol, hablas de ello y te pagan. Pero ser comentarista es como ser defensa: cualquiera puede dedicarse a ello y realizar una actuación mediocre, pero la verdadera maestría requiere horas de oficio. Los mejores comentaristas no se limitan a explicar lo que está sucediendo, sino que le hacen a uno sentirse parte del acontecimiento; sacan a la luz cosas en las que uno nunca habría pensado fijarse, incluso en un partido sin goles, puede que simplemente se quejen de forma entretenida sobre el potencial de un jugador», escribió Mark Wright, periodista de la revista inglesa de fútbol *FourFourTwo*.

En 2021, esta popular revista inglesa de fútbol situó a Wright, Richards y Ferdinand en los puestos cinco, seis y ocho de la clasificación de los diez mejores expertos televisivos de la Premier League. Una mujer de raza mixta, exfutbolista estrella, Alex Scott ocupaba el puesto número 4. Scott nació en el este de Londres de madre británica con ascendencia norirlandesa, inglesa y judeo-lituana y padre jamaicano. Considerada en su día una de las mejores y más peligrosas laterales femeninas del país, Scott fue una pieza clave en el flanco derecho de la defensa tanto del Arsenal como de la selección inglesa durante más de una década.

A pesar de haber tenido que sufrir comentarios misóginos y racistas a través de las redes sociales, Scott declaró que sentía que era su responsabilidad cambiar las percepciones cuando se unió a un panel de la BBC para los campeonatos europeos femeninos del verano de 2022, que atrajeron audiencias récord mientras las «leonas» inglesas avanzaban hacia su histórica victoria.

Alan Shearer encabezaba la clasificación como goleador de todos los tiempos de la Premier League cuando era jugador y ahora como su comentarista más respetado, tras haber realizado una transición perfecta de goleador a analista en el programa de la BBC *Match of the Day*. Shearer, que hablaba sin pelos en la lengua, era un valor excelente para cualquier tipo de comentario sobre los movimientos o los remates de los delanteros y se mantenía especialmente atento a cualquier indicio emergente de que la delantera de viejo cuño en su molde pudiera estar experimentando un resurgimiento que algunos creían que se estaba produciendo, incluso bajo el mandato de Guardiola. Como Jonathan Wilson señaló a principios de la temporada 2022/23, el nuevo fichaje del Manchester City, Erling Haaland, parecía representar un cambio de enfoque del técnico catalán, con el noruego jugando más como delantero ortodoxo que como falso 9.

Mientras que los resúmenes de la Premier League en el canal SKY, solo para abonados comerciales, son la elección popular de las masas, en una época de crisis del coste de la vida, su rival, el programa de fútbol estrella y perdurable *Match of the Day* de la BBC cae bien entre las clases medias que lo encajan después de cenar, tras haber visto las noticias de las 10 de la noche.

El programa *El partido del día* de la Premier League, en el arranque de la nueva temporada en el verano de 2022, seguía estando protagonizado por el veterano internacional inglés Gary Lineker, exjugador del Leicester City y del Tottenham, al que los aficionados más veteranos *del Barça* recuerdan con cariño desde los años 80, cuando se ganó el apodo de «Matador» y Terry Venables era su entrenador. En 2016, Lineker recordó en una entrevista que probablemente fue uno de los jugadores mejor pagados del mundo cuando estaba en el Barcelona, «ganando allí en un año lo que los grandes jugadores ganan ahora en una semana».

Como jugador, Lineker debió su popularidad no solo a sus proezas como delantero, sino también a su notable historial de limpieza; nunca fue amonestado por un árbitro por juego sucio. Guapo, culto y agradable, se convirtió en el presentador deportivo más importante y mejor pagado de la televisión británica.

En el partido de fútbol de clubes más importante del mundo, Gary Lineker marcó un triplete en El Clásico, en el que el FC Barcelona derrotó al Real Madrid por 3-2 en el Camp Nou. Tan memorable actuación se produjo en la primera temporada de Lineker en la Liga, tras su fichaje por el Everton después del Mundial de 1986.

El delantero nacido en Leicester se hizo con la bota de oro del Mundial de México, al marcar 6 goles con Inglaterra, que fue derrotada en cuartos de final por la Argentina de Diego Armando Maradona. Tras colgar las botas, Lineker se convirtió en uno de los rostros más reconocibles de las retransmisiones deportivas mundiales.

Lineker abandonó los Spurs antes del comienzo de la primera temporada de la Premier League y terminó su etapa como jugador en Japón, en el Nagoya Grampus. En un país que, hasta que la selección inglesa femenina ganó la Eurocopa en el verano de 2022, llevaba más de 50 años sin conquistar mundiales ni eurocopas, él ostenta el récord de goles con Inglaterra en la fase final de la Copa Mundial.

Como jugador, Lineker debió su popularidad no solo a sus proezas como delantero, sino también a su notable historial de limpieza; nunca fue amonestado por un árbitro por juego sucio. Guapo, culto y agradable, Lineker, gracias a algunos buenos consejos y al entrenamiento, utilizó sus conocimientos y su talento natural para hacer la transición a la radiodifusión en horario de máxima audiencia.

Se convirtió en el presentador deportivo más importante y mejor pagado de la televisión británica. En 2022, llevaba más de un cuarto de siglo siendo el presentador de *Match of the Day*, el programa de resúmenes de la Premier League de los sábados por la noche, visto por millones de personas. Su condición de presentador mejor pagado de la BBC, con 1,35 millones de libras al año, contribuyó a convertirle en una figura más controvertida, ya que Inglaterra se ha convertido en una nación más dividida social y políticamente en un clima económico desfavorable.

Lineker llegó a personificar las tensiones y divisiones del Brexit y la preocupación por el medio ambiente, que ha dejado pocas áreas de la sociedad británica sin afectar. Las directrices de la BBC recomiendan que sus empleados aspiren a la imparcialidad. Lineker se defendió diciendo que podía airear sus opiniones personales porque el suyo era un programa deportivo, no político, y que tenía un contrato de *free-lance*, por lo que estaba sujeto a normas diferentes.

El otrora *cool Britannia* de los años 90, «Mr Nice Guy» del fútbol inglés, fue reinventado por los hostiles medios sensacionalistas de derechas como la voz de la aborrecida élite liberal, envidiado por ganar uno de los salarios más altos de cualquier empleado de la BBC, y vilipendiado por los *trolls* en las redes sociales por condenar el voto británico a favor de abandonar la Unión Europea, defender los derechos de los refugiados frente a las políticas «racistas» del Partido Conservador y acusar a Boris Johnson de carecer de integridad como político.

En diciembre de 2021, Lineker utilizó su popular cuenta de Twitter para calificar de «imperdonable» la poco veraz rendición de cuentas de Johnson por haberse ido de fiesta a su residencia oficial durante la cuenta atrás de la COVID. Y en agosto de 2022, mientras el país se cocía en el verano más caluroso de la historia, criticó a los diputados conservadores que votaron en contra de imponer a las compañías de aguas la obligación legal de reducir los vertidos de aguas residuales a los ríos y al mar.

Durante más de dos décadas, más que los legendarios años de Wolstenholme en la BBC, Lineker ha sido el suave *frontman* de *Match of the Day*, un natural para el programa de televisión de máxima audiencia, con sus resúmenes de la Premier League de los sábados por la noche vistos por millones de personas.

Los tabloides populistas y rabiosamente nacionalistas como *The Sun* y *Daily Mail* le odiaban. The *Sun*, el diario nacional de mayor venta en el Reino Unido, salpicó una vez su portada con un artículo en el que afirmaba que Lineker estaba «vendiendo mentiras» con sus comentarios en defensa de los niños refugiados. Entonces, ¿cómo provocó semejante tormenta el más seguro de los zalameros, que nunca recibió ni una tarjeta roja ni amarilla? Fue la pregunta que le hizo a Lineker un periodista del *Financial Time*s cuando *The Sun* lanzó su diatriba contra él.

Volvió la respuesta de Lineker. «La única razón por la que se hinchó un poco fue porque la prensa se hizo eco de ello y decidió que yo no tenía derecho a ningún tipo de opinión, lo que obviamente es una tontería porque todo el mundo tiene derecho a tener opiniones. Simplemente sentí que la Unión Europea, de acuerdo, tiene sus debilidades, pero en el momento en que empezó a meterse en un pequeño lío salimos corriendo. Lo curioso es que no me considero especialmente liberal. Simplemente creo que soy algo humanitario. Siempre me ha interesado la política; siempre la he seguido muy de cerca, pero nunca he ofrecido realmente mis puntos de vista. Supongo que entrar en Twitter te da una especie de plataforma para hacerlo si lo deseas».

Sus *tweets* a veces eran tan clínicos y brutales en su entrega como sus goles, pero no siempre daban en el blanco como pretendía, como cuando en el verano de 2022 se vio obligado a borrar un polémico *tweet* tras la victoria de la selección femenina de Inglaterra en la Eurocopa de 2022.

Se trataba de Chloe Kelly, que desató el éxtasis en el estadio de Wembley con el gol de la victoria, solo cuatro meses después de volver a la acción tras una lesión. El gol desencadenó una oleada masiva de emoción en toda la nación, y muchos tomaron las redes sociales para aclamar a las Leonas por su éxito.

La celebración de Kelly —quitándose la camiseta y haciéndola girar salvajemente sobre su cabeza mientras mostraba un sujetador deportivo Nike— fue un momento icónico, tanto de liberación como de victoria.

Tras el pitido final, Lineker escribió en Twitter: «Las @ Lionesses han ido y lo han logrado, y Kelly es la heroína de Inglaterra, nadie más».

El *tweet* erizó algunas plumas, con las mujeres en particular tomando la excepción. Periodistas y aficionados siguieron reaccionando incluso después de que el *tweet* fuera borrado, con la periodista independiente Flo Lloyd-Hughes respondiendo: «De un hombre que ha tenido tanto poder e influencia y nunca lo ha utilizado para apoyar el fútbol femenino. ¡Vaya!». Otra persona tuiteó: «En serio Gary... el mayor momento del fútbol femenino y eliges hacer una broma sobre su sujetador deportivo, dale a tu cabeza». Otros comentarios le acusaron de «sexismo casual».

Tras esa reacción, Lineker, insistió en que no se dejaría intimidar para autocensurarse aunque borrara el *tweet* alegando que sus críticos no habían entendido el contexto de su comentario. «Fue solo un juego de palabras dada la celebración. Hago tonterías como esa constantemente aquí (Twitter), incluso sobre el fútbol masculino. Lo he borrado, ya que mucha gente no vio el partido y se perdió el contexto».

Para algunos sectores de la prensa británica, que siempre habían disfrutado de una relación de amor-odio con Lineker la celebridad, la eliminación de su *tweet* fue un momento de humillación para saborear. Pero en poco tiempo, estaba de nuevo en antena, dirigiendo un debate sobre la próxima temporada de la Premier League.

Para *Match of the Day* Lineker viajaba de la capital inglesa a los estudios de la BBC en Manchester en tren y regresaba a menudo antes de que acabara la noche en coche a su casa de Londres. Su mundo de celebridades bien pagadas era muy diferente al de su infancia en Leicester, cuando una vez le dijo a un periodista que su familia de clase trabajadora «se dejaba la piel todo el tiempo».

De hecho, era hijo de un propietario de un puesto de mercado votante de Tory, y Lineker recibió su segundo nombre Churchill, en recuerdo del líder británico en tiempos de guerra, con quien compartía el mismo cumpleaños.

Aunque Lineker estaba en contra del Brexit, el condado de Leicester, junto con muchos aficionados al fútbol ingleses blancos de clase trabajadora, votó a favor de salir de la

Unión Europea en el referéndum. Como comentó un periodista del *Financial Times*, «Como jugador y ahora como locutor, Lineker ha sido testigo directo de la transformación del fútbol inglés, que ha pasado de ser un deporte más conocido por sus terrenos hostiles y sus campos embarrados a convertirse en un negocio de entretenimiento mundial repleto de estrellas, en el que incluso jugadores bastante corrientes pueden disfrutar de estilos de vida multimillonarios».

En una entrevista con el periodista del David Bond publicada en diciembre de 2016, dijo que se sentía perfectamente cómodo defendiendo los altísimos salarios que se ganan en el negocio del fútbol. «El fútbol da tanto a tanta gente, es tan importante para la gente y todos los aficionados de todos los clubes quieren que su club fiche a un gran jugador. Si eres el mejor en lo que haces en el mundo del espectáculo o del deporte te pagarán bien, así es como funciona. Se puede discutir todo el día que también hay gente que hace cosas más importantes en el mundo y que no cobra nada bien, pero no hay nada que los futbolistas puedan hacer al respecto».

En antena, se le seguía pidiendo periódicamente como punto de referencia o contraste que recordara, como antiguo jugador estrella, los momentos culminantes de su carrera como futbolista, partidos del Tottenham, Copas del Mundo, Barça...

Sin embargo, a pesar de toda su gloria sobre el terreno de juego y de las recompensas de su vida en la televisión, un acontecimiento perduró en su memoria como quizá la experiencia más gozosa y mágica de su vida deportiva: el día 2 de mayo de 2016, en que el Leicester City, el club en el que nació, ganó su primer campeonato de la Premier League.

Hooligans

¿Qué tienen los aficionados ingleses masculinos al fútbol que les ha valido la reputación de ser unos borrachos violentos?

Le debo a mi antiguo colega del *Financial Times*, Brian Groom, una perspectiva histórica que nos lleva siglos atrás. La vida en la frontera anglo-escocesa no era para los pusilánimes. Un partido de fútbol a seis en 1599 entre hombres de Bewcastle, en Inglaterra, y los Armstrongs de Whithaugh, en el lado escocés, fue seguido de «beber mucho» y una emboscada frustrada. El resultado final fue de dos muertos, treinta prisioneros y muchos heridos, sobre todo John Whitfield, cuyas entrañas salieron, solo para ser sembradas de nuevo.

Como señala Groom en su libro *Northerners: A History, from the Ice Age to the Present Day* (2022) a la Edad Media en las Islas Británicas le siguieron muchos años de guerra fronteriza cuando ingleses y escoceses se disputaban la frontera. Para los residentes de la frontera, los combates podían ser brutales, con casas y pueblos de ambos lados saqueados e incendiados.

La rivalidad más enconada de la liga escocesa, la que enfrenta a los dos clubes más grandes del país, el Rangers y el Celtic, tiene sus raíces en el sectarismo religioso, reflejo de los años de disturbios civiles y terrorismo de Irlanda del Norte (Rangers-protestantes; Celtic-católicos), mientras que las duraderas batallas tanto fuera como dentro del césped de la Premier League al sur de la frontera tienen que ver con el lugar de Inglaterra donde uno nació o pasó la mayor parte de su vida.

Desde mediados del siglo diecinueve, el norte de Inglaterra, con una clase obrera industrializada en expansión al servicio del Imperio, lideró al mundo en el desarrollo del fútbol como juego para las masas. La región destacaba por su cultura del sentimentalismo y el consumo excesivo de alcohol, sobre todo los fines de semana, en gran medida como evasión del duro trabajo en las fábricas, las minas y los astilleros, lo que confería a la rivalidad entre los clubes de la región una intensidad particular.

El norte de Inglaterra no inventó el Association Football basado en reglas —Londres lo hizo—, pero puede presumir de haberlo convertido en un deporte profesional para espectadores. Las principales empresas de apuestas deportivas, Littlewoods y Vernons, eran compañías del norte. Las quinielas basadas en la predicción de los resultados de los partidos de alto nivel se fundaron en Liverpool en la década de 1920.

El fútbol se afianzó en la región norte de Inglaterra, Yorkshire y Lancashire. El Sheffield FC, fundado en 1857, está reconocido por la FIFA como el club más antiguo del mundo.

La Asociación Inglesa de Fútbol intentó inicialmente ilegalizar el profesionalismo, pero lo aceptó en 1885. La Liga Inglesa de Fútbol se creó en 1888. Los doce miembros fundadores procedían del norte y de las Midlands, y dominaron la Liga hasta la década de 1920, cuando contaba con ocho equipos. El norte aportó al menos el 50 % de los clubes de la Liga de Fútbol en todo momento antes de 1920, y normalmente entre el 40 % y el 45 % hasta finales de la década de 1970, cuando la cifra descendió a cerca del 35 %. La proporción sigue siendo más o menos la misma hoy en día en las cuatro primeras divisiones de Inglaterra, incluida la Premier.

La rivalidad entre los dos condados más grandes de la región —Lancashire (Manchester) y Yorkshire (Leeds)— era conocida como la *Guerra de las Rosas*, una referencia no al *flower power hippie*, sino a los sangrientos encuentros entre casas reales en la época medieval que fueron inmortalizados en la saga teatral de la nación y el poder imaginada por el gran icono literario inglés William Shakespeare.

En el condado septentrional de Lancashire, los enfrentamientos entre los dos grandes equipos Liverpool y Manchester United, que durante mucho tiempo compitieron por ser considerados campeones, tienen una historia de abusos mutuos anterior a la Premier. Durante la década de 1980, el extremo Stretford del Old Trafford del Manchester United se mofaba de los liverpudianos sin trabajo con «Firma, firma y nunca conseguirás trabajo». Más tarde, las gradas del estadio Anfield del Liverpool respondieron con «Solo hay un Harold Shipman», en referencia a un médico afincado en Manchester que a principios del nuevo milenio fue declarado culpable de los asesinatos de 15 mujeres mediante inyecciones letales de diamorfina, y se calcula que drogó hasta la muerte a innumerables personas más, desde niños a jubilados, el asesino en serie inglés más prolífico de la historia moderna.

Cuando en el verano de 2022 le pregunté al anglófilo escritor español Ignacio Peyro qué recordaba del fútbol de la Premier durante sus cinco años como director del Instituto Cervantes de Londres, me contó un acontecimiento que se le había quedado grabado en la memoria. Fue cuando fue a ver un partido entre el Newcastle, club del norte, y el Chelsea, del sur, en Stamford Bridge.

> «Era media mañana y me encontré con un grupo de hinchas del Newcastle desnudos desde los desechos hacia arriba ya borrachos agitando la camiseta y coreando —¡y eso que estábamos en pleno invierno!—. Lo que pensé fue que los hinchas más alborotadores y violentos eran probablemente alrededor del quince por ciento del total de asistentes —así que hasta cierto punto era una escena «controlada»—, pero no pude evitar preguntarme cómo debía ser el fútbol inglés en los días previos a la reforma de los estadios de la Premier League y al acceso ilimitado al alcohol».

Stamford Bridge era uno de los varios estadios de la Premier League que contaban con bares que servían alcohol en los pasillos, donde los aficionados podían beber todo lo que quisieran antes de pasar al estadio principal sin alcohol para ocupar sus asientos. Muchos de los aficionados con entradas ya habían bebido en grandes cantidades en los pubs cercanos en las horas previas al partido.

He conocido a muchos civilizados amigos españoles abstemios cuyas ocasionales incursiones en el corazón y el alma del fútbol inglés cuando visitan la tierra de la *Pérfida Albión* salen escandalizados de la borrachera gamberra.

A lo largo de muchos años de seguir el fútbol tanto en España como en Inglaterra, recuerdo algunos de los prejuicios de tribus como los *boixos nois,* y los *ultra surs,* pero las tribus siempre han sido más numerosas y ruidosas en Inglaterra.

Tal vez la diferencia sea que las tribus inglesas tienen raíces más profundas en la historia local al igual que sus clubes. También está la gran cantidad de cerveza que consumen los aficionados ingleses sin comer y el régimen relativamente flexible que adoptan la policía y las autoridades de los clubes a la hora de permitir el consumo de alcohol.

En el verano de 2022, un amigo mío español José Luis Hens, que casualmente era aficionado del Betis, fue a ver un partido en el campo de uno de los recién ascendidos a la Premier League, el Brentford FC. Me envió un correo electrónico después señalando las extrañas normas sobre la bebida que encontró.

Escribió: «Mientras haya un buen director deportivo y buenos profesionales, el Brenford FC es una idea increíble, pero no le veo futuro a largo plazo. Mucho respeto, mucha tolerancia, pero también muchas tonterías, como por ejemplo venderte alcohol dentro del estadio, pero que te lo tengas que beber de un trago en los vomitorios ya que ese mismo alcohol que has comprado se supone que es el que no podrás disfrutar mientras ves a tu equipo. ¿No sería más fácil no vender alcohol, en absoluto? Si bebes, no conduzcas o no vayas al fútbol, porque si bebes seguirás sin poder cumplir a raja-tabla, ya que parece que los encargados de la seguridad se supone que tienen órdenes de hacer cumplir esos seis valores que el señor Thomas Frank, el admirable entrenador danés propone como inspiración del noble proyecto del Brentford FC en la Premier League: «Unión, respeto, honestidad, confianza, profesionalidad y humildad».

Walter Oppenheimer, que ha vivido y respirado tierras anglosajonas como escritor de *El País*, gran parte de su vida profesional, ofreció un interesante análisis de los hábitos de consumo de alcohol de los aficionados al fútbol, como diría Valle Inclán, «desde la perspectiva de la otra ribera», en este caso un español residente en Inglaterra. Como escribió Oppenheimer hacia el final de la temporada 2021-22 de la Premier League:

> En España se da por sentado que los ingleses son clasistas, pero los españoles, con su clima mediterráneo y su bonhomía natural, se llevan bien con todo el mundo y, a la hora de tomar una copa, no distinguen entre ricos y pobres, de clase alta o baja, de piel oscura o clara. En realidad, al menos en lo que se refiere al consumo de alcohol en los estadios de fútbol, los ingleses tratan a los ricos exactamente igual que a los pobres, mientras que en España los ricos o influyentes con acceso a un palco pueden beber, pero los pobres condenados a las gradas no tienen derecho a consumir alcohol».

Sin duda, es una verdad establecida que el fútbol y el alcohol van mal juntos y que la violencia en las gradas desaparece si también desaparece la cerveza —haciéndose eco de la denuncia del aficionado del Betis en el Brentford FC—. Sin embargo, se da la paradoja de que en Inglaterra, con una historia legendaria de violencia en el fútbol, se puede beber alcohol en el pasillo de los estadios mientras que en España, donde solo ha habido problemas ocasionales, está prohibido desde 1990.

En el verano de 2022, al iniciarse una nueva temporada de la Premier, se me ocurrían factores atenuantes. Había más controles de los que podía ver un observador inexperto, desde el uso de cámaras de seguridad en los estadios ingleses para anticiparse a los indeseables, hasta el gran número de *stewards* bien entrenados que podían apoyar a la policía para sofocar cualquier disturbio menor antes de que estallara una batalla mayor.

Pude encontrar pocas pruebas de que el hecho de que un partido comenzara por la mañana o por la tarde durante un día laborable o el fin de semana supusiera una gran diferencia en Inglaterra, donde cualquier aficionado sabía que podía conseguir cerveza a cualquier hora del día o de la noche.

El hecho es que los aficionados ingleses han desarrollado a lo largo de muchas décadas el hábito de beber mucho como parte de su unión tribal previa al partido, y son más hostiles, intolerantes y revoltosos en los estadios locales de lo que cabría esperar de la democracia liberal más antigua de Europa.

Los aficionados ingleses también tienen un historial probado de exportación de sus peores hábitos. Recuerdo haber visto a un grupo de seguidores del Manchester United ocupando una popular «cervecería» cerca de la Plaza de Cataluña de Barcelona la noche anterior a un partido de la Liga de Campeones en el Camp Nou.

Vi a los ingleses ocupar el bar a media tarde, colocando sus emblemas y coreando como un ejército que reclama un territorio —su sentido del derecho, atrayendo hacia sí alguna identidad subconsciente de nación, que admira a las tropas británicas por su valor y resistencia lejos de casa, remontándose a los legendarios merodeadores que habitaban tierras sajonas—.

Cuando volví a pasar por delante del bar, cerca de medianoche, estaba destrozado, cada botella, vaso, silla y mesa rotos: los ingleses aún dentro, bailando y cantando en euforia tribal, la propietaria española en la acera, llorando.

En sus observaciones sobre la cultura violenta del fútbol inglés, publicadas en 1992 —año de fundación de la Premier League— bajo el título *Among the Thugs*, el periodista estadounidense Bill Burford se asombraba de la complicidad de la tolerancia que la hacía posible. La policía estaba preparada para manejar a miles de personas ebrias y ruidosas, y los responsables de las estaciones de tren levantaron barricadas para facilitar la circulación de la población ebria.

Sin embargo, Burford también escribió que los ingleses de clase trabajadora, muy a menudo jóvenes blancos, expresaban su descontento con su situación económica actual arremetiendo contra su entorno inmediato tras un acontecimiento futbolístico. Las personas que actúan como *hooligans* son más propensas a sentirse inestables en el mundo y mal acogidas en entornos corporativos; también se sienten muy amenazadas por la globalización. Prefieren explicar cualquier contratiempo personal que experimenten como culpa de «el otro» (normalmente alguien que no es blanco) o de un aficionado contrario del color que sea, en lugar de sus propios fallos.

Los *hooligans* con los que se encontró Burford eran tanto una mirada al pasado como al futuro y parecían representar un peligro claro y presente para los aficionados más moderados que querían simplemente disfrutar de un partido. Burford se preguntaba por qué las familias insistían en pagar para asistir a lo que a menudo era un acontecimiento miserable. Después de asistir a partidos por todo el país, confesó haber descubierto que comprendía el ritual tribal. Era adictivo. Hacia el final de *Among the Thugs*, Burford se plantea por qué los jóvenes ingleses estaban tan ansiosos por iniciar un motín. Llegó a la conclusión de que los efectos de los disturbios producen endorfinas en el cerebro similares a la ingesta de drogas. En pocas palabras, se amotinan porque es divertido. También es una forma instantánea de sentir que están conectados con su comunidad y que pueden actuar de una forma más amplia que ellos mismos. Estos beneficios positivos no les llegan, en su situación social, por lo que actúan como si la sociedad no les diera nada más allá del estadio.

A lo largo de las décadas de 1960 y 1970, la violencia en el fútbol se limitó en gran medida a los estadios de fútbol, pero la tendencia a trasladarse al exterior ha ido en aumento desde entonces. Un punto de inflexión en la historia del gamberrismo futbolístico inglés fue el desastre de Heysel de 1985, en el que una «carga» de aficionados del Liverpool contra seguidores rivales de la Juventus provocó el derrumbe de un muro, con el resultado de 39 muertos. Los equipos ingleses fueron expulsados de las competiciones europeas de clubes hasta 1990.

En la década de 1990, tras la introducción en Inglaterra de los estadios de todos los asientos, a raíz del desastre de Hillsborough, casi toda la violencia en el fútbol se produjo fuera de los estadios.

Quizá uno de los factores más significativos en la reducción del problema del gamberrismo haya sido el creciente interés por este deporte desde la década de 1990 y la afluencia de enormes sumas de dinero a la Premier League. Al mismo tiempo, la influencia de la mejora de la tecnología y los métodos policiales, junto con una nueva falta de voluntad para tolerar el gamberrismo, lo han alejado de la corriente principal y lo han convertido en sus nuevas formas menos manifiestas.

Si el hooliganismo disminuyó en escala y alcance globales, siguió produciéndose en formas nuevas y a veces más alarmantes. Como señaló Paul Macinness de *The Guardian*, durante la temporada 2021/22, con una persistente amenaza de resurgimiento de nuevas cepas de Covid, si había algo en lo que todo el mundo en el fútbol inglés podía estar de acuerdo, era en que había niveles desconcertantes de desorden en los partidos: se ignoraban las reglas, las medidas de seguridad llevaban a las detenciones que se realizaban con regularidad. El periódico enumeraba como solo una «muestra» de los incidentes denunciados por la policía durante la temporada en la que Inglaterra salió del cierre patronal, peleas entre aficionados del Tottenham y del West Ham en dos ocasiones; proyectiles lanzados desde las gradas en los partidos del Everton en Goodison Park y del Chelsea en Stamford Bridge y pirotecnia prohibida en los asientos de otros estadios. Hubo invasores de campo en el Norwich, el Leicester y el Arsenal (más de una vez); problemas en las calles de Nottingham tras el partido del derbi local con el Leicester y 18 detenciones antes, durante y después de un partido entre el Middlesbrough y el Derby. También se produjeron disturbios en Wembley en el verano de 2021, la noche de la primera final de campeonato de la selección inglesa desde 1966.

Las estadísticas publicadas por la unidad policial de fútbol del Reino Unido (UKFPU) informaron de un aumento del 47 % en las detenciones respecto al mismo periodo de la temporada 2019-20 y de un incremento del 36 % en las denuncias de desórdenes en los partidos.

Los encierros intermitentes mantuvieron a la gente en sus casas durante 18 meses y fuera de los estadios durante casi una temporada y media. Una vez que cesaron las restricciones de Covid pareció producirse una liberación de la energía contenida y un aumento de lo que Geoff Pearson, profesor titular de derecho penal en la Universidad de Manchester y destacado experto en gamberrismo futbolístico, denomina comportamiento «carnavalesco» con la transgresión como núcleo.

> «Sí creo que ha habido un aumento pospandémico del comportamiento antisocial y de los desórdenes molestos de bajo nivel en general», declaró Peterson a *The Guardian* en febrero de 2022. «Recuerde que es delito entrar en un campo de fútbol estando borracho. También es delito participar en cánticos indecentes. Tirar botellas de plástico o sus pintas al aire también es ilegal... estos son más bien los delitos de desorden de bajo nivel que estamos viendo, y son vistos [por los aficionados] como transgresores más que como deliberadamente delictivos.

> Hay una subcultura que va al fútbol, principalmente chicos y desde adolescentes hasta sesentones, que van en busca de una experiencia transgresora. Ver el fútbol es solo uno de los elementos importantes de la jornada. Emborracharse absolutamente de cualquier manera, cantar a coro, pasar el rato con los compañeros, expresar tu identidad y volver

con un montón de historias que te ayudarán a superar la semana laboral es de lo que se trata».

La doctora Martha Newson, antropóloga cognitiva de las universidades de Oxford y Kent que ha investigado la cohesión social y los aficionados al fútbol, afirmó: «Existe una transición sin fisuras entre la cultura del fútbol y el resto de la sociedad. No hay ningún tipo de desfase. Es simplemente un espejo instantáneo de lo que le ocurre a la sociedad, pero amplificado debido a este estado ritual y de alto efecto en el que te encuentras [como aficionado]. Hay una enorme tensión en el país en estos momentos, así que sale a relucir en el fútbol».

Si la Premier League sigue siendo admirada por el fútbol de alta calidad que ha producido fue porque la policía inglesa, apoyada por los clubes, no hizo un mal trabajo durante la mayor parte de las temporadas a la hora de controlar a los elementos potencialmente más violentos entre los aficionados. Y a juzgar por la experiencia de la final de la Liga de Campeones de 2022 entre el Liverpool y el Real Madrid, quedó claro para los aficionados ingleses que la policía inglesa era más avanzada y profesional que la francesa.

La final de la Liga de Campeones, en París, enfrentaba a dos pesos pesados del fútbol europeo. Debía ser una ocasión gloriosa. No lo fue. El partido quedó eclipsado por el descenso al caos de su organización, con gases lacrimógenos, policía antidisturbios y miles de adolescentes abalanzándose. La ruptura del comportamiento civilizado entre jóvenes franceses, en su mayoría alienados socialmente, fue el recuerdo predominante para muchos aficionados ingleses y españoles decentes que asistieron.

¿Quién tuvo la culpa de los problemas de público en la final de la Liga de Campeones?

Según relatos de testigos presenciales, en todas las caóticas acometidas por las calles de Saint-Denis no había camisetas del Liverpool o del Real Madrid, ni voces inglesas o españolas. El apoyo itinerante acudió solo por ese motivo: para apoyar a su equipo. Fueron los jóvenes locales de los barrios pobres los que aparecieron para saltar las puertas del estadio y luego inundaron los alrededores. La mala gestión, la falta de comunicación y la tergiversación en torno a la seguridad y las entradas contribuyeron a una situación peligrosa que podría haberse convertido en algo mucho peor.

A principios de la temporada 2022/23, el nuevo fichaje del Manchester City, Erling Haaland, parecía representar un cambio de enfoque de Guardiola, con el noruego jugando más como delantero ortodoxo que como falso 9. (c) Shutterstock.

La máquina del dinero

Mientras los ingleses se preparaban para una crisis del coste de la vida cada vez más profunda en otoño de 2022, un sector de su sociedad, la Premier League, estaba vivita y coleando en su 30 año de aniversario.

Olvídese de los agoreros del Brexit, de las astronómicas subidas de los precios de la energía, de las incertidumbres de la guerra en Ucrania, del clima más recalentado a nivel mundial que se recuerda. Los estadios ingleses se llenaron hasta la bandera, millones de personas sintonizaron sus televisores, y los megaclubes se enzarzaron en una frenética carrera de compraventa de estrellas con traspasos récord en pos de triunfos en competiciones nacionales e internacionales, y acuerdos de retransmisión y patrocinio más lucrativos.

Mucho antes del cierre de la ventana de traspasos de verano, la Premier League había gastado más de 1700 millones de euros con extranjeros entre los grandes fichajes: Darwin Núñez al Liverpool (75 millones de euros), Casemiro (70 millones de euros) y Antonio (100 euros) al Manchester United, Erling Haaland al Manchester City (60 millones de euros), Raheem Sterling (47 millones de libras) al Chelsea y Gabriel Jesús (45 millones de libras) al Arsenal.

La firma por parte de la Premier League de un acuerdo televisivo de 2700 millones de libras por seis años con Comcast NBC, parte del mayor conglomerado multinacional estadounidense de telecomunicaciones, no solo impulsó la facturación de la liga por encima de los 6000 millones de libras en 2022, sino que también marcó el momento en el que los ingresos por derechos audiovisuales extranjeros superaron a los nacionales.

Como señaló el autor David Goldblatt, reflexionando sobre las tres décadas de ascenso hiperglobal de la Premier League: «Primero, la Premier League superó a la audiencia nacional. Después, el XI extranjero al completo que alineó el Chelsea en 1999 anunció la globalización del mercado laboral de la liga; ahora los jugadores extranjeros constituyen las tres cuartas partes de las plantillas de los clubes. Los directivos extranjeros, antes totalmente ausentes, son ahora mayoría, al igual que los propietarios extranjeros, que poseen participaciones mayoritarias en 16 de los 20 clubes».

La propiedad puede ser un tema polémico para todas las partes interesadas de un club de fútbol, pero especialmente para los aficionados al fútbol. Hubo días aciagos en abril de 2021 cuando los propietarios de 12 de los clubes más grandes de Europa, incluidos seis de la Premier League, desvelaron sus planes para crear una competición independiente que rivalizara con la Liga de Campeones de la UEFA. En solo tres días, los planes fueron echados por tierra por una rebelión encabezada por los seguidores ingleses de algunos de los principales clubes de la Premier League.

Las filtraciones del plan de la Superliga hacían que los poderosos ejecutivos de los clubes describieran a los seguidores del fútbol nacional como «aficionados del legado». La sugerencia era que algunos propietarios de clubes percibían el apoyo tradicional en casa como un pariente pobre de una afición de sillón en el extranjero o de los «aficionados del futuro».

Lo que la Superliga tenía en mente era maximizar los beneficios a través de una expansión global con clubes afines a los que solo se podía acceder por invitación. Pero se encontró con la reacción de los aficionados de los clubes implicados, así como de políticos, órganos de gobierno como la UEFA y clubes que se sentían marginados.

La indignación de los aficionados por los planes de la Superliga, que preveía una erosión gradual de las lealtades basadas en la comunidad y la creación de un nuevo mundo dominado por un grupo selecto de clubes ricos y partidos en directo que solo podrían ver en directo aquellos que pudieran permitirse el viaje y el elevado precio de las entradas, aireó otra narrativa, la de cómo los aficionados habían sido cómplices de la evolución del negocio del fútbol inglés, en connivencia con la controvertida propiedad extranjera de algunos clubes, y vitoreaban desde las gradas.

En Stamford Bridge, en 2022, menos de un año después de la revuelta de los aficionados contra la SuperLeague, los seguidores del Newcastle United arremetieron contra sus homólogos del Chelsea con una pancarta en la que se leía «Somos más ricos que vosotros».

En octubre de 2021, el multimillonario empresario minorista británico Mike Ashley había vendido Newcastle por 305 millones de libras al riquísimo Fondo de Inversión Pública de Arabia Saudí, un adjunto apenas disimulado del régimen saudí. A la pregunta de por qué los habitantes del desierto, entre cuyas aficiones favoritas se encontraban las carreras de caballos y la halconería, se habían interesado por un símbolo aparentemente en declive del orgullo obrero del noreste de Inglaterra, el escritor de fútbol inglés Jim White tenía una respuesta. «Porque ellos (los saudíes) saben muy bien que con cada desafío que el nuevo club turbo haga por los trofeos, y con cada victoria, consiguen una gigantesca bañera gemela para lavar la reputación de una de las dictaduras menos atractivas del mundo... Al respaldar a un puñado de futbolistas afincados en Inglaterra y encantadoramente ataviados con camisetas diseñadas para parecerse a códigos de barras, les hará parecer inversores benévolos, ayudando a revivir a un gigante dormido muy querido de una institución cívica. Menos bichos raros religiosos asesinos; más románticos deportivos... En el mundo del deporte moderno, el dinero habla. Y la gente menos atractiva es la que habla más alto», escribió White en su columna de la revista *The Oldie* en agosto de 2022.

Justin, un aficionado del Newcastle me dijo : «En 2021 un hombre de negocios inglés, el jefe de Sports Direct, Mike Ashley vendió su propiedad de 14 años del club a un consorcio respaldado por Arabia Saudí por 300 millones de libras. Puede que hubiera cierto recelo sobre el origen de los fondos que sin duda afluirían al club como resultado de la adquisición. Pero la mayor preocupación de los aficionados era deshacerse de Ashley después de 14 años en los que percibían una falta crónica de inversión y una mala gestión, y ver progresar a su club hasta una posición en la que pudiera aspirar a títulos en lugar de tener que luchar contra el descenso cada temporada. Por ello, los aficionados del estadio del Newcastle, St James' Park, estaban muy ilusionados ante la llegada de una nueva era en la rica historia del club».

Tal vez fuera cierto que los aficionados ingleses al fútbol seguían rindiendo culto en los templos de los estadios de St James's Park del Newcastle, Etihad del Manchester City o Emirates del Arsenal, como sus antepasados lo hacían en la iglesia. El deporte rey no era exactamente el opio de las masas, como decía Karl Marx, sino que lo mantenían vivo quienes podían permitirse abonos de temporada asombrosamente caros o quienes estaban dispuestos a enriquecer a los accionistas de Comcast abonándose a Sky Sports.

Según el experto en fútbol inglés mejor pagado, Gary Lineker: «El fútbol no es una religión. Pero esta cerca de serlo para mucha gente. No quieren que se juegue con eso».

¿A qué precio su alma? En los últimos tiempos, los aficionados ingleses han acogido con satisfacción las transfusiones de grandes sumas de dinero, sin cuestionar su procedencia, y los traspasos que dan lugar a salarios semanales de seis cifras, y los jugadores que manchan las camisetas no con sangre y lágrimas, sino con logotipos de patrocinadores, algunos de los cuales tientan a los financiera y psicológicamente vulnerables a apostar con un dinero con el que no tienen para pagar las facturas, y mucho menos para sostener la educación de sus hijos.

Una teoría es que la Superliga europea fue idea de una vieja guardia de clubes de élite agobiados por las deudas y encabezados por el Real Madrid, el FC Barcelona y la Juventus, cuya motivación central era resistirse al ascenso de los *nuevos ricos,* como el Manchester City y el París Saint-Germain, ambos financiados con el dinero del petróleo de los países del Golfo y capaces de recurrir a un capital sin precedentes para asegurarse los mejores talentos.

Para sobrevivir, la vieja guardia quería inclinar el campo de juego a su favor. Su propuesta consistía en una competición entre 20 equipos, delimitada para incluir a 15 miembros fundadores cada año, más cinco que se clasificarían en función de sus actuaciones en los últimos cinco años, en lugar de por sus logros temporada a temporada en su liga nacional. Esto habría convertido la competición en algo parecido a la NFL y la NBA en Estados Unidos, que cuentan con los mismos equipos cada año. ¿Por qué protestaron los aficionados?

Porque los planificadores de la Superliga cruzaron una línea roja, a saber, que cualquier equipo debería poder ascender a lo más alto solo por su rendimiento. Esto era, por supuesto, un disparate. El terreno de juego se ha inclinado durante mucho tiempo a favor de los equipos con los montones de billetes más gordos.

Además, el plan alternativo de la UEFA consistía en ampliar la Liga de Campeones, lo que podría implicar dar plazas a los clubes históricamente exitosos que no se clasificaran, lo que la convertiría en una superliga en todo menos en el nombre.

Cabe señalar que el desarrollo de la Premier League hasta convertirse en una gran marca mundial ha resultado más exitoso que el de otras ligas, y también ha contrarrestado la tendencia de las empresas y el comercio del Reino Unido que, a pesar de la promesa del Brexit de Boris Johnson de volver a hacer grande a Gran Bretaña, sigue sin conseguir que la raza isleña alcance el nivel de superioridad moral que inspiró Churchill como líder de guerra que se enfrentó a Hitler.

Como señalaba un informe de Brand Finance en 2021, la promesa de invertir en un club en forma de ampliación del estadio, mejora de las instalaciones de entrenamiento y aumento del gasto en el mercado de fichajes era una propuesta lucrativa. «No hay mayor prueba de los beneficios de una gran inversión de un propietario extranjero que la del Manchester City, que desde que pasó a manos del Abu Dhabi Investment United Group ha ganado cinco títulos de la Premier League, dos Copas de la FA y 6 Copas de la Liga. Los beneficios de las grandes inversiones, que los propietarios extranjeros tienen el potencial de realizar, se extienden también más allá del terreno de juego, ya que la comunidad del Gran Manchester se beneficia del aburguesamiento de la zona».

Sin embargo, el argumento en contra de la propiedad extranjera era que había algunos inversores que carecían de una comprensión profunda y de respeto por las tradiciones y la historia de un club de fútbol, lo que desarrollaba malas relaciones con los aficionados.

En agosto de 2022, miles de aficionados del Manchester United marcharon a Old Trafford antes del partido del lunes por la noche contra el Liverpool en protesta por la propiedad del club por parte de la familia estadounidense Glazer, propietaria del club desde 2005. Durante la marcha se exhibió una pancarta de «United en venta» con una foto del multimillonario británico sir Jim Ratcliffe, que parecía tener una mayor conexión emocional con el United y había indicado que estaba interesado en comprar el club.

El partido de liga que el United jugó en casa contra el Liverpool en mayo de 2001 fue aplazado a causa de las protestas de los aficionados. El encuentro debía disputarse a puerta cerrada debido a la pandemia de coronavirus, pero miles de seguidores del United se congregaron en el exterior del estadio en las horas previas al inicio programado y unos 200 hinchas irrumpieron después en el estadio.

Como explicó Dan Coombs, escritor de la página web de los aficionados de los Diablos Rojos *United in Focus*: «Los

Glazer son los únicos propietarios del fútbol inglés que sacan dividendos para pagarse a sí mismos, cobrando alrededor de 11 millones de libras dos veces al año. La deuda del club asciende a 500 millones de libras, y no está más cerca de saldarse. Los ingresos del United simplemente se destinan a pagar los intereses de la deuda, en lugar de reducirla».

La idea romántica en torno a la cual giran muchos aficionados es que los jugadores que visten los colores de su club se han comprometido de algún modo con unos valores y una identidad de validez perdurable. La sensación de hermandad es un sentimiento que requiere una importante suspensión de la incredulidad, afirma el escritor de fútbol Jonathan Wilson.

> «Los jugadores se marcharán en busca de mejores ofertas. Los clubes se desharán de los jugadores que ya no necesiten con la misma rapidez... El fútbol es un mundo brutal y mercenario, la sensación de que de algún modo importa no se basa del todo en una ficción, sino en algo que es, en el mejor de los casos, fugaz y efímero».

Los aficionados del Chelsea, que protestaron contra la Superliga, corearon en apoyo de Abramovich incluso mientras el ejército y la aviación de Putin golpeaban a los ucranianos, antes de dar la bienvenida al nuevo propietario del club, un consorcio liderado por el copropietario del club de béisbol Los Angeles Dodgers, el financiero estadounidense Todd Boehly, cuya adquisición en una operación de 4250 millones de libras, fue la mayor de cualquier club de fútbol en la historia.

La suma, superior a los 790 millones de libras pagados por la familia Glazer por el Manchester United, uno de los rivales del Chelsea en la Premier League, liberó al Chelsea de las restricciones del gobierno británico relacionadas con las sanciones impuestas a Abramovich, propietario del club durante casi dos décadas.

Como parte del régimen de sanciones del Reino Unido contra los fondos rusos, el Chelsea no pudo adquirir o ceder jugadores ni renegociar los contratos con los miembros de la plantilla mientras operaba con una licencia especial. La intervención del gobierno británico en las pocas semanas que duró fue lo más cerca que ha estado un club inglés de ser nacionalizado en los treinta años de existencia de la Premier League. Parecía una situación muy extraña, pero revivió los sueños frustrados que tenían algunos aficionados ingleses de hacerse con una mayor propiedad de sus clubes.

El nuevo propietario, Boehly, capitalista y no socialista, no perdió el tiempo y se lanzó a un derroche de gastos: Wesley Fofana, Raheem Sterling, Kalidou Koulibay, Carney Chukwuemeka, Marc Curcurella y Pierre-Emerick Aubamayang fueron adquiridos por el Chelsea a cambio de importantes traspasos en el arranque de la nueva temporada. El Chelsea fue el club que más gastó en la Premier League en el verano de 2022, con un récord de un total estimado en 261 millones de libras (el United fue el segundo que más gastó) y un total récord para el conjunto de los clubes de la primera división inglesa, superando la marca de los 2000 millones de libras cuando se cerró la ventana estival a principios de septiembre.

Como muchos otros negocios, los ingresos de los clubes de fútbol ingleses cayeron en picado durante el primer año completo de la pandemia, pero al comienzo de la nueva temporada en 2022/23 la Premier League parecía más rica que nunca.

El Brexit tampoco pareció afectar negativamente a la Premier League. Con el Brexit, el objetivo declarado del gobierno británico era asumir el control de sus fronteras, su dinero y sus leyes, protegiendo al mismo tiempo su economía, su seguridad y su unión. En la práctica, fueron sectores como la movilidad de estudiantes y empleados con salarios más bajos, el comercio de ciertos bienes y el turismo los que se vieron afectados negativamente. Pero los temores de que la contratación de jugadores internacionales y las ventas en las que participa la Premier League se vieran afectadas de forma similar con el nuevo Brexit, poniendo fin a la libertad de circulación entre el Reino Unido y la UE, no se materializaron.

Wenger, el francés que se ganó el corazón y la mente del Arsenal como uno de los entrenadores más inteligentes y pioneros de la Premier League, ya advirtió en junio de 2020 (el Reino Unido había votado a favor de abandonar la UE en 2016) que el Brexit podría tener un impacto negativo en el fútbol inglés de primera división, prediciendo que podría provocar que los mejores jugadores se fueran a otros países en lugar de a Inglaterra. El mercado de fichajes de 2022/23 demostró que estaba equivocado.

A diferencia de los clubes ingleses de las divisiones inferiores, los megaclubes más ricos parecían tener pocas dificultades para participar activamente en el mercado de fichajes extranjero, mientras que la publicidad de la Premier League en su 30 aniversario tranquilizaba al público asegurándole que el dinero que se gastaba se destinaría a mejorar el fútbol base del Reino Unido y a los jóvenes futbolistas británicos.

Mientras tanto, los mejores entrenadores extranjeros del mundo, en su mayoría europeos, consolidaron una posición sin rival en la Premier League en una Gran Bretaña afectada por el Brexit. De los veinte entrenadores de clubes de la Premier que comenzaron la nueva temporada en agosto de 2022, más de la mitad eran europeos, con siete británicos y un estadounidense.

El cambio a entrenadores extranjeros fue una tendencia establecida antes del Brexit porque conseguían los mejores resultados y el mayor rendimiento de la inversión. Esto se reflejó en el hecho de que de once entrenadores que levantaron el trofeo de la Premier League en las tres décadas siguientes a su fundación, solo uno era británico, Alex Ferguson, y solo uno de los extranjeros no era europeo, el chileno Carlos Pellegrini.

De 2007 a 2013, Ferguson ganó cinco veces el título de la Premier League con el Manchester United. Wenger ganó tres títulos de liga con el Arsenal en 1997/98, 2001/02 y 2003/2004.

Carlo Ancelotti consiguió el tercer título de la Premier League para el Chelsea en 2009/10.

Claudio Ranieri destaca como el ganador más memorable de los posiblemente 12 entrenadores que han levantado el trofeo. A su nombramiento le siguió el triunfo del Leicester City en la Premier en la temporada 2015/16.

Antonio Conte fue el cuarto en ganar el título y lo hizo la temporada siguiente con el Chelsea. José Mourinho ganó dos títulos sucesivos, en la 2004/05 y en la 2005/06, así como en su segunda etapa en el club, en la temporada 2014/15.

En 2019/20, Klopp guió al Liverpool a su primer título de la máxima categoría en 30 años. Guardiola ganó cuatro títulos de la Premier en sus cinco primeras temporadas en el Manchester City. En dos de ellas, el equipo de Guardiola había superado al Liverpool en el título por un punto.

Carlo Ancelotti consiguió un título para el Chelsea y Roberto Mancini otro para el Manchester City. Desde el último triunfo de Ferguson, seis entrenadores han llevado a cuatro equipos diferentes a la cima del fútbol inglés y ninguno de ellos ha sido británico.

De los principales traspasos de jugadores en el verano de 2022, a 24 de agosto los siguientes tuvieron a la Premier League de la Gran Bretaña del Brexit comerciando con éxito con Europa:

Antony
Del Ajax al Manchester United - 86 millones de libras
Casemiro
Del Real Madrid al Manchester United - 70 millones de libras
Alexander Isak
Real Sociedad a Newcastle por 60 millones de libras
Darwin Núñez
Benfica a Liverpool - 64 millones de libras (más 21 millones adicionales)
Marc Cucurella
Español, Brighton a Chelsea - 56 millones de libras (más 7 millones en complementos)

Erling Haaland
Borussia Dortmund a Manchester City - 51 millones de libras
Raphinha
Leeds a Barcelona - 49 millones de libras (más 7,6 millones adicionales)
Lisandro Martínez
Del Ajax al Manchester United - 48,5 millones de libras (más 8,5 millones adicionales)
Kalidou Koulibaly
Del Nápoles al Chelsea - 34 millones de libras
Sven Botman
Lille a Newcastle - 31,3 millones de libras (más añadidos)

Pierre Aubameyang
FC Barcelona a Chelsea (estimación de 12 millones de libras)

Como reconoció Wenger, la Premier League depende de la exposición mundial, con los mejores jugadores y la propiedad mundial con propietarios multimillonarios de todo el mundo. El francés dijo a los periodistas ingleses en junio de 2022: «Creo que en Inglaterra son lo suficientemente inteligentes y aman el fútbol lo suficiente como para no destruir lo que es básicamente un diamante».

Paradójicamente, la escala y la naturaleza de la propiedad extranjera, y el carácter global de sus derechos televisivos y de sus jugadores, es una historia muy inglesa. Inglaterra ha sido históricamente una tierra que ha atraído a exiliados, élites e inmigrantes, con dos de sus ciudades más grandes como Manchester y Londres manteniendo sociedades multiculturales que desmienten la reputación de exclusión e insularidad por la que hicieron campaña los nacionalistas más extremos entre los Brexiteers más virulentos.

El fútbol inglés sigue ofreciendo destellos de otra Inglaterra más diversa y solidaria, y aquí destacaría la victoria de las mujeres inglesas en la Eurocopa, la postura antirracista adoptada por una generación de jugadores y clubes de la Premier League, y la campaña del jugador del United Marcus Rashford en apoyo de la mitigación de la pobreza.

Y sin embargo, los sueldos astronómicos que ganaban las estrellas del fútbol en comparación con los de los trabajadores ordinarios «no de élite» pero abnegados, los pensionistas y otras personas que arañaban el dinero suficiente para pagar sus facturas de energía a medida que se acercaba el invierno en 2022/23, parecían, en el mejor de los casos, irrazonables; en el peor, escandalosos.

Instantáneas de una nueva temporada

Volvamos al futuro, a ese comienzo de la temporada 2022/23 y al Chelsea fuera de casa contra el Everton en Goodison Park.

Es el puro apoyo vocal de los aficionados, leales para bien o para mal, bajo un sol abrasador o una lluvia torrencial, como es la naturaleza de tantos seguidores de clubes ingleses, lo que levanta el ánimo del Everton, el club aparentemente condenado a ser considerado el «otro» Liverpool Club y que gran parte del mundo prefiere ignorar. Los aficionados han desempeñado un papel fundamental en la batalla del Everton por evitar el descenso de la Premier League bajo la dirección del recién nombrado entrenador, el exjugador del Chelsea Frank Lampard. (Nota: Lampard fue reemplazado en enero 2023 por Sean Dyche. Volvió al Chelsea como entrenador al reemplazar a Graham Potter que a su vez había reemplazado a Thomas Tuchel en septiembre 2022.)

Ahora Goodison Park —uno de los estadios más antiguos aún en pie de la Premier Division— recibía a un Chelsea que no había ganado un partido allí en seis temporadas. El club visitante se estaba haciendo a la idea de lo que significaba la era post-Abramovich, con nuevos propietarios, y un equipo que intentaba forjar una estrategia en un clima de traspasos en el que había comenzado una nueva temporada tratando de completar el traspaso de Marco Alonso al Barcelona.

El recuerdo de la última victoria del Chelsea en Goodison park en abril de 2007 solo sirvió para subrayar lo lejos que ha quedado desde entonces el Chelsea de lo que parecían ser las dos fuerzas dominantes de la Premier League, el Manchester City y el Liverpool, y de su rival londinense más fuerte, el Tottenham Hotspur.

Puede que las estadísticas no cuenten toda la historia del corazón palpitante y los tejemanejes financieros menos nobles de la Premier League, pero no por ello dejaron de ser reveladoras en cuanto a lo que marca la diferencia entre la victoria y la derrota. La temporada 2016/17 dejó al Chelsea a las puertas del título de Liga con el equipo de Antonio Conte marcando 85 goles, con jugadores de la calidad de Diego Costa (20 goles) y Eden Hazard (16).

En las temporadas siguientes, la puntuación del Chelsea descendió —62, 63, 69, 58 y 76—. Compárelo en el mismo periodo con el Manchester City —99, 83, 102, 95, 106, 80— y el Liverpool —94, 68, 85, 89, 84 y 78—. La diferencia global con el City fue de 152 goles y de 85 con el Liverpool.

El entrenador del Chelsea, Thomas Tuchel, comenzó una nueva temporada, la 2022/23, consciente de que podría tener que dimitir o esperar a ser despedido si el Chelsea no lograba alcanzar la Liga de Campeones la próxima temporada. Tuchel estaba destinado a ser despedido al principio de la temporada tras, al parecer, discutir con los jugadores del vestuario y perder la confianza de los nuevos propietarios del club. Fue sustituido por el técnico inglés Graham Potter.

De los primeros partidos de la temporada, este resultó ser el más deslucido. A pesar del derroche realizado a principios de verano por el nuevo copropietario del Chelsea, Todd Boehly, en Raheem Sterling y Kalidou Koulibaly, el club pareció reflejar al Everton más pobre con su falta de juego efectivo.

Como dijo el capitán del Chelsea, César Azpilaceta, tras un partido en el que su equipo logró la victoria por 1-0 con un gol de penalti de Jorginho: «Han pasado cinco temporadas desde la última vez que ganamos la Premier League. Necesitamos marcar goles si queremos ganar algo».

«Últimamente, en los dos últimos partidos de la Premier League, no marcamos lo suficiente y con media ocasión concedemos. Ese es nuestro problema, y por eso acabamos terceros, a veinte o más puntos del Manchester City». Al nuevo fichaje del Chelsea, Raheem Sterling, desplegado como «falso nueve» con Kai Havertz y Mason Mount a ambos lados, le faltó consistencia, y al equipo un goleador nato.

Sin embargo, la defensa del Chelsea también parecía necesitar una renovación, y Tuchel pareció argumentar por qué el Chelsea debía intensificar sus esfuerzos para fichar a Wesley Fontana, el lateral izquierdo del Leicester City valorado en 85 millones de libras, algo que hizo antes de que expirara el plazo de traspasos de verano en septiembre.

A sus 21 años, el futuro a largo plazo que podría proporcionar Fontana contrastaba con la realidad de que tres de los defensas del Chelsea —Azpilicueta (33 años en agosto de 2022), Thiago Silva (38 años en septiembre de 2002) y Khalidou Koulibaly (31 años)— tenían una edad combinada de más de un siglo.

En cuanto al Everton, guarden un pensamiento para el joven jugador de discutido potencial Antony Gordon, que tuvo la desafortunada tarea de que Lampard le pidiera que jugara como improvisado número 9 y que se encontró con el blanco de los comentarios poco generosos de los aficionados del Everton, que señalaban que su pelo recién teñido no hacía sino subrayar su escasa habilidad para el remate de cabeza. Gordon se había teñido el pelo de rubio.

Los peinados, al igual que la ropa, tienen tendencia a entrar y salir de moda, en el fútbol y en otras actuaciones de famosos. A mediados y finales de la década de 1990, de repente se hizo popular que todo el mundo se tiñera el pelo de rubio oxigenado, con personajes como Paul «Gazza» Gascoine y Robbie Fowler marcando la tendencia entre los futbolistas ingleses.

El estilo estaba en todas partes a principios del nuevo milenio, luego desapareció, antes de volver de nuevo en 2016 y parecía que había varios futbolistas que estaban felices de decolorarse. Vimos a superestrellas como Messi y Neymar descartar temporalmente su mata de pelo naturalmente oscuro.

La selección inglesa prometió teñirse todos el pelo de rubio si ganaban la Eurocopa de 2022. No lo hicieron.

Inglaterra perdió contra Italia en el potro en una tanda de penaltis. Uno de los jugadores, Foden, que se había teñido de rubio, volvió a su color natural, mientras que sus compañeros se centraron en «arrodillarse» en un espíritu antirracista.

* * *

7 de agosto 2022 Super Sunday Premier League Football.

El Manchester United, considerado en su día como uno de los clubes más queridos y exitosos del mundo, aún no ha recuperado los días de gloria bajo el legendario Alex Ferguson, cuyos logros ningún sucesor ha conseguido emular.

El nuevo entrenador, el extécnico del Ajax Erik ten Hag, el quinto hombre designado para tomar el timón desde Ferguson, estaba sometido a una enorme presión para resucitar a un club que había fracasado durante tanto tiempo. Desde que Johan Cruyff se marchó de Holanda al FC Barcelona en los años 70, ningún fichaje holandés había generado tanta expectación en un club legendario que necesitaba desesperadamente una regeneración.

Parte del reto inicial al que se enfrentaba Ten Hag era qué hacer con Cristiano Ronaldo, ya que la controversia mediática sobre si debía quedarse o marcharse resultó ser una distracción sin resolver en los prolegómenos de la nueva temporada.

Ronaldo tenía 37 años, muy alejados de los 18 que tenía cuando Ferguson lo fichó del Sporting de Lisboa en agosto de 2003, año en el que David Beckham abandonó el Manchester United por el Real Madrid. Como ha escrito David Conn, de *The Guardian* «El fichaje por el Manchester United de un inexperto e improbablemente talentoso Cristiano Ronaldo en agosto de 2003 fue un momento decisivo para la Premier League y para el propio fútbol moderno, anunciando una nueva y deslumbrante superestrella para un incipiente milenio».

Ronaldo calificó en una ocasión su primer contrato con el United como «un sueño» cumplido. Había sido un ferviente seguidor y lleno de admiración de los Diablos Rojos y de su equipo ganador del triplete. Pocos aficionados al fútbol pueden olvidar a aquel equipo de Manchester de 1999 y su gesta que durante dos décadas no sería igualada. Incluso los seguidores del United no podían dejar de admirar el logro de ganar la Premier League, la Copa de la FA y la Copa de Europa. «Recordar», esa fue la única palabra que Ferguson anotó al salir de una hemorragia cerebral en 2018. Recordó el equipo de jugadores, en su mayoría jóvenes superdotados: Beckham, Scholes, Sheringham, Gary Neville, Butt, Giggs, Keane... Todos estaban bajo la influencia patriarcal de Ferguson, el comandante supremo. Ferguson era más maestro motivador que maestro táctico, de la vieja escuela antes de que las mujeres reivindicaran el fútbol de primera división: «Las tácticas no ganan partidos de fútbol. Los hombres ganan partidos de fútbol».

Sus charlas en los vestuarios no eran clases magistrales en pizarras, sino enardecedores gritos de guerra tribales en vísperas de la batalla. A los jóvenes, a algunos de los cuales conocía desde niños, les decía que recordaran los sacrificios de sus padres y abuelos.

Cuando el periodista de la BBC Nick Robinson entrevistó a Ronaldo para un documental sobre Ferguson, se le preguntó al jugador qué hacía al escocés tan gran entrenador. La respuesta fue: «Es mi papá en el fútbol». El propio padre de Ronaldo, el madeirense Dinis Aveiro, que sirvió como recluta en el ejército portugués en Angola, cuando era colonia portuguesa, murió trágicamente alcoholizado mientras el jugador estaba en el United en su primera etapa.

El Ronaldo que llegó a Manchester en el verano de 2003 era una estrella en ciernes, un prodigio en cuanto a técnica y habilidad, pero inmaduro, exuberante y egoísta. Ferguson le ayudó a crecer como hombre y le pulió como jugador, trabajando en él como un maestro joyero podría pulir un diamante precioso.

La teatralidad de Ronaldo respondía en gran medida a su ardiente deseo de hacerse notar, a la necesidad que tienen algunos jugadores dotados por naturaleza de exhibir su talento, pero él estaba decidido a llegar a un punto en el que lo que exhibiera fuera d

El joven Cristiano, desde sus primeros días en Manchester, tenía una personalidad que chirriaba con algunos compañeros de equipo y amplios sectores de los medios de comunicación, debido a su narcisismo, que desentonaba con la ética de equipo del club y que desafiaba la cultura machista que había prevalecido durante mucho tiempo en el fútbol inglés. Como Ferguson recordaría más tarde, en sus inicios en el United, Ronaldo «fanfarroneaba mucho, tanto en el campo como fuera de él... No hay duda de que actuaba un poco. Sus primeras lecciones fueron en una cultura futbolística teatral».

La teatralidad de Ronaldo respondía en gran medida a su ardiente deseo de hacerse notar, a la necesidad que tienen algunos jugadores dotados por naturaleza de exhibir su talento, pero él estaba decidido a llegar a un punto en el que lo que exhibiera fuera de tal brillantez que cualquiera que le observara quedara asombrado de su talento.

El 1 noviembre de 2003, cuando habían transcurrido diez partidos de su primera temporada en la Premier League, Ronaldo abrió por fin su cuenta en un partido contra el Portsmouth, cuando lanzó lo que llegaría a considerarse uno de sus característicos tiros libres: enroscó el balón en ángulo desde la izquierda, superó la barrera y se coló en la red.

En sus seis primeros años en el Manchester United, Ronaldo marcó 118 goles en 292 partidos y ganó tres títulos de la Premier League, la Liga de Campeones, la Copa de Inglaterra y dos Copas de la Liga.

Ronaldo sería digno de ser recordado por haber completado uno de los periodos más notables de alto rendimiento que el fútbol inglés haya visto jamás. Bravuconería y espectáculo respaldados por una enorme creatividad y goles asombrosos. Los defensas parecían rebotar en él; tenía un metro más de velocidad y mucha más agudeza mental. El balón siempre parecía irrumpir en su trayectoria o aparecer en el segundo palo cuando él llegaba. A nivel nacional, los aficionados debatían sobre cuál era el secreto de sus tiros libres y si era posible detenerlos. Triunfó a nivel nacional e internacional.

En diciembre de 2008, ganó su primer Balón de Oro. Henry Winter, uno de los periodistas que votaron por él, comentó: «Dominaba nuestros pensamientos un jugador que había enriquecido tantos partidos, marcado tantos goles y hecho que tantos niños se enamoraran del fútbol. Ronaldo es especial».

El triunfo de Ronaldo le convirtió en el primer jugador del Manchester United en hacerse con el galardón desde George Best en 1968, uniéndose así a Denis Law (1964) y Bobby Charlton (1966) en el panteón del Balón de Oro del United. Los otros dos jugadores ingleses que ganaron el Balón de Oro fueron Stanley Matthews (1956) y Michael Owen (2001). Ningún otro jugador de la Premier League había ganado el premio desde entonces, pero Ronaldo llegó a ganarlo varias veces cuando estaba en el Real Madrid.

Durante diez años de la historia de los clubes preCovid (2008-2018), Ronaldo compartió con Messi el galardón de mejor futbolista de élite del mundo, ganando cada uno cinco prestigiosos Balones de Oro y ampliando el potencial del fútbol moderno con el alcance sin precedentes de sus logros. Además de batir récords goleadores, hicieron gala de una extraordinaria resistencia física y de unas habilidades sublimes que les afianzaron a ambos en una posición destacada en el panteón de los dioses del deporte.

Cuando la temporada 2017-18 de La Liga llegaba a su fin, el 17 de mayo, Ronaldo marcó dos goles en el partido del Real Madrid contra el Celta de Vigo, batió el récord de Jimmy Greaves como máximo goleador de todos los tiempos en las cinco principales ligas europeas y se aseguró un título de campeón que se le resistía a «los blancos» desde 2012.

También contribuyó a la exitosa campaña europea del Real Madrid, marcando un espectacular gol de bicicleta en cuartos de final contra la Juventus, antes de conquistar su quinto título de la Liga de Campeones en la final contra el Liverpool el 26 de mayo. Terminó la campaña de esa temporada con un total de quince goles y fue el máximo goleador del torneo por sexta temporada consecutiva.

Los aficionados del Real Madrid no estaban unánimemente contentos con la marcha de Ronaldo a la Juventus ese verano. Muchos de ellos pensaban que merecía la pena pagar más a Ronaldo para retenerlo en el club. Respetaban lo que había conseguido y creían en lo que aún podía dar de sí, dada su inagotable capacidad atlética. En sus sensacionales nueve temporadas en el Real Madrid, había definido una época dorada, marcando 450 goles y ayudando a ganar cuatro campeonatos de Europa, superando fácilmente a Raúl como máximo goleador de todos los tiempos del club.

En su primera temporada en la Juventus, dado que él y Messi jugaban ahora en ligas nacionales diferentes, era inevitable que fuera en el máximo nivel competitivo de la Liga de Campeones donde su rivalidad se viera sometida a un mayor escrutinio.

Ronaldo fue decisivo para llevar a la Juventus a lo más alto de la Serie A, pero también para ayudar a su equipo a remontar heroicamente un 0-2 en contra ante el Atlético de Madrid de Simeone en el partido de vuelta de los octavos de final de la Liga de Campeones.

En cuartos de final, Ronaldo marcó un gol a domicilio contra el Ajax con un espectacular remate de cabeza, preciso y potente, su quinto gol de la temporada en la Liga de Campeones, que le confirmó como máximo goleador de la historia de la Liga de Campeones, 125 goles frente a los 108 de Messi. Pero el Ajax remontó en Turín, la Juventus perdió en el global, acabando con la esperanza de Ronaldo de ganar otra corona europea.

El regreso de Ronaldo al Manchester United al comienzo de la temporada 2021/22 fue un sueño de relaciones públicas, que sacó a los aficionados del club de su tristeza por el covid y aumentó las expectativas de que volvían los buenos tiempos. El club estaba bajo la dirección de Ole Gunnar Solskjaer, a quien se recuerda sobre todo como jugador por su participación en la gesta de la final de la Liga de Campeones de

1999. El United convirtió lo que parecía una derrota segura en una victoria al marcar dos goles en la prórroga. Solskjaer salió del banquillo y a los diez minutos marcó el gol de la victoria contra el Bayern de Múnich en el Camp Nou. En 20 segundos había sonado el pitido final y se había completado la remontada más asombrosa que se pueda imaginar.

El regreso de Ronaldo a la Premier League hizo que su cuenta de Instagram, una de las más seguidas en todo el mundo, se disparara.

«Todos los que me conocen saben de mi amor interminable por el Manchester United. Los años que pasé en este club fueron absolutamente increíbles y el camino que hemos recorrido juntos está escrito con letras de oro en la historia de esta gran y asombrosa institución. No puedo ni empezar a explicar mis sentimientos en este momento, al ver mi regreso a Old Trafford anunciado en todo el mundo. Es como un sueño hecho realidad, después de todas las veces que he vuelto para jugar contra el Man United, e incluso como rival, haber sentido siempre tanto amor y respeto por parte de los seguidores en las gradas. ¡Esto es absolutamente al 100% de lo que están hechos los sueños!

Mi primera Liga nacional, mi primera Copa, mi primera convocatoria con la selección portuguesa, mi primera Liga de Campeones, mi primera Bota de Oro y mi primer Balón de Oro, todos ellos nacieron de esta conexión especial entre los Diablos Rojos y yo. La historia se ha escrito en el pasado y la historia se escribirá una vez más. Tienen mi palabra. ¡Estoy aquí! ¡He vuelto al lugar al que pertenezco! Hagamos que suceda una vez más! PS, sir Alex, esta es para usted...».

Pero era inclinarse ante molinos de viento.

El United había quedado segundo en la Premier League en la temporada anterior, clasificándose así para la Liga de Campeones y añadiendo dos fichajes estrella a su plantilla: Jadon Sacho y Raphael Varane.

En su primer partido contra un muy mal Newcastle, Ronaldo marcó dos goles en una victoria por 4-1 y los aficionados lo celebraron como un redentor. Como escribió Jonathan Wilson, «Hombres hechos y derechos lloraron: el hijo pródigo había regresado...». Pero entonces «el proyecto nostálgico de Solskjaer descarriló... el retozo en glorias pasadas oscureció el caos del presente». El fútbol de Solkjaer consistía en sentarse en profundidad y atacar al contragolpe, pero la presencia de Ronaldo significaba que no había ritmo en la delantera. El plan de juego se desintegró...».

En noviembre de 2021, Solskjaeer fue destituido tras una humillante derrota ante el Watford, en una pésima racha que había hecho que el técnico se enfrentara a crecientes críticas y que hizo estragos en la moral del club. El excentrocampista Michael Carrick se hizo cargo del equipo durante los tres partidos siguientes, antes del nombramiento del alemán Ralf Rangnick como técnico interino hasta el final de la temporada.

El 21 de abril de 2022, Erik ten Hag fue nombrado entrenador a partir del final de la temporada 2021/22, firmando un contrato hasta junio de 2025 con opción a prorrogarlo un año más.

Durante la temporada 2021/22 Ronaldo marcó 18 goles, ocho más que nadie en la plantilla, pero acomodarlo significó que el United logró 16 goles menos que en la temporada 2020/21 y acabó con el Manchester en un puesto 13, su peor puesto en la historia de la Premier League.

Al iniciarse la nueva temporada 2022/23 de la Premier League, Ronaldo seguía siendo, escribió Jonathan Wilson, «el tótem de un club que, habiendo perdido la fe en su capacidad de futuro, solo sabe mirar hacia atrás».

El 7 de agosto, superdomingo, uno de los estadios más totémicos del fútbol mundial, Old Trafford, fue el escenario del primer partido de la temporada del United contra el Brighton & Hove Albion FC, más conocido como Brighton, una de las ciudades balnearias más populares del sur de Inglaterra, de ahí el escudo del club y su apodo «Las gaviotas».

Comparado con los días de gloria del United, el Brighton tenía hasta hace poco de lo que presumir en su historia. Su poder financiero era muy inferior al de los Diablos Rojos, que habían construido una marca mundial a la medida de la Premier League.

A finales de la década de 1990, el Brighton se encontraba en los escalafones inferiores del fútbol inglés y atravesaba dificultades financieras. Tras evitar por los pelos un nuevo descenso en 1997, una adquisición de la directiva salvó al club de la liquidación. Los ascensos sucesivos de 2001 y 2002 devolvieron al Brighton a la segunda división. Llegó tarde al gran espectáculo, ascendió a la Premier League la temporada 2017/18 poniendo fin a una ausencia de 34 años en la máxima categoría.

El Brighton era un equipo de bajo presupuesto que luchaba por encima de sus posibilidades. Hizo buenos negocios, compró jugadores de clubes muy oscuros, algunos de ellos con verdadero potencial como el belga Leandro Trossard. En la ventana de traspasos del verano de 2022, el Brighton consiguió ventas de alto nivel: de Cucurella al Chelsea, de Bissouma al Tottenham y de Maupay al Everton. El hecho de que el Brighton consiguiera comenzar la temporada con un rendimiento impresionante, a pesar de perder a tres de sus mejores jugadores, escalando hasta la cuarta posición de la Premier League tras solo seis partidos, fue testimonio de las habilidades como entrenador de su técnico, Graham Potter. Potter se había hecho un nombre como entrenador del Östersunds, llevando al club sueco de la cuarta división a la European League. Se trasladó al Brighton tras una temporada intentando sin éxito devolver al descendido Swansea a la Premier League.

En el Brighton, a Potter se le atribuía el mérito de haber hecho un trabajo razonable para construir un equipo con humildad, un rasgo que no define a los directivos más famosos internacionalmente.

Por el contrario, la reputación del United se había tambaleado, según sus críticos más acerbos, gracias a estar minada por su propiedad bajo los Glazer y a un acuerdo con el periodista de fútbol Jonathan Wilson «un gran lío de la superestructura del club, con sus múltiples asesores y consultores y fideicomisos de cerebros, todos ellos alimentando a una junta que se equivoca en las grandes decisiones una y otra vez».

Entre los aficionados, el jurado estaba indeciso sobre si uno de los mayores errores del club en los últimos tiempos fue traer de vuelta a Ronaldo por 26,8 millones de libras al año, cuando tenía 38 años, una edad que para la mayoría de los jugadores representaba una fase declinante de su carrera, y otros clubes que podían permitírselo no parecían quererlo.

Los seguidores que querían que se quedara señalaron sus 24 goles en 38 partidos en la última temporada. Siguió siendo una figura icónica, un recuerdo imperecedero de su estrellato durante lo mejor de la era Ferguson, y el reconocimiento de su impresionante estado de forma en la Liga en el Real Madrid, y a nivel internacional como talismán de Portugal.

Tal era la masa de seguidores de Ronaldo que incluso un club con tanta historia como el United acabó siendo arrastrado a su campo gravitatorio.

Ronaldo, a su regreso de las vacaciones de verano de 2022, señaló que le gustaría un traspaso en busca de otro triunfo en la Liga de Campeones que le pondría estelarmente fuera del alcance de Messi, que con el PSG tenía garantizada una plaza en el mayor torneo europeo de clubes. El United no había logrado clasificarse.

Tras una desastrosa temporada anterior con su predecesor, el nuevo entrenador del United, Ten Hag, había llegado al banquillo con la misión de reconstruir un equipo campeón que, sin excluir a Ronaldo, no dependiera de él.

El primer partido de la temporada comenzó con el ego de Ronaldo severamente puesto a prueba, en el banquillo.

El United jugó mal desde el principio. Ronaldo y Ten Hag fueron un estudio de contrastes. El jugador levantó los brazos para animar a la afición, mientras que Ten Hag no mostró ningún signo de emoción, observando a los jugadores desapasionadamente, como un estoico general holandés que sintiera que su única prioridad era mantener la fe en sus tropas sin levantar la voz, pero sin resultado.

El Brighton se deshizo con facilidad de una defensa enrabietada del United y Pascal Gross marcó un gol en el minuto 30, y un segundo nueve minutos después. El seleccionador de Inglaterra, Gareth Southgate, estaba entre los que observaban desde la sección VIP el bajo rendimiento de tres internacionales ingleses: Marcus Rashford, Luke Shaw y Maguire. El United se enfrentó a los cánticos de los aficionados del Brighton y fue abucheado en el descanso por sus propios seguidores. Todo parecía demasiado fácil para el Brighton, el modesto, y el United parccía un equipo sin forma ni propósito que miraba hacia un agujero negro.

Desde la tribuna de comentaristas, el exjugador del Manchester Roy Keane —parte del legado de glorias pasadas del club— dijo a una audiencia de millones de personas que Ronaldo debía entrar en el partido, y así fue, a los siete minutos de la segunda parte. A Ten Hag no le quedó más remedio que dar entrada a Ronaldo con la esperanza de que pudiera galvanizar a las tropas escribiendo su propio guion de la forma que le había convertido en uno de los mejores jugadores del mundo.

En el ambiente de Old Trafford se respiraba la convicción de que la irregular actuación del United contaba al menos ahora con un foco de genialidad en el ataque.

Pero faltaba el esperado toque o dos de magia y cuando se marcó el primer y único gol del United en el partido fue el resultado de un mal despeje que acabó en la red como gol en propia meta de MacAllister, del Brighton.

El Brighton, sin superestrellas de las que hablar, mostró descaradamente sus habilidades en un largo periodo de posesión al son de los *oles* de su afición, y se aferró a su ventaja ante los vítores cada vez más sonoros de sus fieles.

Para un número cada vez mayor de aficionados del United, el equipo, con o sin Ronaldo, necesitaba urgentemente una revisión a fondo. En cuanto a la cultura del club bajo los Glazer, centrada en ganar dinero tanto como en crear recuerdos futbolísticos, tenía que cambiar.

A la historia de la Premier League no le faltan partidos en los que David mata a Goliat, pero la presencia de Ronaldo con la camiseta del United, incapaz de aplastar a un club que apenas se registraba como entidad conocida fuera de las costas inglesas, tuvo un aire memorable que saborearon los seguidores del Brighton, sobre todo los más veteranos.

Después del partido, recibí un mensaje de texto de un viejo amigo que había visto el partido en Sudáfrica.

«Durante años y años mi difunto tío, un veterano herido de la Gran Guerra (La Primera Guerra Mundial) sufrió viendo al Brighton & Hove Albion permanecer en el fondo de la (entonces) Tercera División. Habría disfrutado viendo al Brighton ganar al Manchester United».

* * *

22 de agosto 2022. El Manchester United devuelve la esperanza a sus aficionados, al conseguir su primera victoria de la temporada en Old Trafford, imponiéndose al Liverpool con goles de Rashford y Sancho y saltando por encima de su viejo enemigo del norte en la tabla de la Premier League. El técnico Ten Hag declaró: «Podemos hablar de técnica, pero lo importante es la actitud. Ahora ven que traemos la actitud. Había comunicación, había espíritu de lucha y sobre todo había equipo, y ya ve lo que pueden conseguir. Porque saben jugar muy bien al fútbol».

Ronaldo permaneció en el banquillo durante todo el partido, lo que pareció hacer que el equipo funcionara mejor sin él. Su futuro siguió siendo objeto de debate. El periodista y seguidor del Manchester United desde hace muchos años Andy Mitten dijo en un podcast de *The Athletic*: «Ten Hag lo jugó bien. Vio el impacto en esta plantilla feliz cuando la trajo de la gira y Ronaldo se unió a ella, el estado de ánimo no mejoró, empeoró. Si ese aspecto negativo puede convertirse en positivo, creo que Ronaldo aún puede ofrecer algo grande al United, pero tiene que haber algún compromiso por su parte. Ten Hag tiene que pensar en el colectivo, no solo en un jugador».

* * *

7 de agosto 2022: West-Ham vs Manchester City.

De todos los encuentros del primer fin de semana de la nueva temporada de la Premier, este partido del Superdomingo era uno que garantizaba espectáculo, entretenimiento, juego duro y enorme habilidad.

La Premier League arrancó en agosto, con los clubes de todo el país reconstruyendo sus plantillas antes de una de las temporadas más esperadas de todos los tiempos. Los equipos habían gastado mucho dinero durante el verano, con la nueva temporada en el horizonte dispuesta a confirmar a la Premier como la mejor y más competitiva liga del mundo.

Un equipo que había ido cuidadosamente sobre su negocio, y por todas las cuentas ha tenido una actividad de transferencia en gran medida subestimado fue el West Ham United. Entre los cuatro jugadores que se marcharon se encontraba la leyenda del club Mark Noble, que puso fin a su larga asociación con el club, ya que se retiró al final de la temporada. Nacido a tiro de piedra del club, en Canning Town, Noble estuvo 18 años con los Hammers y disputó 472 partidos con el club.

A pesar de querer ir a más en la nueva temporada, el West Ham se había mantenido paciente y había gastado con prudencia. Su fichaje estrella fue el internacional italiano Gianluca Scamacca, que había dejado el Sassuolo para recalar en la Premier League, uniéndose por 32 millones de libras iniciales. Scamacca era el delantero que necesitaba el West Ham. Durante un tiempo, en el partido contra el Manchester City, lideró muy bien la línea de ataque.

Otro elemento a favor del West Ham era que el club había conseguido retener, a pesar de los intentos del United y del Chelsea por ficharlo, al talentoso internacional inglés de 23 años Declan Rice, que había sustituido al veterano y muy querido capitán del club, Mark Noble. La Premier League parecía dominada por las estrellas extranjeras, pero los Hammers se enorgullecían de que su entrenador, David Moyes, fuera inglés y de que su jugador más popular fuera un internacional inglés.

No hace mucho, Rice había declarado ante una pequeña audiencia de periodistas ingleses. «¿Saben qué? Hasta hoy, nunca me he tomado una cerveza y tengo 22 años», dijo el centrocampista del West Ham y de la selección inglesa. «Esa es la verdad, nunca he tomado una pinta. No la beba».

Rice había sacrificado muchas cosas en su camino hacia la cima, que se había acelerado en las últimas temporadas. «Cuando me mudé de casa [en Kingston-upon-Thames] al West Ham a los 14 años [tras su salida del Chelsea], eso fue un sacrificio», dijo. «Obviamente, montones de fiestas con los mejores amigos. Salir los fines de semana, la parte de la bebida, ver a todos mis compañeros de fiesta enviarme vídeos mientras estoy atrapado en hoteles».

Rice era un centrocampista de mentalidad defensiva conocido por su tenacidad y sus entradas limpias. Como explica Pritam Layek en *Football Express,* Rice era combativo en el juego aéreo y tenía un excelente sentido de la colocación. Su anticipación, agilidad y capacidad para ganar balones le hacían muy capaz en el contragolpe. A menudo recuperaba pronto el balón tras una pérdida de posesión antes de distribuirlo rápidamente.

En una entrevista en febrero de 2022, el entrenador del West Ham, David Moyes, dijo lo siguiente sobre el entonces jugador de 21 años: «Es posiblemente el mejor centrocampista de contención del país y lo mejor de Declan es que mejorará. No estoy de acuerdo con los propietarios en que sea un futbolista de 100 millones de libras. Es mucho, mucho más que 100 millones de libras. Mucho, mucho más».

El West Ham personificaba el espíritu de lucha que los ingleses han invocado a lo largo de la historia cuando se han enfrentado a potencias mayores. El club no se amilanó ante la perspectiva de enfrentarse a clubes más grandes y ricos. Lo disfrutaban, y los aficionados no podían pedir un reto mejor para iniciar la nueva temporada en agosto de 2022 que enfrentarse a los pura sangre de Guardiola con un escenario de celebridades hecho a su medida.

Hubo un récord de 62.000 espectadores en el impresionante nuevo estadio londinense del West Ham, uno de los recintos emblemáticos más dinámicos del Reino Unido. Construido para albergar los Juegos Olímpicos de Londres 2012, el estadio se había convertido en la sede del West Ham United y del Atletismo del Reino Unido, junto con otros acontecimientos que atraían al público, como conciertos de rock, la Copa del Mundo de Rugby y los primeros partidos de la Major League Baseball que se jugaron en Europa.

Con el compromiso de servir como corazón de la comunidad local, las características más destacadas del estadio incluían el tejado en voladizo más largo del mundo y asientos de nivel inferior reconfigurables que acercaban a la acción a los apasionados aficionados al fútbol del West Ham, al tiempo que ofrecían la flexibilidad de revelar espacio adicional para conciertos y atletismo.

El estadio ejerce una gran presión sobre el rival, más caliente incluso que Anfield, y a los seguidores del West Ham les gustaba recordar a los visitantes que se enorgullecían de su reputación de estar entre los más hostiles y ruidosos de la Premier League.

El partido de principios de agosto de 2022 puso de relieve, no obstante, la calidad y las habilidades de las que podía echar mano el Manchester City de Guardiola para demoler a un equipo motivado al que no le faltaba talento; al fin y al cabo, Guardiola se las había arreglado hasta entonces para salir vencedor en una de las rivalidades más extraordinarias de la historia moderna de los clubes, un mano a mano con el Liverpool de Klopp.

Guardiola era un probado maestro del juego moderno. Durante el último año, el estilo de juego del Manchester City había seguido evolucionando. Los equipos de Guardiola siempre mantenían el balón durante largos periodos, pero ahora lo hacían más despacio antes de acelerar de repente, buscando ese gol asesino, el que hace más daño, y ahora contaban con un goleador contrastado, Erling Haaland. El segundo gol del Manchester City contra el West Ham en el minuto 65 supuso una secuencia de pura genialidad táctica y ejecución. Con el West Ham presionando en su propio campo, el Manchester City mantuvo la calma en la posesión y cedió el balón a Kevin de Bruyne, que realizó el pase perfecto, deslizando su centro raso y firme hacia Haaland, que marcó.

El juego combinativo de De Bruyne y Haaland suscitó comparaciones con algunas de las asociaciones legendarias de la historia moderna del fútbol de clubes inglés: Toshak y Keegan, Dalgish y Rush, Cole y Yorke, Shearer y Sutton. Ahora, la última mezcla de estrellas de Guardiola tenía el potencial de convertirse en la asociación más devastadora del fútbol europeo.

El primer gol de Haaland con el Manchester City llegó a la media hora de juego, cuando el guardameta titular del West Ham, Lukasz Fabianski, tuvo que retirarse lesionado y fue sustituido por Alphonse Areola.

Menos de cinco minutos después, Haaland recibió un pase de Illkay Gundogan entre dos centrales del West Ham y, con una extraordinaria exhibición de fuerza y velocidad, se abrió paso a la espalda de una defensa en profundidad, obligando a Areola a precipitarse y comprometerse, zancadilleando al noruego que había llegado primero al balón. Haaland lanzó con frialdad un penalti que batió fácilmente a Areola.

Haciendo caso omiso de los abucheos de los aficionados del West Ham, Haaland se marchó y se sentó en una pose similar a la del zen de un hombre en paz, si no con el mundo, desde luego con Pep Guardiola y la Premier League, replicando la fe que el catalán tenía en él no solo como un jugador de talento, sino como un ganador nato, joven y con un gran futuro.

«La forma en que cogió el balón para lanzar el penalti me gustó», dijo Guardiola tras el partido. «Creo que si alguien le hubiera quitado el balón, habría dado un puñetazo en la cara a sus compañeros. Esa es una buena señal. Tiene que tener confianza en sí mismo, ser ambicioso y tener una mentalidad implacable. Y por supuesto, lo marcó. Tuve la suerte como entrenador de estar con Messi, y si marcaba tres quería cuatro y si marcaba cuatro quería cinco. Los máximos goleadores, los delanteros, nunca están satisfechos. Siempre están hambrientos, siempre quieren más y más».

A Haaland le costó imponerse en su primera aparición contra el Liverpool en la Copa Community Shield antes del inicio de la temporada de la Premier. Pero tuvo pocos escépticos tras convertirse en el segundo jugador del City en marcar dos goles en su debut en la Premier League, después de Agüero en agosto de 2011. Hubo escépticos que describieron a Haaland como un jugador que no se adaptaría a la Premier League. Ahora decían que iba a ser un Alan Shearer. Haaland fue el jugador más destacado en el primer fin de semana de la nueva temporada de la Premier.

El equipo visitante dominó el juego en la primera parte tras una breve ráfaga de ataques del West Ham en los primeros minutos, con 373 pases acertados en la primera parte frente a los 74 de los jugadores de Moyes. El Manchester City seguía siendo un equipo de campeones, el West Ham un equipo con el corazón palpitante y la boca muy alta. Mi amigo Dominic Begg, aficionado a la Liga y a la Premier, me envió un mensaje de texto desde Sitges con la siguiente observación: «Ha sido un fin de semana interesante de fútbol europeo de clubes: Haaland, Lewandowski, Kane y Benzema son todos hombres físicamente fuertes que esperan marcar, siempre que el balón les llegue al área. No ocurre lo mismo con los jugadores menos seguros de sí mismos. A principios de la década de 1960, el delantero centro arquetípico del fútbol de clubes inglés era Bobby Smith, del Tottenham. No era especialmente hábil, pero se colocaba y cabeceaba bien el balón. Le siguieron jugadores como Hurst, Osgood y

Chivers, que eran fuertes, pero con una elegancia añadida. Guardiola y otros entrenadores han jugado con «falsos nueves», pero me alegro de que hayan vuelto los delanteros centrales «puros y duros».

* * *

El verano 2022 del Tottenham de Conte:

Las imágenes de Youtube de los jugadores del Tottenham vomitando en julio de 2022 en Corea durante unas agotadoras sesiones de sprint se hicieron virales. El jugador surcoreano estrella del club, Son Heun-min, recordaba: «Entrenamos muy duro en pretemporada... fue brutal».

Fue un recordatorio —por si alguien lo había olvidado— de que el entrenador del Tottenham, Antonio Conte, era uno de los más duros castigadores de la Premier League, casi hasta un grado obsesivo, y dio resultados. «Comed hierba» era el legendario mensaje de Conte a los jugadores cuando era entrenador de la Juventus, con el que quería decir, trabajad más duro, corred más que nadie.

Conte fue nombrado entrenador del Tottenham en noviembre de 2021, en sustitución de Nuno Espirito Santo, que fue despedido por el propietario del club tras 17 partidos en el cargo.

Fuera de contexto, el mensaje de Antonio Conte a sus jugadores del Juventus puede haber sonado más como una amenaza que como una instrucción, pero lo repitió una y otra vez hasta que lograron volver a la cima del fútbol italiano.

La Juventus era solo uno de los nombres del impresionante currículum de Conte como jugador y entrenador a nivel de clubes e internacional en una carrera que durante casi dos décadas como técnico ha incluido al Chelsea y al Inter de Milán y a la selección nacional de Italia. Conte no era ajeno a la presión del fútbol europeo de alto nivel, pero en su regreso a la Premier, cada vez más competitiva y de mayor calidad, se enfrentaba quizá al mayor reto de su carrera.

La misión de Antonio Conte en el Tottenham era restaurar el club por encima del nivel alcanzado bajo el mandato de Pochettino. © Shutterstock.

Su misión en el Tottenham era restaurar el club por encima del nivel alcanzado bajo el mandato de Pochetino, cuando los Spurs terminaron segundos en la temporada 2016/17, el mejor puesto en la liga para el club desde la temporada 1962/63, y cuando llegaron a la final de la Liga de Campeones de la UEFA en mayo de 2019 perdiendo ante el Liverpool.

Mientras los aficionados del Tottenham rugían en el nuevo e impresionante estadio del Tottenham Hotspur en el primer partido de la Premier League contra el Southampton, los jugadores de Conte salieron literalmente como gigantes: hinchados y en forma, la estatura media de su equipo superaba el metro ochenta y una plantilla que bajo el mando del italiano también había aumentado notablemente en calidad de profundidad gracias a una contratación inteligente y estructurada que ha cubierto varias áreas del equipo.

Un total de cinco fichajes estivales saltaron al terreno de juego antes del saque inicial, una exhibición colectiva y un símbolo de ambición que despertó el optimismo entre los seguidores del club.

Aunque ninguno de los fichajes veraniegos, Ivan Perisic, Fraser Forster, Yves Bissouma, Richarlison, Clement Lenglet y Djed Spence, fueron incluidos en el equipo titular, pronto se hizo evidente que la nueva competencia en los puestos clave de la defensa y el ataque había elevado el nivel de los jugadores ya consagrados en la plantilla de Comte.

Con Conte, la plantilla había mejorado mucho, hasta el punto de ser considerada una de las más fuertes de la Premier League. El Tottenham funcionaba como un equipo coherente en el que los jugadores combinaban bien. El Tottenham podía ser más pragmático que el Liverpool y el Manchester City, recuperando el balón rápidamente y dejando que sobresalieran sus jugadores más versátiles.

Richarlison llegó procedente del Everton por 60 millones de libras, lo que le convierte —y con cierta diferencia— en el fichaje más caro del Tottenham durante el verano. El astro brasileño fue suspendido por la Asociación de Fútbol para el partido contra el Southampton tras ser acusado de lanzar una bengala a la grada durante la victoria del Everton contra el Chelsea la temporada pasada.

Aunque seguía habiendo dudas sobre dónde encajaba Richarlison en la delantera de tres formada por Harry Kane, Son Heung-min y Kulusevski, con la introducción de la regla de las cinco sustituciones, era un arma que podía utilizarse eficazmente desde el banquillo.

Dado el precio pagado por él, Richarlison tenía esperanzas de convertirse en titular. A favor de Richarlison jugaba el hecho de que no le faltarían oportunidades, ya que Conte rotaba a sus jugadores para mantenerse fresco y realizar cambios estratégicos durante el partido en cuatro competiciones.

Harry Kane sigue siendo una pieza clave en el arsenal de Conte, pero en la impresionante victoria por 4-1 del Tottenham sobre el Southampton, con tres goleadores diferentes Sessegon, Eric Dier y Kullieski (el del Southampton, Mohammed Salusi, marcó en propia meta) demostró que el

Spurs está evolucionando hacia un proyecto colectivo que no depende de un solo jugador...

* * *

De todos los partidos que se ponían en marcha al comienzo de una nueva temporada, el que enfrentaba a dos de los clubes más pequeños de la Premier, el Leicester City y el Brentford, era el que prometía entusiasmar a los fieles seguidores aunque no figurara entre los más vistos por un público internacional más amplio.

La historia reciente de cada uno de ellos demostró que la Premier elevó las perspectivas de los clubes más pequeños ascendidos desde las divisiones inferiores, solo para que el optimismo se viera mermado cuando se enfrentaron a la imponente presencia de algunos de los principales clubes del fútbol europeo de clubes, con arcas mucho más grandes que podían permitirse fichar a los mejores entrenadores y a impresionantes plantillas de jugadores que se encuentran entre las mejores del mundo.

Pero el fútbol inglés es algo más que dinero. Se trata del corazón y el alma de sus aficionados. Más de 30.000 aficionados abarrotaron el estadio King Power para ver al equipo local, el Leicester City, una vez campeón de la Premiership, y jugar contra el Brentford, uno de los clubes londinenses menos famosos.

El Leicester FC, fundado en 1884 cuando la ciudad se desarrollaba como un importante centro de fabricación e ingeniería de la era victoriana, había tenido una vida accidentada en la Premier League. En una encarnación anterior ascendió solo para descender tras quedar segundo por la cola en la temporada 1994/95. Regresó a la Premier League antes de que acabara la década y se consolidó con cuatro clasificaciones consecutivas entre los diez primeros, pero volvió a descender al final de la temporada 2001/02.

Siguió un periodo de declive hasta que la fortuna del club revivió de forma espectacular. El Leicester comenzó su primera temporada (2014/15) en la Premier League desde 2004 con una buena racha de resultados en sus cinco primeros partidos de liga. El 21 de septiembre de 2014, el Leicester protagonizó una de las mayores remontadas de la historia de la Premier League al vencer al Mancheser United en el King Power Stadium tras remontar un 3-1 en contra a falta de 30 minutos para el final y marcar cuatro goles.

El Leicester nombró al exentrenador del Chelsea Claudio Ranieri como su nuevo técnico para la temporada 2015/16 y a pesar de ser ampliamente considerado como el claro tapado por las casas de apuestas ganó la Premier League el 2 de mayo de 2016.

El Leicester, el club de fútbol y la ciudad, atrajeron la atención mundial y varios comentaristas lo consideraron una inspiración para otros clubes y una transformación fundamental de las expectativas que se tenían en el fútbol inglés.

La historia de éxito iba a resultar efímera. El 23 de febrero de 2017, Ranieri fue destituido debido a la continua mala forma del club, que se encontraba solo un punto por encima de la zona de descenso. En Navidad de 2017, el Leicester ocupaba la octava posición en la Premier League y acabó un puesto más abajo, en la novena, al final de la temporada. Terminaron la temporada 2018/19 de nuevo en novena posición.

La temporada 2019/20, bajo el nuevo mando del exentrenador del Liverpool, Brendan Rogers, les llevó al quinto puesto en la tabla —su segundo mejor puesto en la Premier League de su historia—, para volver a caer al octavo la temporada siguiente.

El empate a 2-2 del Leicester contra el Brentford al comienzo de la temporada 2022/23, que provocó los abucheos de la afición local, subrayó la debilidad estructural de su plantilla, y aumentó la expectativa de que el futuro de Rogers podría estar en juego ya que, con la llegada del otoño, el club se hundió hasta el fondo de la tabla. (Note Rogers se fue del Leicester en Avril 2023.)

El Leicester llegó al partido contra el Brentford como el único club de la Premier League que no había invertido en nuevos jugadores, al tiempo que se enfrentaba a un fuerte interés de los clubes más ricos de la Premier por tres de sus jugadores clave James Maddison, Wesley Fofana y Youri Tielemans. Fofana pronto sería vendido por 70 millones de libras al Chelsea.

El club se había quedado con Jamie Vardy, que sigue siendo una figura destacada de la Premier League como jugador y como personalidad controvertida. En la temporada 2021/22 batió un récord como el «veterano» más prolífico de la Premier. En marzo de 2022, el exdelantero inglés marcó en los últimos minutos de un partido contra el Burnley, que estaba en puestos de descenso, para sumar 94 goles en liga desde que cumplió 30 años.

Pero al comenzar una nueva temporada en el verano de 2022, Vardy, a sus 35 años, parecía menos afilado que cuando ayudó a llevar a su club a la historia del campeonato.

Pocos jugadores pueden presumir de haber sido más maltratados por los aficionados rivales que Vardy, pero su carácter ha demostrado ser resistente. En una memorable entrevista en agosto de 2018, Vardy dijo a Surat James, de *The Guardian*:

> «Soy una pesadilla en el campo, ¿verdad? Recibo abusos de los aficionados rivales y se los devuelvo. Pero así soy yo, y así es como debe ser, solo son bromas. La temporada pasada, los aficionados del Tottenham cantaban algo sobre mi mujer en la jungla, al minuto marqué, y no dijeron ni una palabra sobre mí durante el resto del partido. En el West Bromwich Albion siempre voy a la misma esquina después de marcar. Había una foto de la temporada anterior, las caras son todas iguales. Sus dedos corazón son exactamente iguales».

En el verano de 2022, se vio envuelto en la publicidad que rodeaba la poco edificante batalla por difamación de su esposa contra la de Wayne Rooney.

Vardy estaba destinado a encontrarse en el banquillo cuando llegara el otoño. Pero como jugador era una leyenda reconocida en el Leicester. Había recorrido un largo camino como hijo de un conductor de grúa, desde que trabajaba en una fábrica de fibra de carbono en Sheffield y tuvo que dejarlo debido a la tensión en su espalda.

Vardy era un nombre poco conocido cuando fichó por el Fleetwood Town procedente del Halifax de la Northern Premier League, el octavo nivel de la pirámide de la liga inglesa de fútbol. Esta serie de ligas interconectadas se regía por un sistema jerárquico con ascensos y descensos en todas las divisiones. Este elemento de promoción/descenso pretendía proporcionar una competición entretenida. La teoría, al menos, era que con el rendimiento en una curva constante de mejora, daba a cada equipo el incentivo de que un día podría jugar potencialmente en la Premier League.

A pesar de su declive, el viaje personal de Vardy de la pobreza a la riqueza siguió siendo una fuente de inspiración para los futbolistas de la parte inferior de la pirámide, incluidos los jugadores que habían llegado al fútbol profesional a través de la Academia V9 de Vardy, que se creó en 2016 con el objetivo de proporcionar a los talentos de juveniles una oportunidad de impresionar.

Pero el hecho era que el Leicester se enfrentaba a una lucha por permanecer en la Premier, con su atribulado entrenador Rogers enfrentándose a preguntas sobre cómo podría reforzar la plantilla, e igualmente crucial, si podría retener a sus jugadores estrella.

El club había invertido 100 millones de libras en un nuevo campo de entrenamiento como forma de atraer fichajes estrella y también de desarrollar el talento local que tan bien le había venido al Leicester en el pasado. El club también había desvelado planes para un nuevo hotel de 220 habitaciones, un centro de eventos y entretenimiento, y la ampliación del King Power Stadium en 8000 asientos hasta un total de 40.000, que sigue siendo solo la mitad del tamaño de Old Trafford.

Cuando se anunciaron los planes en agosto de 2021, el club declaró: «Para seguir compitiendo en la Premier League...

se requiere un modelo de negocio disciplinado, sostenible e innovador...». Pero para competir sobre el terreno de juego con los mejores de la Premier League, había que acercarse a competir con ellos tanto dentro como fuera del campo. Los días de gloria del Leicester parecían un recuerdo lejano.

Por el contrario, el entrenador danés del Brentford, Thomas Frank, merecía crédito por crear con un presupuesto modesto un equipo bien motivado que sus aficionados disfrutaban viendo. El equipo era tácticamente adaptable, jugando con pases cortos o largos y cambiando de estilo entre un partido y otro. La estrella inglesa en ciernes Ivan Toney personificaba la versatilidad del equipo, jugando en la delantera pero también dejándose caer al centro del campo para cambiar de juego. El danés Christian Norgaard fue un impresionante creador de juego en el centro del campo.

El Brentford incorporó en el periodo estival de traspasos al joven lateral escocés Aaron Hickey, uno de los fichajes más prometedores del verano. Como otros jóvenes británicos antes que él, Aaron Hickey apostó por sí mismo dando el salto al extranjero —al Bolonia— y tras solo una temporada en Italia el Brentford movió ficha para llevárselo a la Premier League.

Como comentó Peter Sharland, de Eurosport: «Escocia continúa con su extraña tendencia de ser capaz de producir excelentes laterales, pero a diferencia de Andy Robertson y Kieran Tierney, Hickey es en realidad diestro por naturaleza a pesar de jugar en la izquierda; su zurda es igual de buena.

El joven se convertirá rápidamente en uno de los jugadores más ambidiestros de la liga. Hickey es el fichaje perfecto para el Brentford; tácticamente inteligente, un profesional modélico con un ritmo de trabajo implacable: Thomas Frank y los aficionados van a adorarlo». Ya lo han hecho.

Cuentos de Ida y Vuelta

El flujo de la humanidad a lo largo de las décadas ha tenido a veces un resultado productivo cuando se trata de futbolistas y entrenadores ingleses y españoles que se desplazan entre sus respectivos países.

La fecha exacta del primer partido de fútbol jugado por los ingleses en suelo español sigue siendo objeto de disputa. Fotografías antiguas y otras investigaciones históricas sugieren que fue en la fiesta local de San Roque el 16 de agosto de 1887 en la localidad andaluza de Minas de Río Tinto.

El campo de juego estaba donde el Club Inglés de la compañía minera Río Tinto, entonces de propiedad británica, tenía su oficina, cerca del edificio del alcalde, a lo largo de una calle de casas andaluzas encaladas y casas muy inglesas de tejas rojas. Fue allí donde un grupo de empleados mineros ingleses reunió a sus jugadores para el saque inaugural entre dos equipos formados exclusivamente por no españoles.

El partido fundacional de los expatriados ingleses en suelo español se jugó con el inquieto abandono sin reglas de los aficionados. Reflejaba los primitivos años populares del fútbol en Inglaterra, la tierra donde todo empezó. Como recoge Hunter Davies en su historia social del deporte rey británico, *Postales desde la orilla del fútbol*, el fútbol en sus inicios en Inglaterra solía celebrarse en días festivos, con dos equipos de número ilimitado que intentaban llevar un balón de un extremo a otro de un barrio y alcanzar una meta designada: «Se permitían las patadas, las peleas, los ajustes de cuentas, el uso de armas o cualquier tipo de violencia física, y la gente acababa malherida y, a veces, muerta».

El primer partido de fútbol del que se tiene constancia en la historia de España, cerca de las minas de Río Tinto, se jugó casi con la misma ligereza, aunque sin violencia. *Los Ingleses* aspiraban a llevar una cultura de civilización a una de las zonas menos desarrolladas del sur de Europa, con su atrasada economía feudal y una agitación política endémica.

Curiosa silueta de Gurban Gurbanov, Alex Ferguson y Josep Guardiola. © Shutterstock.

No muy lejos, en una ría que desemboca en la costa atlántica, el Huelva Recreation Club (más tarde rebautizado Recreativo Club de Huelva), fue fundado oficialmente en diciembre de 1889 por Andrew Mackay, un médico escocés empleado por la empresa Río Tinto. A día de hoy, el club disputa con el Minas de Río Tino su reivindicación de ser la «cuna del fútbol español». Fue registrado como club español aunque su primer equipo fue construido por ingleses y escoceses.

En el País Vasco, el juego también tenía fuertes raíces anglosajonas. Al igual que en Río Tinto, los ingleses de Bilbao estaban vinculados a las minas locales, y uno de los cánticos rituales del Athletic de Bilbao, «Alirón, alirón, Athletic es campeón», deriva de la frase «*all iron*» («todo hierro») que un técnico minero inglés escribía en tiza si se descubría que una roca extraída tenía más de un setenta por ciento de contenido en hierro.

Los españoles pronto aprenderían de sus maestros futbolísticos y con el tiempo desarrollarían su propio estilo y autonomía, produciendo grandes clubes con un seguimiento que traspasaba fronteras, pero durante gran parte del siglo XX, fueron los jugadores y entrenadores ingleses los que dejaron su huella en el fútbol nacional español, y no a la inversa. Eso cambiaría con la Premier League.

El FC Barcelona (fundado en 1899) contaba con varios ingleses entre los extranjeros de su primer equipo. El portero se llamaba Brown, el primer secretario del club Wild, y dos jugadores clave eran los hermanos Arthur y Ernest Witty.

En 1998, seis años después de la fundación de la Premier League, entrevisté al anciano Frederick Witty, el descendiente más longevo de los primeros jugadores del Barça, antes de que falleciera en una residencia de ancianos cerca de Castelldefels. Frederick estaba frágil, pero me recibió con su dignidad intacta, vestido con chaqueta de tweed y corbata de seda, el epítome de un caballero inglés.

Bebimos té en el césped bien regado de la residencia de ancianos, mientras el sol mediterráneo se ponía y su respiración se volvía agitada. Me habló de la época en que su padre jugaba en el Barça.

> «Nunca hizo ningún entrenamiento especializado, nada de lo que se ve hoy en día, con jugadores a los que los entrenadores les gritan órdenes actuando como comandantes de campamento. Pero sabía cómo mantenerse en forma, y lo hacía saliendo a correr largas distancias. Jugaba con una combinación de aceleración, dureza, control del balón y potencial goleador».

El Real Madrid (fundado como Madrid FC en 1902) tuvo como uno de sus primeros jugadores a un veterano del juego llamado Arthur Johnson. Era un empresario inglés librepensador que compartió sus habilidades futbolísticas y su filosofía de vida con un grupo de jóvenes españoles discípulos de Francisco Giner de Los Ríos, fundador de la Institución Libre de Enseñanza.

Johnson, como capitán del equipo, se distinguió por su precisión en las entradas, su agilidad y su elegancia corporal. Jugó en varias posiciones, de central, de delantero centro y de portero.

En los años de entreguerras destacan algunas leyendas inglesas en España. Entre los primeros entrenadores ingleses se encontraba Fred Pentland. Antiguo jugador de varios clubes ingleses e internacional inglés, Pentland cruzó los Pirineos para llegar a España, tras su famosa organización de partidos de fútbol en un campo de detención alemán durante la Primera Guerra Mundial.

Se convirtió en entrenador del club cántabro Racing de Santander, donde se mostró partidario del juego de pases cortos, centrado en la técnica y la habilidad con el balón, el coraje y la determinación que había aprendido como jugador del Blackburn Rovers.

Cuando se trasladó como «jefe» a Bilbao, Pentland fumaba puros y llevaba bombín —dentro y fuera del campo— por lo que se ganó el apodo de El Bombín. Decía a sus jugadores que podían celebrar una victoria famosa estampándose colectivamente en su sombrero, ya que tenía una buena reserva de la que podía reponerlos. El hecho de que acabara con varios sombreros fue un testimonio perdurable de su éxito en el club.

Pentland se convirtió en el entrenador de más éxito que jamás se haya sentado en el banquillo de San Mamés, llevando al Athletic en dos etapas en el club a ganar cinco copas y dos campeonatos de liga, y convirtiéndose en el primer entrenador en la historia del fútbol español en ganar el doblete de Liga y Copa. En 1929, Pentland ayudó a entrenar a la selección española a conseguir su primer logro internacional importante desde que ganara una medalla en los Juegos Olímpicos de 1920: España venció a Inglaterra por

4-3, la primera vez que el equipo inglés perdía un partido fuera de un campeonato nacional contra Escocia.

Siguiendo adelante, esta breve historia del compromiso cultural anglo-español a través del fútbol nos lleva al hijo de padres jamaicanos el inglés Laurie Cunningham, uno de los jugadores más dotados de su generación, que fichó por el Real Madrid procedente del West Bromwich Albion en 1979. Vicente del Bosque, que jugó con Cunningham, me dijo: «Era un gran chico. Su problema era que, a pesar de ser un jugador fuerte con considerables habilidades, le faltaba regularidad. Jugaba algunos partidos brillantes, pero luego había partidos en los que apenas se le notaba. Encajó muy bien en el equipo, se adaptó bien a pesar de que la nuestra era una cultura diferente... Se sentía feliz y se adaptó perfectamente al modo de vida español y al Real Madrid...».

Cunningham marcó dos goles en su debut y ayudó al gigante español a ganar el doblete de liga y copa en su primera temporada. Conocido como la «Perla Negra» en Madrid, Cunningham impresionó a los aficionados con su extravagancia, pero las lesiones y el disfrute de la vida nocturna madrileña limitaron su impacto global.

Con la llegada del nuevo milenio, las selecciones nacionales se vieron eclipsadas por el inexorable ascenso de clubes globales como el Real Madrid, el FC Barcelona y el Manchester United. Para los jugadores con talento, sus agentes y sus clubes, la globalización y el dinero cada vez mayor de la televisión significaban que vender o ser vendido al mejor postor competía contra los lazos tradicionales y la identidad nacional. Dos momentos decisivos que se reforzaron mutuamente fueron la fundación de la Premier League en 1992 y la sentencia del Tribunal Europeo en 1995 a favor del jugador belga Jean-Marc Bosman, que impugnó las restricciones impuestas a los futbolistas de países europeos que jugaban en las ligas nacionales de Europa.

La sentencia Bosman permitió a los futbolistas profesionales de la UE trasladarse libremente a otro club al término de sus contratos, de acuerdo con las nuevas normas de competencia establecidas por el mercado único de la UE en 1992. Esto significaba que los jugadores podían exigir salarios aún más altos, tanto si renovaban un contrato como si se marchaban, ya que los clubes luchaban por no perder sus activos a cambio de nada. Esto, a su vez, infló los precios de los traspasos, creando un grupo de élite de clubes capaces de superar a los que tenían menos peso comercial. En 2003, el *galáctico* de los Galácticos, David Beckham, fue fichado por 25 millones de libras del Manchester United.

Durante las dos décadas siguientes, otros jugadores ingleses estrella se marcharon a España, pero su número quedó empequeñecido por el de los españoles que se fueron a la Premier. Mientras retumbaba el debate sobre cuál era realmente la mejor liga del mundo, el único aspecto en el que la Premier League sobresalía por encima de su rival española estaba relacionado con el dinero en juego, concretamente en lo que se refiere a los acuerdos televisivos.

Hasta la crisis pandémica esto no era un problema si se fichaba por el Real Madrid o el Barcelona, pero sí lo sería si se decidiera fichar por uno de los otros equipos españoles.

Según un informe publicado por la Premier League en abril de 2020, 144 españoles habían jugado para entonces en la competición de clubes inglesa, lo que convertía a España en el quinto país más representado. Históricamente, Cesc Fábregas lideraba la lista española tanto en apariciones como en asistencias, habiendo dado 111 goles en 350 partidos con el Arsenal y el Chelsea y siendo campeón dos veces con los Blues.

Fábregas fue uno de los cinco jugadores españoles que marcaron cuatro goles en un partido, récord de la Premier League, junto a sus compatriotas Santi Cazorla y José Antonio Reyes. Durante su estancia en el Chelsea y el Manchester United, Juan Mata acumuló un total de 103 goles y asistencias. César Azpilicieta, que se incorporó al Chelsea en 2012, ayudó a ganar dos títulos de liga. En sus mejores tiempos, el guardameta David Gea mantuvo su portería a cero en 108 ocasiones y ganó cuatro veces el premio al Jugador del Año del Manchester United.

Es difícil hacer una lista de los mejores jugadores españoles entre los más de 140 que han jugado en la Premier, pero me remito al juicio imparcial de Eric S. Huffman, que publicó su veredicto en el sitio de blogs deportivos *Sportswise* en abril de 2022.

Diego Costa, Chelsea (2014-2018).

«Una máquina de hacer goles en la Premier League inglesa. Tras ser traspasado por 38 millones de libras en la temporada de verano de 2014, marcó 20 goles en solo 26 partidos. A la temporada siguiente, marcó otros 12 y 20 goles. Diego Costa marca 52 goles en solo 89 partidos en su carrera en la Premier League. El Chelsea ganó la Premier League dos veces en 2014/15, y 2016/17 en la época de Diego.

Xabi Alonso, Liverpool (2004-2009).

«Xabi Alonso se convirtió en uno de los jugadores más fiables de Rafa Benítez en el centro del campo.... gracia, precisión y seguridad en sí mismo... sirviendo de metrónomo del juego. Se situó constantemente en el centro del campo defensivo para asistir a Steven Gerrard y Fernando Torres durante todo el partido. La unidad fue el centro del universo de los jugadores del Liverpool».

Fernando Torres, Liverpool y Chelsea (2007-2015).

«Torres se unió a otros jugadores españoles en el Liverpool de Benítez en 2007, donde se convirtió en el jugador más rápido de la historia del Liverpool en marcar cincuenta goles con el club. Fue uno de los atacantes más emocionantes y explosivos de la historia de la Premier League inglesa, y uno de los más prolíficos».

Como escribió Simon Kuper en *The Football Men*:

«A Torres le dieron a elegir entre traicionar a su club o traicionar su talento y eligió dejar el Atlético de Madrid.

Regresó del fin del mundo (unas vacaciones en la Polinesia) para hablar con el Liverpool».

En su nuevo club inglés, Torres se ganó a la afición. El jugador contó cómo hace años algunos de sus amigos madrileños se hicieron tatuajes con el lema del Liverpool, «Nunca caminarás solo». Torres no pudo hacerse el tatuaje en aquel momento, pero sus amigos le compraron un brazalete con el lema». No a todos los mejores jugadores españoles les resultó fácil emigrar. Pero el entrenador Rafa Benítez tranquilizó a los jugadores españoles diciéndoles que su Liverpool era un pequeño rincón de España.

David Silva, Manchester City (2010-2020).

David Silva fue uno de los mejores jugadores de la historia del Manchester City. Durante su etapa allí, el Manchester City empezó a construir su superequipo junto a Sergio Agüero, Vincent Kompany y Yaya Touré.

Hicieron del Manchester City una nueva potencia en la Premier League. David Silva marcó 60 goles en sus 309 partidos en la Premier League.

Sus carismáticas actuaciones ayudaron al Manchester City a ganar el título de Liga en 2012. Fue uno de los jugadores clave en la historia de la Premier League para cualquier equipo. Apodado el mago por los aficionados del City, el discreto campeón del mundo español fue el hombre principal durante gran parte de su estancia de 10 años en el Etihad. Fichado del Valencia en 2010, jugó 436 partidos con el City y ganó cuatro títulos de la Premier League, dos Copas de Inglaterra y cinco Copas de la Liga. En 2021 se inauguró una estatua suya en el Eitihad. Dijo que le encantaba la estatua en la que está en posesión del balón en el centro del campo buscando a quién pasárselo:

«Estar en el City cambió mi vida. Estoy orgulloso de lo que hicimos juntos y me emociona que se haya reconocido así», declaró Silva. «Cuando vi la estatua por primera vez, me sentí bien, pensé que se parecía a mí. Esta estatua representa realmente la forma en que me gusta jugar, me encanta la pose que ha elegido el escultor. Me recuerda mucho a las veces que estaba en el campo jugando y a ese momento en el que tenía que encontrar al delantero. Es algo emocionante formar parte de ello, crear algo que pase a formar parte del paisaje que significa tanto para tanta gente».

La estatua, que se construyó soldando miles de piezas de acero galvanizado, fue creación del galardonado escultor figurativo Andy Scott.

Como señaló *Marca* en agosto de 2021, la Premier League se ganó la reputación de ser la mejor liga del mundo debido a los grandes nombres que jugaban en ella y a las cuantiosas sumas que se movían en cada periodo de traspasos, lo que provocó que cada vez más jóvenes talentos españoles se dirigieran a Inglaterra para ejercer su oficio. A los clubes españoles les resultaba cada vez más difícil competir con la cantidad de dinero que se ofrecía en Inglaterra, lo que ha llevado a los clubes de la parte baja de la Premier League a arrebatar talentos a la Liga.

Marc Cucurella, una joven estrella española en alza, comenzó su carrera en la Liga española en el FC Barcelona, aunque pasó la mayor parte del tiempo allí en el equipo reserva. Después de jugar más de 100 partidos de Liga para el Eibar y el Getafe se unió al Brighton & Hove Albion, uno de los equipos más pequeños de la Premier League en 2021 que había terminado en puesto 16 en la temporada anterior. En el verano de 2022 se unió al Chelsea por una cantidad inicial de 56 millones de libras con una posible cantidad adicional de 7 millones.

«Ganas mucho dinero y, sin embargo, de alguna manera no cuenta para nada porque lo único que puede hacer la vida soportable cuando estás muy lejos de casa, tanto física como emocionalmente, es jugar al deporte que amas», escribió Guillem Balague en un artículo para *Bleacher Report* en 2014.

Balague recordó cómo Santi Cazorla admitió abiertamente que cuando llegó por primera vez al Arsenal, de no haber sido porque Mikel Arteta le tomó bajo su protección y le enseñó el club, es muy posible que no se hubiera asentado en Inglaterra.

Desde hace años, España produce algunos de los mejores jugadores del planeta. Durante ese tiempo, la Premier League inglesa se ha encumbrado como la mejor liga del mundo, atrayendo a los futbolistas de élite del mundo, así como a un enorme potencial juvenil, jóvenes jugadores que han madurado y florecido en su entorno competitivo, apoyados por los aficionados más apasionados de cualquier parte del globo.

Hubo un tiempo, hace ya mucho tiempo, en el que la caricatura narraba que los jugadores españoles, por muy dotados que estuvieran, no eran aptos ni mental ni físicamente para jugar el fútbol de clubes inglés, más rápido, menos técnico y más agresivo. Guardiola rompió estos estereotipos adaptando su arte y conquistando la Premier trabajando su alquimia en el Manchester City con una mezcla de talento inglés y extranjero.

No todos los hispanohablantes han tenido una experiencia feliz en la Premier League. Ángel Di María fichó por el Manchester United en 2014, tras una exitosa etapa en el Real Madrid, por 60 millones de libras —la cifra más alta pagada por un club británico en aquel momento—, pero solo duró una temporada y los aficionados y los comentaristas lo consideraron un fracaso. Disputó 27 partidos, en los que solo marcó tres goles, y se marchó al París Sant Germain con el United aceptando una rebaja de unos 15 millones de libras menos de lo que habían pagado por él.

La experiencia de Di María en la vida inglesa no se vio favorecida por el hecho de tener que sufrir un intento de robo en la residencia campestre que el club había encontrado para él, junto con otros jugadores del primer equipo, a las afueras de Manchester, en el idílico y habitualmente tranquilo paisaje del Triángulo de Oro de Cheshire, cerca del refugio para viajeros del pintoresco pueblo de Alderly Edge.

El intento de robo en su casa inglesa conmocionó a Di María, que arrastraba recuerdos de su ciudad natal, Rosario, una ciudad argentina con fama de violenta delincuencia relacionada con las drogas, además de producir jugadores estrella. Messi también nació allí.

Según la esposa de Di María, Jorgelina Cardoso, el fichaje del jugador por el Manchester fue un terrible error. «No me gustó nada... puedo decírselo. La gente es rara, vas caminando y no sabes si te van a matar. La comida es asquerosa. Las mujeres parecen de porcelana», declaró a un programa de la televisión argentina LAM en agosto de 2022. «Ángel y yo estábamos en Madrid, en el mejor equipo del mundo, comida perfecta, tiempo perfecto, todo era perfecto. Y entonces llegó la propuesta del United. Le dije que de ninguna manera, pero él seguía diciendo que estaríamos un poco más seguros económicamente».

A muchos españoles e ingleses que conocen la ciudad de Manchester les resultará difícil reconocer su descripción. A partir de 1996, cuando una bomba del IRA destruyó un importante centro comercial, la ciudad se levantó por fin de su decadencia de posguerra. Las viejas naves industriales se convirtieron en centros culturales, incluido un magnífico Instituto Cervantes.

Manchester se ha vuelto tan cosmopolita en su cocina como en su fútbol. En 2016 Juan Manuel Mata, empresario y agente futbolístico, abrió un restaurante español Tapeo and Wine en Manchester Deansgate, dos años después de que su hijo fichara por los Diablos Rojos procedente del Chelsea.

Mourinho, fue cliente habitual durante sus dos años y medio como entrenador del Manchester United. Guardiola, que llegó a Manchester al mismo tiempo para hacerse cargo del City, su rival de la ciudad, también frecuentaba el restaurante.

En 2018, Pep Guardiola junto con el consejero delegado del Manchester City, Ferran Soriano, y el director de fútbol, Txiki Begiristain, invirtieron en el restaurante Tast Cuina Catalana, con Paco Pérez, un chef de primera línea, trayendo el sabor de su Cataluña natal a la ciudad.

Es quizás Guardiola quien personificó una historia de éxito español en la Premier League como entrenador del Manchester City, adaptándose y enamorándose del entorno local con el mismo sentido del compromiso que lo hizo en Múnich y en Nueva York, donde mejoró su inglés, tras dejar el Barça.

Soy un privilegiado por haber estado allí. Pero aquí, después de cuatro o cinco años me siento tan BIEN... Siempre he tenido la sensación, el sueño de venir aquí, de formarme en el país de [William] Shakespeare, en el país de los Beatles, en el país de Oasis, los teatros, las películas. Este país es especial por muchas, muchas, muchas razones y yo quería vivirlo. Odio noviembre, diciembre, enero y febrero en Inglaterra porque me gustaría que hiciera mejor tiempo, pero tengo todo [lo que necesito] para hacer mi trabajo, esa es la razón por la que amplié mi contrato», le dijo Guardiola al exjugador del Manchester United Rio Ferdinand en marzo de 2021 durante la serie *Rio Meets* de BT Sport.

En el momento de la entrevista, Guardiola iba camino de ganar un cuarto título de la Premier League en cinco años en 2021/22, así como de alcanzar la semifinal de la Liga de Campeones.

El catalán tuvo un comienzo fulgurante en el City, ganando sus 11 primeros partidos al frente del equipo y fue nominado en dos ocasiones al premio al Mejor Entrenador del Mes de la Premier League en agosto y septiembre de 2016. En su segunda temporada guio a los Blues al título de la Premier League y a la Copa Carabao, pulverizando récords por el camino en una temporada sensacional.

Recogió cuatro premios sucesivos al mejor entrenador del mes y fue elegido mejor entrenador de la temporada en la Premier League y mejor entrenador del año. Volvió a ser elegido mejor entrenador del año de la Premier League tras guiar al City a cuatro trofeos más en 2018/19 para convertirse en el técnico más laureado del Club con seis trofeos en tres temporadas.

Guardiola floreció bajo una propiedad árabe con dinero para gastar, y en el contexto más amplio de una poderosa y adquisitiva liga doméstica inglesa. Los diez traspasos de la Liga a la Premier League de 2022/23, incluso antes de que finalizara la ventana de traspasos de verano en agosto, ascendieron a casi 300 millones de libras, y el gasto en extranjeros, en total más de 1600 millones de libras, superó los niveles anteriores a la llegada de Covid.

A partir del 1 de enero de 2021, el gobierno británico puso en marcha nuevas normas que afectarían al fútbol inglés. Se temía que la contratación internacional de jugadores se complicara con las nuevas leyes como consecuencia de que el Brexit pusiera fin a la libertad de circulación entre el Reino Unido y la UE. El cambio de política amenazaba con añadir trámites burocráticos a los traspasos internacionales de futbolistas. Por ejemplo, al igual que otros trabajadores en el extranjero, los futbolistas extranjeros tendrían que superar un sistema basado en puntos antes de trasladarse al Reino Unido. Uno de los españoles que había desarrollado con éxito su carrera empresarial en la Premier era Víctor Orta, director deportivo del Leeds United, que contribuyó al regreso del club en la temporada 2019-2020 a la Premier League tras dieciséis años de ausencia. En una entrevista concedida a Diego Torres de *El País* en septiembre de 2022, Orta describió el Brexit como el punto débil de la Premier, advirtiendo de que cualquier política restrictiva en los traspasos de jugadores de otras ligas europeas, lejos de proteger a los jóvenes jugadores ingleses, corría el riesgo de minar su competitividad.

La continua llegada de jugadores y entrenadores europeos a la Premier League sugirió que, en términos de la bien remunerada y cualificada máxima categoría del fútbol, el impacto disuasorio del Brexit no había sido tan grande como algunos temían.

Los entrenadores europeos de talento que siguen los pasos de Guardiola y Klopp no tuvieron muchas dificultades para cumplir las normas acordadas como parte de la salida de Gran Bretaña de la Unión Europea, según las cuales tendrían que satisfacer a las autoridades inglesas de que eran del más alto calibre y capaces de contribuir significativamente al desarrollo del juego al más alto nivel en Inglaterra.

Para cumplir los requisitos, los directivos potenciales debían cumplir unos criterios específicos, que incluyen un total de 36 meses dirigiendo al primer equipo de una gran liga en los cinco años anteriores, o 24 meses consecutivos en el cargo.

En 2007, menos del 20 % de los entrenadores de primera división que desempeñaron algún cargo en la Premier League procedían del extranjero esa temporada. En cambio, al final de la temporada 2020/21, nueve de los entrenadores en activo al término de la campaña procedían del extranjero, cifra que aumentó en dos para la temporada siguiente, más del cincuenta por ciento de los entrenadores de la Premier League. Entre los clubes de primera línea dirigidos por europeos se encuentran los españoles Guardiola y Arteta en el Manchester City y el Arsenal respectivamente, los alemanes Klopp (Liverpool) y Tuchel (Chelsea), el italiano Comte (Tottenham), y Ten Hagen (holandés) en el Manchester United.

En cuanto a los jugadores, Tom Allnutt, antiguo periodista de la *Agence France Press* experto tanto en la Liga como en la Premier, sugirió en un artículo para *The Times* que los departamentos de contratación ingleses ya no descartaban a los jugadores españoles, como hacían antaño, por considerarlos técnicamente excelentes, pero demasiado delgados para manejar la rudeza de la Premier inglesa. De hecho, se creía que los jugadores pequeños pero de élite —como demuestran futbolistas de la talla de Santi Cazorla, Silva, Juan Mata y Fábregas— podían prosperar en Inglaterra, en parte porque ofrecen algo de la sutileza de la que carece la Premier League, escribió Allnutt.

Sin embargo, seguía existiendo un «nivel básico de fisicalidad requerido: la voluntad de luchar, no solo para igualar la intensidad de los partidos ingleses, sino también como medio de ser aceptado».

Al considerar los retos a los que se enfrentaban los importados a la Premier League procedentes de la Liga, Allnutt escribió que los vascos y los catalanes aprendían mejor el inglés, los andaluces echan de menos su casa y familia, mientras que los gallegos y los vascos eran menos propensos a preocuparse por el clima. Al final había factores incontrolables como la demografía de un vestuario, la fe del entrenador y el estado de ánimo del club «Incluso la suerte jugará su papel».

La Premier, ¿Quo Vadis?

Se cree que los primeros juegos de pelota en las Islas Británicas se remontan a los primeros celtas del siglo VI o en la mitología a la época en que el noble rey Arturo y sus caballerosos de la mesa redonda protegían a los oprimidos y perseguidos desde su fantástica ciudad de Camelot.

En aquellos primeros tiempos, las exigencias físicas de la vida cotidiana eran tan grandes que dejaban poco tiempo para actividades de ocio y el juego se practicaba de forma esporádica y sin reglas. Hubo que esperar hasta el siglo XIX para que el fútbol, como juego con equipos organizados y reglas, empezara a practicarse de forma que no solo sirviera para distraer a las clases trabajadoras industrializadas, sino también como deporte digno de ser exportado a medida que la Gran Bretaña imperial extendía su influencia tanto cultural como socioeconómica más allá de sus costas.

Junto con el juego, los británicos desarrollaron la ética deportiva del «juego limpio». En su esencia había dos objetivos. El primero establecer un equilibrio complementario entre el desarrollo físico y mental de una persona desde una edad temprana, inculcando en el individuo y en el equipo la aceptación de la alternancia de experiencias de ganar y perder con nobleza y gracia, respetando al adversario. La segunda, en el plano de las relaciones comunitarias e internacionales, sublimando las rivalidades y los resentimientos y trasladándolos del conflicto militar a los campos de deporte.

El desarrollo de la Premier League hasta convertirse en una gran marca mundial ha resultado más exitoso que el de otras ligas, y también ha contrarrestado la tendencia de las empresas y el comercio del Reino Unido que, a pesar de la promesa del Brexit de Boris Johnson de volver a hacer grande a Gran Bretaña, sigue sin conseguir que la raza isleña alcance el nivel de superioridad moral que inspiró Churchill como líder de guerra que se enfrentó a Hitler.

Como escribe Norman Davies en su historia de los ingleses, *The Isles*: «No es sorprendente que estos objetivos surgieran en Gran Bretaña, el primer país urbano y modernizado del mundo. Se plasmaron en la evolución de unos juegos que han cobrado importancia mundial... sobre todo el fútbol».

Con el tiempo, el fútbol atrajo el apoyo de todas las clases sociales de Inglaterra, lo más parecido a un juego nacional, aunque en sus años de formación estuviera reservado casi exclusivamente a los participantes masculinos. La primera liga inglesa de fútbol se formó en 1888 con doce clubes miembros.

Más tarde, en el siglo XX, los fundadores del juego tal y como lo conocemos hoy se quedaron atrás con respecto a sus herederos en un aspecto. La caída en desgracia de la selección nacional en la clasificación del fútbol mundial, en gran medida sin control, parecía un espejo de su declive posimperial. La victoria de Inglaterra en la Copa Mundial de 1966 fue un logro excepcional para la selección nacional. En 1999, el país que presumía de haber inventado el fútbol más allá de sus primitivos comienzos ocupaba el undécimo lugar en la clasificación mundial de la FIFA.

Sin embargo, el bajo rendimiento de la selección nacional contrastaba con la calidad del fútbol de clubes inglés.

La Copa de Europa estuvo dominada por los clubes ingleses, a finales de los 70 y principios de los 80, cuando, desde 1977 hasta 1982, un equipo inglés —Liverpool, Aston Villa y Nottingham Forest— ganó la Copa de Europa cada año.

Aparte de las cinco victorias consecutivas del Real Madrid en los inicios de la competición, entre 1955 y 1960, y del dominio holandés de la Copa de Europa cuando el Feyenoord y el Ajax levantaron el enorme trofeo cuatro veces entre ambos a principios de la década de 1970, nunca un país había ostentado tal monopolio sobre la competición de élite europea.

El fútbol inglés de clubes estaba destinado a experimentar una transformación con la llegada del nuevo milenio, convirtiéndose en la liga más rica, popular y espectacular del mundo, y transformando el negocio del fútbol inglés en una potencia comercial mundial.

Pero el primer dominio de los clubes ingleses en las competiciones europeas, a finales de los 70 y principios de los 80, y la reputación del fútbol inglés se vieron ensombrecidos por la tragedia de los aficionados ingleses, que se vieron implicados en tres catástrofes multitudinarias. El 11 de mayo de 1985, 56 espectadores murieron en un incendio en una tribuna anticuada del Bradford City. Más tarde, ese mismo mes, 39 personas murieron aplastadas en el estadio de Heysel, en Bruselas, cuando los aficionados de la Juventus se enfrentaron a los alborotadores seguidores del Liverpool. Ello provocaría la prohibición de competir en Europa a los clubes ingleses.

Cuatro años más tarde, una mala actuación policial y el aplastamiento de los dos corrales centrales de la tribuna de Leppings Lane, donde los seguidores del Liverpool eran apiñados como ganado, en el estadio de Hillsborough, en Sheffield, durante una semifinal de la Asociación de Fútbol entre el Liverpool y el Nottingham Forest, acabaron con la vida de 97 aficionados. A partir de entonces se reformarían los estadios o se construirían otros nuevos y se mejoraría la seguridad, aunque los hinchas ingleses más acérrimos siguieran teniendo fama de ser de los más intimidatorios de Europa.

El 15 de agosto de 1992 marcó el comienzo de una apasionante era en el fútbol moderno, con el arranque de una nueva competición, la Premier League, en Inglaterra. Como se recuerda en instantáneas en la página web de la Premier League en su 30.º aniversario:

«... El primer gol de la Premier League llegó tras solo cinco minutos de acción, cuando Brian Deane, del Sheffield United, marcó contra el Manchester United. Añadió un segundo desde el punto de penalti justo después del descanso, ya que el equipo de sir Alex Ferguson sufrió una derrota en la jornada inaugural. El primer gol de la Premier League llegó tras solo cinco minutos de acción, cuando Brian Deane, del Sheffield United, marcó contra el Manchester United. Añadió un segundo tanto desde el punto de penalti justo después del descanso, ya que el equipo de sir Alex Ferguson sufrió una derrota en la jornada inaugural».

El Leeds United había ganado el título de la Primera División la temporada anterior y arrancó con victoria su campaña en la Premier League, con dos goles de Lee Chapman en la victoria por 2-1 sobre el Wimbledon.

En Selhurst Park, Alan Shearer dio una pista de las hazañas goleadoras que iban a batir récords cuando marcó dos magníficos goles en su debut con el Blackburn.

El Norwich City sorprendió al Arsenal en Highbury, remontando dos goles en contra para registrar una victoria por 4-2, en la que Mark Robins selló el triunfo con una sublime vaselina sobre David Seaman.

David Smith marcó a bocajarro para ayudar al Coventry City a empezar con un triunfo en casa por 2-1 sobre el Middlesbrough, y un buen gol de Barry Horne dio al Everton un empate a 1-1 con el Sheffield Wednesday.

El Aston Villa y el Oldham Athletic también remontaron para empatar sus primeros partidos de la Premier League, en casa del Ipswich Town y el Chelsea respectivamente, mientras que el Southampton y el Tottenham Hotspur empataron en The Dell.

El Nottingham Forest y el Liverpool tendrán que esperar hasta el domingo por la tarde para comenzar sus campañas, en el primer partido televisado en directo de la Premier League.

El primer gol televisado en directo lo marcó Teddy Sheringham, lo que bastó al Forest para imponerse por 1-0.

«Menudo gol para empezar esa era», dijo Sheringham. «David James estaba en la portería y parecía enorme. Recuerdo que pensé: "¿Cómo voy a marcar esto?", así que le pegué tan fuerte como pude a la escuadra.

No creo que todos nos diéramos cuenta de en qué se iba a convertir la Premier League hace 30 años. Era algo nuevo y eran tiempos emocionantes. Había bailarinas los lunes por la noche y todo era fan-dabby-dozy».

Tres décadas después, la Premier anunció un acuerdo televisivo estadounidense de seis años que elevaría la facturación anual de la liga por encima de los 6000 millones de libras, marcando el momento en el que los ingresos por derechos mediáticos extranjeros superaron a los ingresos nacionales. Como señaló el autor David Goldblatt, fue un marcador apropiado para la temporada 30 de la Premier y sus tres décadas de hiperglobalización. Se había convertido en la liga de fútbol más vista del mundo, con la mayor difusión de entrenadores extranjeros de alta calidad y jugadores extranjeros estrella, además de los mejores ingleses.

Si el satélite e Internet habían llegado a una audiencia masiva más allá del mercado relativamente pequeño de las Islas Británicas, el atractivo de la Premier también se debía en parte a las arraigadas identidades locales de los clubes ingleses y a la pasión y lealtad de sus seguidores, que animaban los partidos y alimentaban el espíritu competitivo de directivos y jugadores.

Al principio, solo las personas que compraban antenas parabólicas podían ver la nueva liga en directo en sus pantallas de televisión. Pero el gobierno lo permitió porque la Gran Bretaña post-Thatcher confiaba en el libre mercado, una condición esencial para el éxito de la Premier League.

Mientras tanto, con la modernización de los estadios llegaron más clientes, incluidas mujeres y familias. Un elemento *hooligan* perdurable, aunque reducido, conservaba la capacidad de intimidar en lugar de dar la bienvenida a los visitantes. Los encuentros futbolísticos podían propagar actos de violencia en lugar de juego limpio, sobre todo en tiempos de enconada tensión social y política.

En su publicidad, las autoridades de la Premier League marcaron el 30 aniversario celebrando sus iniciativas de promoción de la diversidad y la lucha contra el racismo, y la financiación canalizada hacia las academias de fútbol y la educación deportiva de los desfavorecidos. Pero los lucrativos derechos de retransmisión y el patrocinio iban de la mano de acuerdos masivos de traspasos con jugadores y expertos televisivos que ganaban sumas astronómicas que contrastaban con las desgracias y penurias económicas de amplias capas de la sociedad, golpeadas por el Covid, los precios de la energía y las repercusiones negativas del Brexit.

La nueva Premier League en la ventana de transferencias del verano de 2022 hizo que los clubes ingleses gastaran más de 2000 millones de libras esterlinas, recuperándose tras dos temporadas de restricciones Covid —en comparación con el récord anterior de 1400 millones de libras en 2017— y empequeñeciendo a sus rivales europeos. Los clubes de la Premier League gastan más que La Liga española, la Serie A italiana y la Bundesliga alemana juntas, según un estudio de la empresa de servicios financieros Deloitte. De los veinte fichajes más importantes de Europa, quince se incorporaron a la Premier League, lo que proporciona a los principales clubes ingleses una ventaja competitiva en todas las competiciones de clubes nacionales y extranjeras, y les asegura no solo estadios llenos, sino un mercado global de telespectadores y espectadores digitales en constante crecimiento.

Tim Bridge, socio principal del Sports Business Group de Deloitte, declaró: «El nivel récord de gasto durante este periodo de traspasos es un claro indicio de la confianza de los clubes de la Premier League, a medida que los aficionados regresan a los estadios y comienza un nuevo ciclo de retransmisiones».

Sin embargo, según declaró Bridge a la BBC, los clubes ingleses de primera división tendrán que hacer frente a la incertidumbre que rodea a la economía británica. Predijo que iba a ser increíblemente caro para los clubes y las organizaciones organizar partidos y trabajar realmente duro para seguir atrayendo a los aficionados y seguir garantizándoles la oportunidad de participar.

«Lo que tenemos que hacer es pensar en la responsabilidad que tiene la industria, en general, en torno a la sostenibilidad financiera. Asegurarnos de que los clubes están ahí a largo plazo y reconocer su verdadero estatus de activos comunitarios. Debemos dar un paso adelante a través de esta crisis del coste de la vida y asegurarnos de que los clubes de fútbol siguen desempeñando lo que es un papel fantástico por encima y más allá de estas cifras principales».

La Premier había producido historias de solidaridad entre algunos jugadores individuales que hablaban sobre el racismo y la pobreza, aficionados que protestaban contra la Superliga, mientras que las mujeres inglesas aspiraban a un papel más importante en el fútbol que en cualquier otro momento de su historia.

Sin embargo, la Premier, como modelo de negocio, era una despiadada máquina de buscar beneficios a la que le quedaba camino por recorrer para redistribuir de forma más justa y equitativa su extraordinaria riqueza.

Puede que, como comentaba Simon Kuper en el *Financial Times*, los aficionados formaran parte de la máquina tanto como víctimas explotadas.

«Al igual que los *groundlings* (grada popular) de la época de Shakespeare, los aficionados ingleses se consideran partícipes del espectáculo, cocreándolo con sus vítores y cánticos. No tienen fijación por ganar. Las derrotas se convierten en forraje para el humor autoburlón, como en el cómico Jasper Carrott, que explica la vida como aficionado del Birmingham City: Unas veces pierdes, otras empatas».

El fútbol era más una vía de escape que un remedio, una solución periódica a corto plazo que permitía a los aficionados olvidar lo que iba mal en sus vidas en lugar de exacerbar sus miedos y frustraciones. Producía momentos de enorme alegría —así como de desesperación— con otros que vestían d los mismos colores, compartían las mismas historias, canciones y cánticos. El comportamiento de una tribu se ve afectado tanto por las circunstancias individuales como por la inmersión en el grupo. Los hinchas ingleses también tienen vidas más allá del fútbol, donde el sufrimiento, la desigualdad y el mal gobierno conducen a límites de tolerancia.

La fundación de la Premier League fue impulsada por la tecnología y por el afán de explotar nuevas formas de consumo. Treinta años después, Barney Ronay, de *The Guardian*, escribió que «ahora el fútbol es básicamente formas en movimiento en una pantalla, un producto digital, un golpe de dopamina a través de internet, ahí para ser consumido como parte de un mundo de seguidores más amplio».

Ya en 1995, el político laborista inglés Tony Blair, dos años antes de convertirse en primer ministro, habló en una cena de la Asociación Inglesa de Escritores de Fútbol en honor del 80 cumpleaños de sir Stanley Matthews, y advirtió sobre la dirección que podría estar tomando la Premier League.

Expresó su malestar por la filosofía de «enriquecerse rápidamente, algo a cambio de nada, y por la erosión de valores como el servicio a la comunidad y la responsabilidad más amplia que la gente de la opinión pública tiene por aquellos a los que seguimos e idolatramos...

Una nación que descuida el deporte de base porque está obsesionada con las ganancias comerciales del deporte de alto nivel es una nación abocada al declive deportivo y social».

Treinta años después, la Premier League podía presumir de ser un enorme éxito comercial que no estaba atado al lugar, ni a la tradición, ni a las reglas que ahogan los beneficios. Cuando apenas habían transcurrido tres fines de semana de la nueva temporada, a finales de agosto de 2022, un emocionante partido al borde del abismo entre el Newcastle y el Manchester City ya era candidato a partido de la temporada. Acabó en empate a 3 tras un partido caracterizado por los grandes goles, la pasión y el *pressing*, y un momento de dramática controversia humana y tecnológica cuando el jugador del Newcastle Kieran Tripper recibió una tarjeta roja por una temeraria embestida solo para que la decisión fuera anulada a instancias del VAR (asistente de vídeo «árbitro»).

El equipo de Guardiola se enfrentó a un equipo dirigido por un inglés Eddie Howe que jugó, como dijo un observador, con «un fútbol atrevido, audaz y destructivo lo suficientemente bueno como para igualar al que posiblemente sea el mejor equipo de fútbol de Europa. El Newcastle ganaba 3-1 ante su eufórica afición en St James's Park antes de que el City remontara con goles de dos de sus estrellas internacionales, Erling Haaland y Bernardo Silva.

Apenas un año antes el Newcastle era penúltimo de la liga, en un declive aparentemente terminal bajo la fallida propiedad del empresario inglés Mike Ashley. Ahora revivía tras la políticamente cuestionable compra saudí del club. Era una fuerza emergente, mientras que el City demostraba por qué seguía siendo campeón. El encuentro tuvo todos los elementos que dieron identidad y marca a la Premier como la competición deportiva más vista del mundo. Que no solo hay mucho dinero en la Premier League, sino mucho que se puede repartir quedó subrayado en el hecho de que el club que terminó en lo más alto de la tabla la temporada 2021/22, el Manchester City, ganó 174 millones de euros, mientras que el último de la tabla, el Norwich City, recibió 113 millones de euros. Los llamados pagos paracaídas o «de solidaridad» de la Premier League estaban destinados a estabilizar a los clubes en los tres primeros años tras el descenso, mientras se adaptaban a unos ingresos más bajos. Podían permitir a los clubes descendidos gastar mucho más dinero en traspasos y en nuevos jugadores para ayudarles a remontar hasta la Premier League y eso suponía un riesgo potencial de ventaja competitiva injusta sobre otros clubes de la segunda división. Como explicó el experto en finanzas futbolísticas Dan Jones en una entrevista con la BBC : «El fenómeno de que haya un enorme precipicio entre la Premier League y la Football League es muy real, pero también lo es la cuestión de si un equipo se está despeñando por un precipicio, ¿darle un paracaídas es lo correcto? Y si lo hace, ¿dobla el trampolín y les hace saltar de nuevo hacia arriba? La evidencia es: a veces, pero no siempre». Pero los hechos son los siguientes: los «seis grandes» de la Premier League ganan de media tres veces los ingresos de los otros 14. Los otros 14 clubes de la Premier

League ganan aproximadamente tres veces los ingresos de los clubes que reciben pagos en concepto de paracaídas, tres veces más ingresos, segunda división inglesa. Los otros clubes de la Championship obtienen aproximadamente tres veces los ingresos de los clubes de la League One de tercera división. El propietario estadounidense del Chelsea, Todd Boehly, sugirió en septiembre de 2022, semanas después de comenzar su primera temporada en el fútbol de clubes inglés, que los seis grandes de la Premier League deberían emular el ejemplo de la Major League Baseball estadounidense y ganar aún más dinero con partidos entre un equipo All-Star del norte de Inglaterra y un All-Sar del sur del país. Pero eso parecía ignorar la naturaleza de las grandes rivalidades de los clubes ingleses. Como dijo mi amigo John Carlin en su excelente columna de *La Vanguardia* «El Corner Inglés»:

«A ver si me explico, Todd: un partido entre tu Chelsea y el Tottenham es una guerra sin balas, no un espectáculo, no una variante del circo o de patinaje sobre hielo. Por tanto, un partido Norte-Sur sería una ridiculez, o como lo defiende con exquisitez un comentarista inglés, una caca de caballo. Sería un encuentro académico en el que nadie invertiría ni una gota de sangre, sudor o, mucho menos, lágrimas».

La Premier seguía siendo, en palabras de Barney Ronay, de *The Guardian,* «robusta y sin paliativos, una máquina de beneficios, y como todo modelo basado en la codicia y el crecimiento, debe tomar bocados cada vez más grandes para sobrevivir felizmente».

En medio de la celebración de los años gloriosos de la Premier —los grandes partidos que ha hecho más accesibles, el puro espectáculo ofrecido y la calidad y competitividad de los que juegan— había una sensación, haciendo eco de las palabras de Ronay, «de algo que se atiborra hacia un estado de desenredo».

Por otro lado, los días de gloria de la Premier ya habían definido una era del fútbol moderno. A lo largo de su historia, los ingleses habían tenido un sentimiento de derecho, de ser diferentes, pero se habían mostrado capaces de una resistencia ejemplar, de solidaridad con un bien mayor y de capacidad de renovación. Que la Premier League encuentre la manera de seguir siendo no solo más abierta al mundo, sino un verdadero emblema del juego limpio, más genuinamente redistribucionista quizás, sería una historia inglesa positiva que nos llevaría a un futuro mejor del que podrían disfrutar los aficionados al fútbol de todo el mundo.

Posdatas desde el borde

UN AFICIONADO INGLÉS

Mi amigo Andy Mitten es inglés, periodista y escritor y aficionado al fútbol de toda la vida. Nacido y criado en Manchester, divide su tiempo entre su ciudad natal y España, viajando a más de ocho partidos cada temporada, la mayoría de ellos de la Premier League. Fundó el exitoso fanzine *United We Stand* cuando tenía 15 años, antes de estudiar periodismo en la universidad y llegar a entrevistar a muchos futbolistas famosos y cubrir partidos memorables. Escribir sobre fútbol le ha llevado de Israel a Irán, de Brasil a Barbados.

El tío abuelo de Andy, Charlie Mitten, fue uno de los primeros jugadores ingleses en trasladarse al extranjero tras la Segunda Guerra Mundial. Dejó el Manchester United por Bogotá, Colombia, en 1950. Durante su estancia en Sudamérica, el salario semanal de Charlie pasó de 10 a 100 libras.

Durante su estancia en Bogotá, recibió la visita de Santiago Bernabéu, que estaba convirtiendo a un legendario Real Madrid en campeón de Europa, y se interesó por tres jugadores que vivían allí: Alfredo Di Stéfano, Héctor Rial y Charlie Mitten.

277

Dos de los jugadores, Di Stefano y Rial se trasladaron a Madrid. Charlie empezó a echar de menos su hogar y quiso que sus hijos se educaran en una escuela inglesa, de vuelta en Manchester, adonde regresó. No fichar por el Real Madrid fue lo que más lamentó Charlie, pero aun así siguió una carrera gratificante de vuelta en Inglaterra. Fue un fichaje récord para el Fulham y llegó a dirigir al Newcastle United.

Andy vive entre España y Manchester desde 2001. A su padre, también llamado Charlie, le encantaban sus viajes a la península, sus costas y montañas, y sus islas. En 2018, Andy viajaba en AVE de Barcelona a Madrid para cubrir el Atlético de Madrid contra el Arsenal cuando Charlie le llamó para comunicarle la noticia de que su cáncer había empeorado.

Tras recibir tratamiento adicional en el hospital Christie de Manchester, y pasar sus últimos días siendo atendido en el hospicio St Ann's, el padre de Andy murió antes de que acabara el año. Como Andy recordó más tarde: «Un hombre que nunca dejaba de quejarse del Manchester United, rara vez se quejaba de su dolor. Yo quería hacer algo».

Así pues, Andy decidió recaudar 40.000 libras esterlinas para apoyar a los hospicios de los alrededores de Manchester montando en bicicleta, de Barcelona a Manchester a través de los Pirineos, por Francia y luego por Inglaterra.

En Inglaterra, cada día aumentaba el dinero del patrocinio. En un pub cerca de Birmingham, una señora de la cocina donó su jornal. En un pub cerca de Stoke, los bebedores habituales contribuyeron con casi 200 libras. Los que menos tenían fueron los que más dieron, hasta que los que más tenían también ayudaron. El Liverpool FC regaló a Andy una camiseta firmada por un jugador que la había llevado en la final de la Liga de Campeones de 2019 en Madrid. Se recaudaron 5000 libras. Cuarenta millas antes de que Andy llegara a Manchester, había alcanzado su objetivo de 40.000 libras.

Cuando Andy llegó a Old Trafford, los exjugadores del United Ryan Giggs, Gary Neville y Andy Cole salieron a saludarle.

«Pareces un esqueleto», dijo Giggs. Andy había perdido peso en un largo y difícil viaje. El dinero recaudado sirvió para comprar una ambulancia y pagar dos tercios de una segunda. La primera ambulancia se entregó la semana antes de que la pandemia encerrara a Andy por primera vez.

En otoño de 2022, Andy, tuvo la amabilidad de dedicarme algunas reflexiones cuando me acercaba al final de la redacción de este libro. Le pregunté por su afición al fútbol inglés:

JB:¿Por qué se hizo hincha del Manchester United?

AM: Provengo de una gran familia futbolística de Manchester. Mi tío Charlie fue una estrella en el primer gran equipo del United de sir Matt Busby, el campeón de la FA Cup de 1948, y mi abuelo jugó al fútbol profesionalmente, al igual que su otro hermano. Mi padre, sus hermanos, sus primos, mis hermanos... todos recibían dinero para jugar al fútbol. Un primo, John, jugó al críquet de primera clase para Leicestershire y al fútbol para el Leicester City en el mismo año. Yo soy el raro, pago por jugar.

Todos en la familia son del United. Crecí en la frontera entre Urmston y Stretford, a tres kilómetros de Old Trafford. Podía oír el rugido del estadio cuando repartía periódicos de joven en Manchester y fundé la revista *United We Stand* en 1989.

Tenía 15 años y sentía que el gobierno británico —Thatcher aún era primera ministra— se estaba cachondeando de los aficionados al fútbol. Pensaban que todos éramos *hooligans* sin cerebro y querían introducir tarjetas de identificación en nuestro nombre después de Hillsborough. Me sentí muy afectado por eso, al igual que por los precios abusivos de las entradas y las deficientes instalaciones de los estadios. Pusimos algunas palabras por escrito, le pedí prestadas 20 libras a mi madre para fotocopiar un fanzine —cuyo contenido era terrible si lo miramos en retrospectiva—, pero al cabo de un año estábamos vendiendo miles y empezó a despegar.

Desde el año 2000 divido mi tiempo entre Manchester y Barcelona, donde estoy casada y tengo dos hijas. Barcelona es probablemente mi ciudad favorita del mundo. Lo tiene todo. También cubro el *Barça* y voy a unos 20 partidos por temporada en el Camp Nou.

JB ¿Cómo explica su duradera lealtad?

AM: Me encanta el fútbol, me encantan los estadios, viajar a nuevos lugares y conocer gente. Los clubes de fútbol son realmente importantes en sus comunidades y eso hay que valorarlo y no manipularlo. Son activos comunitarios. Me encanta ver partidos, oír el rugido de una multitud, ver los focos por la noche. Y sigo pensando que el Manchester United va a ganar todos los partidos, a pesar de que el equipo ha sido de mediocre a pobre desde que sir Alex Ferguson dejó el cargo.

Como periodista de fútbol, he tenido la suerte de entrevistar a Maradona en Sinaloa, a Sócrates en Sao Paulo, a Juan Sebastián Verón en La Plata, a Lucas Radebe en Soweto, a Carlos Queiroz en Teherán, a Lionel Messi en Barcelona, a Roy Keane en Filadelfia, de viajar por Asia con Gary Neville, Ryan Giggs, Paul Scholes, Nicky Butt y Phil Neville. Trabajo muy duro, pero también he tenido suerte.

JB ¿Qué hay de la controvertida propiedad del Manchester United?

AM: La compra altamente apalancada en 2005 nunca debería haber sido permitida, ni por el gobierno del Reino Unido, ni por las autoridades futbolísticas que se mostraron renuentes a impedir que la deuda se amontonara sobre el club. Desde entonces, al United se le ha pedido que nade con una tonelada de ladrillos a la espalda.

JB: ¿Qué hace que Old Trafford y el club sigan siendo tan especiales?

AM: Ver ese campo por primera vez cuando tenía 10 años fue uno de los mejores momentos de mi vida. Era tan verde en medio de las fábricas ondulantes del polígono industrial de Trafford Park, donde trabajaba mi padre. Eso fue en 1984. Old Trafford, inaugurado en 1909, es uno de los grandes estadios de fútbol. Sobrevivió a las bombas de la Segunda Guerra Mundial y al Informe Taylor sobre la catástrofe del estadio de Hillsborough. En él se recomendaba que todos los grandes estadios se convirtieran a un modelo de todos en asientos, restricciones a la venta de alcohol, etc.

En 1965 fue el primer club de Inglaterra con palcos ejecutivos. Cuando se inauguró la tribuna voladiza para el Mundial de 1966 era la mejor de Inglaterra.

El éxito del equipo en los 90 llegó en el momento justo, ya que el dinero de ese éxito (*merchandising*, comercial y televisivo) ayudó a pagar el amplio desarrollo del United entre 1992 (cuando se derribó la terraza del Stretford End) y 2006. Eso no debe darse por sentado, ya que el anterior presidente, Martin Edwards, estaba tan preocupado por la financiación del Stretford End que estaba dispuesto a vender el club a alguien que pudiera permitírselo.

Durante esas evoluciones de 1993 a 2006, Old Trafford se convirtió en un estadio para todos los públicos, el Stretford End se reconstruyó para convertirlo en un estadio completo de 44.000 localidades en 1993 y la gigantesca tribuna norte, que con 25.300 asientos sigue siendo la más grande de Gran Bretaña, aumentó el aforo a 55.000 localidades. Se añadieron otros 6000 asientos en cada extremo para elevar la capacidad a 68.000, antes de que los cuadriláteros que las unían añadieran otros 8000 asientos. Todo se entregó a tiempo y dentro del presupuesto. Así es como vemos hoy el estadio, una gigantesca cavidad de rojez (¡y el rojo siempre invoca más pasión que el azul!) en la que la tribuna Sir Bobby Charlton es la única de una sola grada que queda. Esa tribuna necesita desarrollarse, ampliarse y modernizarse. Hay pocas razones por las que Old Trafford no pueda albergar 90.000 espectadores: la demanda está ahí.

JB ¿Cómo se compara el Manchester United con el Manchester City de Guardiola y el Liverpool de Klopp?

AM: Es un club más grande que ambos, pero un distante segundo ahora mismo en el terreno de juego. Son dos de los mejores equipos del fútbol. Es frustrante para los seguidores del United, pero esos mismos seguidores vieron al equipo coronarse campeón de Inglaterra 13 veces en 20 años hasta 2013.

JB ¿Cuál fue el partido o momento más memorable?

AM: Juventus 2 Manchester United 3. La semifinal de la Liga de Campeones de 1999. Los italianos se consideraban el mejor equipo del mundo y se adelantaron por 2-0 en 11 minutos. Entonces, un magnífico Manchester United se puso las pilas, remontó, ganó la eliminatoria, llegó a la final y la ganó con dos dramáticos goles en los últimos minutos contra el Bayern de Múnich para ganar el triplete. Eso fue en el Camp Nou, donde soy un asiduo desde hace mucho tiempo.

El quisoquero hincha de los Beatles y la Premier

El multiculturalismo pasó a formar parte del atractivo de la Premier League, y junto con la calidad llegó la diversidad de nacionalidades que enriqueció el fútbol inglés. Fue en España, y concretamente en Sitges, donde llegué a comprender hasta qué punto la popularidad del fútbol inglés reflejaba lo mejor de esa otra gran exportación inglesa, los *fab four* John, Paul, George y Ringo.

Este es un pequeño homenaje a mi buen amigo Carlos Batalla, propietario del Quiosco El Alba, quiosquero, librero, músico y fanático de la Premiership. Es aficionado del West Ham FC «*Up the Hammers*», con el que siempre me saludará, así como del Liverpool. Batalla me dice: «Mi afición por Los Hammers viene por la música. Yo soy un gran hincha de la banda londinense Iron Maiden. Resulta que cuando iba a los conciertos de ellos con 14 o 15 años el líder y el bajista de la banda, Steve Harris, siempre llevaba muñequeras del West Ham. Incluso su bajo, un Fender Precision estaba pintado con los colores del club y con el escudo. La banda es del barrio de West Ham, del «East End» de Londres. «¡Arriba los Hammers!».

Carlos pasó sus vacaciones familiares favoritas en Liverpool, en un peregrinaje que incluyó lugares emblemáticos como The Cavern Club, Strawberry Fields y Anfield. Carlos nunca sintió que caminaba solo.

Junto con mis libros de fútbol y los de otros autores locales, Carlos tuvo la delicadeza de añadir una nueva y maravillosa colección de cajas con obras de los Beatles a su tienda universal Quiosco Del Alba en mi querido Sitges.

Durante años Carlos, acompañado de su maravillosa esposa Marta, ha sido una inspiración y una figura popular entre los lugareños y los visitantes. No solo como excelente músico de rock (un gran bajista que ha demostrado su talento en numerosas bandas locales) y aficionado al fútbol inglés, sino un ciudadano del mundo enormemente atractivo y simpático que hacía que cada cliente que acudía a su pequeño pero generoso y diversamente surtido quiosco, justo detrás de la Playa de San Sebastián, se sintiera bienvenido y parte de un sentimiento de comunidad que se extendía más allá de los municipios y no tenía tiempo para prejuicios nacionalistas.

Hoy hace más de cincuenta años» que los Beatles se separaron, un momento seminal en la historia de la posguerra. Dejó a millones de sus seguidores, desolados y descolocados, preguntándose qué sería de la vida sin ellos. Tanto en sus canciones como en grupo, John, Paul, George y Ringo se habían convertido en embajadores mundiales de su país, Inglaterra, y de la lengua inglesa, pero también en discípulos de la humanidad en los tiempos modernos.

Sus canciones y personalidades ganaron millones de libras y también se combinaron en un fenómeno colectivo único que nos hablaba del amor, la hermandad y la fragilidad de nuestras vidas, y de por qué la música, y no solo la suya, seguía importando en un mundo díscolo.

Como Lennon dijo célebremente en 1966, cuando la popularidad del grupo se había extendido por todo el mundo, los Beatles parecían haberse convertido entonces en «más populares que Jesús», una frase que algunos fundamentalistas consideraron ofensiva y obligó a Lennon, siempre el más rebelde de los cuatro, a aclarar.

«Siento haber abierto la boca. No soy antiDios, ni antiCristo, ni antireligión. No estaba criticando. No estaba diciendo que nosotros somos más grandes o mejores». Lennon subrayó que había estado comentando cómo la gente popularizaba a los Beatles. Describió su propia visión de Dios citando al obispo inglés de Woolwich, «no como un viejo en el cielo. Creo que lo que la gente llama Dios es algo que está en todos nosotros».

Afortunadamente había vida después de los Beatles, con John, Paul y George cada uno siguiendo su carrera de una manera que cada uno, a su manera, demostró ser inspirador, mientras que Ringo, el más pagado de sí mismo además de menos creativo, también fue el más feliz de adoptar un perfil más bajo. La música que habían creado juntos siguió inspirando a distintas generaciones y países tras la muerte de Lennon y Harrison.

Pero volviendo a Carlos, parecía perfectamente acorde con su carácter que eligiera dar a la colección de The Beatles y a la autobiografía de McCartney un lugar de honor en su tienda de Sitges mientras la música inglesa y la Premiership absorbían su descarado y muy inglés *Up the Hammers* al tiempo que revivía un espíritu cosmopolita que la pandemia había suprimido.

Los chicos de Battersea Park

Nada como ver jugar al fútbol en los tiempos de Covid para ayudar a reflexionar sobre el deporte más popular del mundo y sobre lo que, si acaso, podríamos aprender de él.

Era noviembre de 2020, entre encierros, nueve meses después del inicio de la pandemia y en mi barrio de Londres, mi querido parque local de Battersea estaba vivo con el sonido y la vista de niños disfrutando de una excursión bajo el resplandor de un suave sol otoñal, su profesor intentando a medias imponer algo de ritmo y orden en el juego de sus jóvenes pupilos.

Por mucho que el maestro de deportes vestido de atleta intentó canalizar el balón y fomentar una combinación decente de uno o dos pases entre los pececillos de pantalones cortos, fracasó estrepitosamente a la hora de imponer algún tipo de sistema.

En su lugar, los chicos pateaban alegremente el balón en la dirección que les apetecía, o simplemente lo ignoraban, saltando o corriendo unos alrededor de otros en una danza colectiva despreocupada de pura frivolidad a través de un campo abierto.

Estos chicos, debo añadir, a juzgar por su porte físico mimado y sus acentos, por no mencionar el color de su piel, no eran precisamente poco privilegiados, y mucho menos callejeros. Pero exentos de su encierro por una tarde en el parque, estaban condenados si iban a quedar, bueno, encerrados.

Una escena bastante diferente a la de otro día, cuando en las primeras horas de una noche seca me quedé mirando cómo jugaba un grupo diferente de niños en un campo cercano para todo tipo de condiciones meteorológicas bajo la luz de los focos. Aquí había una mezcla de mini-Messis, Ronaldinhos y Jordi Albas, con un par de Harry Kanes sin afeitar y parecidos a Raheem Sterlings pisándoles los talones, todos corriendo con y sin el balón, en una serie de rápidos movimientos perfectamente sincronizados y coreografiados.

Me impresionó el despliegue sin esfuerzo de poesía en movimiento, pero también su evidente hambre de balón, que hacía que estos chicos se elevaran por encima de su condición social y se sintieran bien consigo mismos.

Confiados por su entrenador brasileño, a estos chicos se les dejó jugar con la mínima interferencia. Resultó que pertenecían a un club de fútbol comunitario local. Estaban allí estos jóvenes aficionados porque realmente querían aprender y jugar al máximo de su capacidad, más que como una excusa para alejarse de las aulas y darse un capricho porque podían permitírselo o les pagaban por ello.

Lo que me lleva a la visión durante el encierro de futbolistas adultos de élite enormemente sobrepagados jugando sus partidos de liga y campeonato, sus encuentros televisados y retransmitidos en directo sonorizados con audiencias invisibles rugiendo su apoyo, una pasión pregrabada, ya no un espectáculo sino simplemente un juego, despojado de su *razzamatazz*, once hombres adultos dando patadas a un balón en una cáscara vacía, y tratando de hacer un espectáculo de celebración cada vez que encontraba la red contraria.

Se esperaba que creyéramos que los jugadores estaban realmente inspirados y motivados para dar lo mejor de sí mismos sin el ambiente de los aficionados en directo y con el conocimiento de que su valor real quedaba ahora al descubierto sin la sobrevalorada venta de entradas y el patrocinio y el *merchandising* y los derechos televisivos que habían inflado el negocio del fútbol antes del Covid y del sufrimiento y la dislocación que ha afectado a tanta gente.

El estadio había perdido durante la pandemia su latido, se había quedado sin alma, sin aficionados, los jugadores visiblemente mermados, luchando con sus egos, en medio del vacío, manteniendo la pretensión de que merecían ser vistos virtualmente, pero también siendo pagados masivamente por ello.

Pero entonces vislumbré el fútbol tal y como debían jugarlo antes de ganar mucho dinero con ello, algunos jugadores realmente hábiles y con talento natural, los chicos del parque. Las chicas, jóvenes aspirantes a Leonas, no tardarían en llegar.

Gracias, gracias

Como mencioné en mi capítulo inicial, debo la inspiración de este libro a mi padre inglés, Tom, y a mi madre Mabel, que en paz descansen, gracias a los cuales mi vida como escritor ha transcurrido a caballo entre dos culturas con amor a la vida, y no menos al buen fútbol, la inglesa y la española.

Entre mis libros anteriores se incluye una historia del fútbol español, en la que las raíces inglesas y las idas y venidas entre jugadores y directivos de dos países han desempeñado un papel formativo.

Después de escribir también sobre La Liga y sus grandes clubes e iconos, en este libro me he centrado en la historia del fútbol de clubes inglés y en un relato que comparte una perspectiva personal sobre la fuerza emergente de la Premier League en el deporte mundial, escrito en el año del 30 aniversario de su fundación justo cuando empezaba una nueva temporada.

Se basa en mi propia experiencia de los clubes más emblemáticos implicados, sus estadios, jugadores, directivos, propietarios y cronistas, y agradezco las opiniones y escritos adicionales de amigos, colegas y aficionados.

Tengo una deuda especial con Simon Kuper, Jonathan Wilson, Krishan Puvvada, Vinay Patel, Henry Winter, Rob Smith, John Cross, Barney Ronay, Dan Einav, David Hendrick, Andy Mitten, Dan Coombs, Jim White, Paul Macinness,

Barry Gledinning, David Conn, David Goldblatt, Simon Burnton, Andrew Antony, Glyn Wilmshurst, Mark Wright, Eric S.Hoffman, Peter Sharland, Chris Lawrence, Tom Allnutt, Jon Holmes, Gary Lineker, Patrick Harverson,Peter Sharland, Carlos Oppe, Anthony Oppe, Ignacio Peyro, Walter Oppenheimer,John Carlin, Dominic Begg, José Luis Martínez Hens, Vicente del Bosque, Rory Compton, Deidre Fitzgerald, Susan Wrack, Roger Blitz, George Parker, Carlos Batalla y Richard Fitzpatrick.

Gracias a mi agente Gloria Gutiérrez y a mi editora María Borrás por sus ánimos.

Y un agradecimiento muy especial a Kidge, Julia, Miriam y Nadia por su apoyo constante y su paciencia durante un caluroso y duro verano de escritura.

Bibliografía

Libros:

Catherine Belton, *El pueblo de Putin* (William Collins, 2021).
Bill Burford, *Entre los matones* (Arrow, 1992).

Jimmy Burns,
Cuando Beckham fue a España, (Penguin, 2005).
Barca, la pasión de un pueblo, (Bloomsbury, 2016).
La Roja, un viaje por el fútbol español (Simon & Schuster, 2012).
Cristiano y Leo (Macmillan, 2018).

Ellis Cashmore, *Beckham*, (Polity, 2003).
Michael Crick, *El jefe* (Simon & Schuster, 2003).
Hunter Davies, *El juego de la gloria* (Mainstream, 1992).
Peter Davies, *All Played Out* (Yellow Press, 1998).
Norman Davies, *Las islas* (Papermac, 2000).
Alex Ferguson, *Líder* (Hodder, 2016).

David Goldblatt

El balón es redondo (Penguin, 2007).

El juego de nuestras vidas (Pengion, 2014).

Brian Groom, *Norteños* (HaperNorth, 2022).

Ian Hamilton, *El libro Faber del fútbol*, (Faber & Faber, 1993).

Dietmar Hamman, *El hombre Didi* (Titular, 2012).

Stephen F. Kelly *No es solo un juego* (Headline, 1995.

—*La elección de la temporada* (Mainstream, 1997).

Roy Keane, *Keane* (Penguin, 2003).

Simon Kuper,

Los hombres del fútbol (Simon & Schuster, 2011).

Barca (Libros Cortos, 2021).

Bobby Robson, *Mi autobiografía* (Macmillan, 1998).

John Savage, *1966* (Faber & Faber, 2021).

Brian Scovell, *Bill Nicholson* (Blake Publishing, 2010).

Suzanne Wrack, *Juego de mujeres* (Faber, 2022).

Películas:

Gazza (BBC, 2022).

Todo o nada-Arsenal (Amazon, 2022).

*Unidos (*BBC 2011).

Arsene Wenger: Invencible (Amazon 2021).

TV: Sky Sport, BBC *Match of the Day*, Eurosport.
Periódicos, revistas y página web

The Athletic, Bleacher Report, El País, The Guardian, The Financial Times, Forbes Magazine, BBC, FourFourTwo Magazine The Times, The Sun, The Daily Mirror, The Daily Mail, Mail on Sunday, Marca, La Vanguardia, New Statesman, The Week, The Observer, The Oldie, The Game, United in Focus.

«El fútbol no es un juego, es magia».
David Beckham